LA COLÈRE
de Pierre Bourgault
est le quatorzième ouvrage
publié chez
LANCTÔT ÉDITEUR
et le troisième de la collection
« L'histoire au présent ».

Autres titres parus dans la même collection

Claude Corbo, *LETTRE FRATERNELLE, RAISONNÉE ET URGENTE À MES CONCITOYENS IMMIGRANTS*

Georges Dor, *ANNA BRAILLÉ ÈNE SHOT (ELLE A BEAUCOUP PLEURÉ)*, essai sur le langage parlé des Québécois

LA COLÈRE

Pierre Bourgault

La colère
Écrits polémiques, tome 3

LANCTÔT
ÉDITEUR

LANCTÔT ÉDITEUR
1660 A, avenue Ducharme
Outremont, Québec
H2V 1G7
Tél. : (514) 270.6303
Téléc. : (514) 273.9608

Photo de la couverture :
Martine Doyon

Traduction des textes du *Globe and Mail* :
Pierre R. Desrosiers

Mise en pages :
Folio infographie

Distribution :
Prologue
Tél. : (514) 434.0306 ou 1.800.363.2864
Téléc. : 434.2627 ou 1.800.361.8088

FR20, 501 X

Préface

*J*e pourrais vous parler de son livre. J'aime mieux vous parler
de lui. À ses colères, je préfère son courage, celui de ses opinions,
celui qu'il a, même quand il n'y paraît pas, d'attendre quand la
tourmente est trop forte.

Très peu au Québec, très peu de personnalités publiques peuvent se vanter d'avoir poussé les autres à réfléchir. Bourgault, lui,
l'a fait. Combien de causes a-t-il fait avancer ? Combien
d'hommes politiques a-t-il éclairés ? Combien de ses étudiants
notoires et moins notoires a-t-il poussés au dépassement et vers la
réussite ? Combien d'animateurs de radio et de télévision, combien de chroniqueurs, combien de journalistes a-t-il inspirés,
critiqués, soutenus, guidés ? Et je sais de quoi je parle.

Sa parole, ces derniers temps, s'est faite plus rare, c'est vrai ;
ses écrits aussi. Certains croyaient peut-être qu'il n'avait plus rien
à dire, qu'il s'était résigné, qu'il s'était tu ; que les blessures d'une
dernière expérience politique malheureuse qu'il racontera sûrement un jour avaient eu raison de lui. Quelle erreur ! Bourgault
réduit au silence ? Voyons, impossible ! Il prenait son souffle, il
observait, il réfléchissait, il notait ; pour mieux parler maintenant.

La vérité est souvent peu rentable ; elle est aussi contrai-
gnante. Elle a son prix. Bourgault le sait ; il a payé, beaucoup,
trop souvent. Même quand il n'avait plus rien à débourser.

Malgré cela, c'est plus fort que lui, Bourgault est incapable de se taire, incapable de fermer sa gueule, incapable de rester muet, surtout devant la bêtise, les abus et l'injustice. Heureusement. Ce livre aujourd'hui encore le prouve. Il a toujours refusé de céder au chantage des pouvoirs et des idées préconçues. Il a toujours résisté au chant des sirènes, toujours tourné le dos aux modes et aux courants.

On connaît Bourgault le souverainiste, le polémiste, le pamphlétaire, le communicateur, le professeur aussi. Tout cela coiffe un homme : le penseur libre.

C'est ce que j'admire chez lui : sa pensée sans chaînes qui rejette tous les esclavages — sauf ceux qu'il a délibérément choisis — et tout embrigadement. La pensée de celui qui, à la vénalité, à la carrière planifiée et aux ambitions, a toujours préféré l'affranchissement par la parole.

Cette parole, il l'a donnée plus d'une fois, généreusement, avec conviction, à ceux qui voulaient l'entendre et même aux autres... Il l'a surtout mise au service de l'évidence. Bourgault n'est pas un théoricien de l'abstraction. Son discours, qu'il soit culturel, social, linguistique ou politique, colle à la réalité. Son propos ne relève pas uniquement de la foi, mais du vécu et de la réflexion qui en découlent. Bourgault n'est pas un homme de compromis. Bourgault est un obstiné et un batailleur.

« Il est important de dire ce qu'on pense, ça aide les autres à penser », a dit un jour Simone Monnet-Chartrand. Bourgault, je crois, nous a tous aidés ; par ses observations, par son analyse, par son discernement et par son infatigable goût pour le débat.

On l'a traité d'idéaliste, d'extrémiste, d'excessif, d'exalté même. Bourgault n'est rien de tout ça, sinon un battant, sinon un guerrier de la pensée dont la seule arme est le verbe. Plus d'une fois, il est allé au front. Plus d'une fois, il s'est retourné pour constater amèrement qu'il y était seul. Ça ne l'a jamais empêché de continuer à lutter, à dire et à dénoncer.

Bourgault est un passionné qui a bien souvent failli brûler au bûcher de ses convictions. Il y est d'ailleurs monté quelquefois, poussé la plupart du temps par des adversaires, des ennemis idéologiques et même des faux frères qui se réjouissaient à l'avance de gratter l'allumette. Or les idées, que voulez-vous, ne brûlent pas.

FRANCO NUOVO

Introduction

J e rêvais de m'apaiser en vieillissant. Or, c'est tout le contraire qui arrive et je trouve chaque jour, toujours plus nombreux, des sujets de colère.

Il n'y a pas que la colère dans ce troisième tome des *Écrits polémiques* mais, à l'évidence, c'est le sentiment prédominant.

Comment pourrait-il en être autrement quand on n'ose plus appeler les choses par leur nom et que les tricheurs et les imposteurs ne se cachent même plus pour exécuter leurs basses œuvres.

Vous trouverez dans ce livre des textes publiés il n'y a pas si longtemps dans *Le Devoir* et *The Globe and Mail*. J'y ai ajouté un certain nombre d'inédits qui traînaient dans mes cartons et qui m'ont semblé assez intéressants pour mériter d'être publiés.

Il faut garder à l'esprit que, lorsque j'écrivais dans *The Globe and Mail*, je m'adressais en premier lieu aux lecteurs du Canada anglais. Je n'y dis pas autre chose que ce que je dis au Québec, mais je le dis parfois autrement pour mieux répondre à la sensibilité de ces derniers.

Mes colères sont-elles justifiées ?

C'est à vous maintenant qu'il appartient de le dire.

Les inédits

La vraie nature de l'opinion

Si chacun a le droit d'émettre des opinions, il n'est pas vrai qu'elles se valent toutes, loin de là.

Or, dans notre société, on confond droit et qualité : « Mon opinion vaut bien la tienne », s'entend-on répéter constamment, au mépris même de la vérité la plus élémentaire.

En effet, ce n'est pas parce qu'on a le droit d'exprimer une opinion que cette opinion ne peut pas être soumise au sens critique et comparée à des opinions différentes ou contraires.

Mais chez nous, en même temps qu'on affirme son droit à émettre des opinions, on nie à quiconque le droit de pousser plus avant pour voir de quoi elle est faite.

« Tu as ton opinion et j'ai la mienne. » Cette affirmation, qui pourrait être une invitation au dialogue, annonce plutôt la fermeture, l'intransigeance, le refus de discuter quoi que ce soit.

Il y a à ce comportement deux raisons. La première réside dans la difficulté de défendre intelligemment une opinion. La deuxième relève de la peur panique de la « chicane ».

Commençons par la deuxième : la chicane.

Chez nous, toute discussion un peu vive jette le trouble chez la plupart des interlocuteurs qui n'arrivent pas à imaginer qu'on puisse défendre une opinion avec passion, qu'on puisse assener des arguments mortels, qu'on puisse élever le ton, qu'on puisse refuser de lâcher le morceau sans se brouiller pour la vie.

« Laisse tomber, je ne veux pas de chicane. » Ou encore : « Mon Dieu que tu es "ostineux". Tu veux toujours avoir raison. » Quand on fait remarquer qu'on « s'ostine » avec aussi « ostineux » que soi et que son vis-à-vis refuse également de lâcher prise, alors on se voit accusé de mauvaise foi.

On dirait que les gens n'ont pas compris l'intérêt du dialogue et de la discussion et qu'ils s'imaginent qu'on est bien plus heureux à poursuivre, chacun de son côté, un monologue stérile et débilitant.

On n'a pas compris non plus que c'est le dialogue, sans cesse renouvelé et même, à l'occasion, violent, qui écarte la véritable violence qui éclate toujours quand les gens cessent de se parler.

PAS DE CHICANE !

Ce refus de la discussion a un effet pervers bien plus grave encore. Il conforte les gens dans leurs opinions et les amène à la prétention que toutes les opinions se valent.

Qui a dit cette phrase : « Je ne suis pas d'accord avec ce que vous dites mais je suis prêt à mourir pour défendre votre droit à le dire. »

C'est probablement de là que vient toute la confusion.

Là où on visait à défendre la liberté d'expression, on a conclu qu'on mettait toutes les opinions sur un pied d'égalité.

Or, toutes les opinions ne se valent pas et il serait souhaitable que certaines ne fussent jamais émises, aussi bien parmi les miennes que parmi celles des autres.

En effet, l'opinion n'est pas l'expression d'un goût dont on dit qu'il est indiscutable. Il y a une grande différence entre dire « j'aime les hot-dogs », ce qui relève d'un goût en effet indiscutable, et affirmer que « les hots-dogs sont bons pour la santé », ce qui relève d'une opinion dont il faut savoir démontrer la justesse et la pertinence.

L'opinion mal informée, basée sur les préjugés ou sur l'ignorance, truffée de demi-vérités ou de statistiques de propagande, n'a pas de valeur et ne mérite pas d'être défendue.

C'est justement l'objet de la discussion : tenter de démontrer qu'une opinion a plus de valeur qu'une autre par la qualité de son argumentation et la pertinence de sa démonstration.

Et c'est là où le bât blesse. Quand on n'a à proposer que des opinions molles, qui relèvent plus du goût ou de la foi que de la raison, on perd pied facilement devant un interlocuteur qui vous pousse dans vos derniers retranchements. Et au lieu de discuter, quitte à remettre en question son opinion ou à tout le moins d'en améliorer la qualité, on préfère s'en retourner chez soi sans rien avoir appris, content d'avoir évité la « chicane ».

Cette attitude est sans doute à la source de l'absence presque totale de vrais débats dans nos médias d'information.

On présente deux ou trois points de vue, mais séparément, les protagonistes refusant de se retrouver face à face pour en découdre. À cette pratique, on a trouvé un prétexte en or : « Les auditeurs sont assez intelligents pour se faire une opinion par eux-mêmes. » Assez intelligents, sans aucun doute, mais assez informés, on peut en douter.

Ce n'est que dans le débat qu'on peut voir la faiblesse d'une opinion par rapport à une autre. Ce n'est que dans l'affrontement que se révèlent les forces et les faiblesses des parties en présence. Ce n'est que dans la discussion qu'on fait avancer la qualité d'une opinion ouverte, sans cesse en mouvement, toujours avide d'une plus grande approximation de la vérité.

Contrairement à ce qu'on pourrait croire, j'ai souvent changé d'opinions dans ma vie et ce fut presque toujours à la suite de discussions solides où je m'apercevais progressivement que mes arguments étaient faibles.

Même convaincu de la qualité de mon opinion, il m'est arrivé souvent de l'améliorer en y introduisant des éléments forts apportés par l'interlocuteur, pour en remplacer les maillons les plus faibles.

Personne ne gagne à mettre toutes les opinions sur un pied d'égalité. Au contraire, c'est ainsi qu'on entretient la paresse intellectuelle, qu'on néglige la recherche de la vérité, toute relative soit-elle, et qu'on laisse courir les préjugés les plus tenaces.

Pour ma part, chaque fois que quelqu'un me dit que son opinion vaut la mienne, je lui commande de me le démontrer.

« Ostineux », moi ? Oui, et pour mon plus grand plaisir.

La présomption d'innocence

La présomption d'innocence à laquelle l'accusé a droit devant les tribunaux fait l'honneur de notre civilisation.

Elle fait porter à l'accusateur le poids de la preuve et réduit considérablement le risque d'erreurs judiciaires.

Il ne s'agit pas d'exonérer les coupables, mais de protéger les innocents qui pourraient se retrouver devant la justice.

Elle n'empêche pas tous les abus. Par exemple, nous avons vu ces dernières années que la Cour n'était pas toujours exempte de préjugés et qu'on pouvait s'entendre pour trouver un coupable à tout prix au mépris même de la règle fondamentale. Au Canada, deux cas célèbres ont fait la manchette et, bien que la justice ait finalement reconnu son erreur, les innocents n'en avaient pas moins passé une bonne partie de leur vie en prison.

D'autre part, on peut assister à des procès abracadabrants, comme celui de Valérie Fabrikant, pris en flagrant délit de meurtre et l'avouant sans réserve, et qui ont scandalisé l'opinion publique à cause de leur durée et de leur coût.

Il est vrai que le système judiciaire permet ce genre d'abus, mais qu'il répond à un autre critère fondamental : la défense pleine et entière de l'accusé.

Ajoutons encore que la présomption d'innocence permet à bon nombre de coupables d'échapper aux rigueurs de la justice, tant il est vrai qu'il n'est pas toujours possible hors de tout doute de prouver leur culpabilité.

On répond, avec raison, qu'il vaut mieux laisser courir un coupable que de condamner un innocent.

Donc, le système n'est pas parfait mais le principe est d'une moralité absolue et rien ne devrait nous en détourner.

Or, il est aujourd'hui attaqué de toutes parts, notamment par des groupes de pression qui le remettent en question pour des raisons beaucoup plus politiques que judiciaires.

Des femmes, des Indiens, des Noirs, des homosexuels, excédés avec raison par les violences qu'ils subissent, aimeraient bien, si on ne les en empêchait, recourir aux tribunaux populaires qui préfèrent de beaucoup la présomption de culpabilité à la présomption d'innocence ; de plus, pour eux, les châtiments ne sont jamais assez sévères et le recours au lynchage, à l'occasion, ne leur répugnerait pas.

On est parfois tenté de les suivre parce qu'ils ont le bon droit de leur côté. Ainsi, on a vu des femmes se plaindre que les violeurs puissent jouir de la présomption d'innocence en alléguant que la preuve était trop difficile à faire ; ils s'en tirent trop souvent sans qu'on puisse rien contre eux.

Le viol étant un crime particulièrement odieux, l'opinion publique s'émeut facilement quand elle en est informée et tend tout naturellement à condamner avant même d'avoir jugé.

Or, s'il est parfois difficile de prouver hors de tout doute la culpabilité d'un homme accusé de viol, il est relativement facile de traîner en cour l'homme dont on veut se venger en l'accusant de viol. Dans ce cas, si l'accusé doit porter le fardeau de la preuve, il risque bien de ne jamais s'en sortir, puisqu'il lui sera aussi difficile de prouver son innocence qu'il est difficile, dans le cas contraire (présomption d'innocence), de faire la preuve de sa culpabilité.

Dans ce cas comme dans tous les autres, il faut répéter qu'il vaut mieux élargir un coupable que de condamner un innocent et qu'on n'a pas plus de raisons de condamner pour viol un innocent que de condamner pour meurtre un innocent.

Il va récidiver ? On n'en sait rien, mais c'est possible. Cela est vrai de tous les criminels, quels qu'ils soient.

À ce compte-là, on ne condamnerait qu'à perpétuité innocents comme coupables puisqu'il est impossible d'empêcher autrement la récidive.

Mais la victime dans tout cela ?

Dans la vraie vie, on peut désigner comme victime ou bourreau qui l'on veut. Je peux accuser n'importe qui de n'importe quoi et personne ne m'en tiendra rigueur puisque nous sommes dans le domaine des affaires privées. Ainsi, je peux dire que ma femme me bat tous les jours et mes amis ne demanderont qu'à me croire. Pour le reste, c'est une affaire à régler entre elle et moi.

Mais la justice ne fonctionne pas et ne peut pas fonctionner de cette façon. Quand elle le fait, et hélas, c'est encore le cas dans nombre de pays, elle s'ouvre à tous les préjugés, à toutes les vengeances, à tous les règlements de comptes.

IL FAUT DES PREUVES. DANS TOUS LES CAS.

Souvent frustrant, voire désespérant, le principe de la présomption d'innocence n'en est pas moins la meilleure garantie, parfois la seule, de l'égalité des citoyens devant la loi.

Les groupes minoritaires, souvent, répugnent à la présomption d'innocence pour des raisons politiques et historiques.

Le Blanc accusé du meurtre d'un Noir ne peut être que coupable à priori.

Le policier accusé d'avoir utilisé une force excessive lors de l'arrestation d'un membre d'une minorité ne peut être que coupable à priori.

Le skinhead accusé d'avoir tabassé un homosexuel ne peut être que coupable à priori.

L'Indien est toujours innocent, le Blanc toujours coupable.

On comprend pourquoi il en est ainsi.

Les minorités, quelles qu'elles soient et où qu'elles soient dans le monde ont eu leur lot de violence, d'injustices, de privations et de dénis de toutes sortes. Quand elles décident de prendre les choses en main et de se faire enfin justice, elles ont tendance souvent à peu s'embarrasser des subtilités qu'exige la présomption d'innocence.

Cela est compréhensible et je dis que cela est même acceptable dans certaines situations extrêmes comme il en existe encore trop dans le monde.

Mais chez nous, cela est intolérable et ne doit pas être toléré.

Quelles que soient les frustrations et les colères de chacun, il faut continuer d'affirmer bien haut qu'un Blanc peut être innocent, qu'un hétérosexuel n'est pas nécessairement homophobe, qu'un policier peut se trouver dans des situations de légitime défense et que tous les hommes ne sont pas des violeurs.

Il ne suffit pas de l'affirmer. Il faut que la justice en tienne compte.

Pour ce faire, elle n'a qu'un instrument : la présomption d'innocence.

Le vécu

J'enrage quand j'entends parler de la pédagogie du vécu. Elle relève de la psychologie la plus primaire et méprise les capacités d'apprentissage et d'imagination des élèves à qui on l'inflige.

L'apprentissage doit coller au « vécu » de l'élève, nous dit-on, sans quoi il se désintéressera de la matière ou bien il sera dérouté devant l'écart qui existe entre sa propre expérience et la nouvelle matière qu'on lui propose.

Les professeurs qui s'adonnent à ce petit jeu réducteur se détournent volontairement des textes de qualité et empêchent tout accès à la culture.

Les élèves subissent le supplice dans un ennui mortel et se ruent le plus tôt possible hors de l'école sur le dernier Stephen King ou le plus récent Metallica qui, évidemment, n'ont rien à voir avec leur maudit vécu mais tout à voir avec l'éveil de l'imagination, des sens et de la connaissance.

Le professeur qui ne donne aux élèves que ce qu'ils veulent ne leur donne que ce qu'ils ont déjà.

L'élève naturellement paresseux (nous l'étions, ils le sont, ils le seront) trouve évidemment facile de faire des travaux qui correspondent à ce qu'il est et à ce qu'il sait à quinze ans et c'est pourquoi il s'accommode, dans l'ennui je le répète, à cette pratique débilitante.

On ne lui demande aucun effort ; il n'en fera pas.

Lire *La condition humaine*, de Malraux ? Trop loin du vécu, ça ne se passe pas au Québec, ça ne se passe pas aujourd'hui, ça raconte des expériences que l'élève n'a pas vécues, c'est long, c'est bourré de descriptions inutiles et ça fourmille de réflexions beaucoup trop profondes pour un garçon de quinze ans. Et puis, c'est écrit en français, ce qui est encore plus suspect.

Non, prenons plutôt un article de journal, écrit à la va-vite (le journaliste sera le premier à le reconnaître), qui traite du suicide chez les jeunes et qui pourra donner lieu à une vraie bonne « production écrite ».

Le travail sera d'autant plus facile que tous les élèves diront la même chose : que le taux de suicide chez les jeunes Québécois est très élevé, qu'ils ont déjà pensé au suicide, que c'est parce que l'avenir est bloqué et que le monde est bien désespérant.

Le prof leur aura évidemment imposé une « recherche ». Mais comme ils ne savent pas chercher, ils n'auront pas trouvé.

Qu'en était-il du suicide chez les jeunes au siècle dernier et comment les chiffres se comparent-ils ? Le suicide a-t-il augmenté depuis qu'il est décriminalisé ? Les jeunes se suicident-ils plus que les vieillards ? Quels sont les hommes célèbres qui se sont suicidés et pourquoi ? Est-il moral ou immoral de se suicider ? Expression de désespoir ou de liberté ? Les suicides sont-ils moins nombreux en période de guerre ? Qui est responsable ? Etc.

Non, il ne faut pas chercher au-delà de son vécu. Plutôt se raconter tel qu'on est et tel qu'on se sent ce jour-là.

Peut-on imaginer meilleure manière d'éloigner les jeunes de toute connaissance et de toute culture ?

Or, l'acquisition des connaissances est toujours difficile et elle nous plonge, inévitablement, dans des mondes qui nous sont totalement étrangers, hors de l'expérience immédiate et du vécu. Elle est un effort, elle est une soif, elle est une tension. Mais attention, elle pourrait traumatiser nos chers petits.

Or, la culture est une valeur ajoutée : elle est la somme des connaissances du monde recréée dans la synthèse particulière de chaque individu. Elle se construit par strates et agrandit le « vécu » au lieu de l'y réduire.

Mais l'élève à qui on impose la pédagogie du vécu se voit contraint d'y être enfermé. Il ne saura rien de l'histoire parce qu'elle n'est pas de son temps ; il ne saura rien de la philosophie parce qu'elle dépasse son entendement immédiat ; il ne saura rien des mathématiques parce que la géométrie lui est méconnaissable ; il ne saura rien du cinéma classique parce qu'il ne trouve pas Renoir ou Eisenstein à son club vidéo ; il ne saura rien de Bach ou de Vivaldi parce qu'ils n'ont pas de clips à la télévision ; il ne saura rien de la fertilité de son imagination puisqu'on lui interdit de s'en servir ; il ne saura rien de la Yougoslavie parce qu'il ne l'a pas visitée ; il ne saura rien des Mayas parce qu'ils n'habitent pas à côté de chez lui ; il ne saura rien du racisme parce que son vécu est blanc ; il ne saura rien des femmes parce qu'il est homme ; il ne saura rien de la misère parce qu'il est riche.

Il ne saura rien parce qu'il n'aura rien appris.

Et il finira bien par ne rien vouloir savoir.

IL NE SAURA PAS LE PLAISIR DE LA CONNAISSANCE.

Il ne saura pas écrire parce qu'on l'aura détourné des grands textes, sous prétexte qu'ils sont trop difficiles pour lui. Émile Zola, Victor Hugo, William Shakespeare, Marguerite Duras, Jacques Ferron, Gabrielle Roy, Gabriel Garcia Marquez, William Faulkner, James Joyce, Albert Camus ? Pas pour toi, mon petit, tu ne les comprendrais pas. PIS C'EST PLATE, À PART ÇA ! Je soupçonne nombre de professeurs du « vécu » de nier à l'élève la capacité de s'attaquer aux vraies œuvres pour mieux masquer leur propre ignorance des auteurs.

Incapables eux-mêmes de les appréhender, ils ne peuvent imaginer que leurs élèves puissent faire mieux. Et pourtant…

Si, à chaque âge, on était réduit à la pédagogie du vécu, nous en serions toujours à nos premiers balbutiements.

Le vécu est fait pour être dépassé, déconstruit, reconstruit, confronté. Le vécu n'est rien s'il ne s'enrichit chaque jour de quelque connaissance, de quelque plaisir, de quelque invention de l'esprit, de quelque synthèse nouvelle, de quelque douleur indicible que seule la cicatrice, un jour, rappellera.

Dieu merci, l'apprentissage ne se fait pas qu'à l'école du vécu. Il y a des professeurs, nombreux, qui croient en la connaissance et en la culture et qui savent en faire partager les plaisirs innombrables.

Dieu merci, nos enfants peuvent encore rêver en dehors de l'école du vécu. Ils peuvent, tout à fait par hasard, tomber en arrêt devant le Calder des îles et trouver de la beauté dans cette structure de fer ; ils peuvent se retrouver un soir sans avoir rien d'autre à lire qu'une nouvelle d'Edgar Poe et apprendre à frémir de par le seul pouvoir des mots. Ils peuvent, sans s'en apercevoir, découvrir Malher, en regardant distraitement *Mort à Venise* loué par erreur au club vidéo.

Dieu merci, ils peuvent apprendre que la vie ce n'est pas ce qui va en se rétrécissant vers la naissance, mais ce qui va en s'épanouissant vers la mort.

Les services, quels services ?

On ne nous parle plus que de rationalisation et de productivité. Surtout, on exige des travailleurs des bains de productivité importants, sans quoi… Les bains de productivité, nous dit-on généralement, consistent à faire plus avec moins. Mais, dans nombre de cas, surtout dans le domaine des services, on ne réussit qu'à faire moins avec moins, et on impose aux consommateurs, aux clients, toutes les contraintes que l'entreprise refuse désormais d'assumer elle-même.

Si la grogne est générale dans nos populations, c'est que, après une journée de consommation de services, nous rentrons à la maison littéralement enragés d'avoir si peu obtenu pour notre argent. Je ne dis pas que c'est la seule cause de cet état d'esprit grognon dans lequel nous baignons, mais c'en est sûrement l'une des plus importantes.

Je n'en veux pour preuve que deux exemples : les magasins à grande surface et les banques.

Voilà deux institutions qui n'existent plus que pour le profit de leurs actionnaires et qui se moquent éperdument des clients qu'ils servent. S'ils sont encore en affaires aujourd'hui, c'est que les grandes surfaces offrent des prix souvent fort alléchants et qu'il est difficile, pour la plupart d'entre nous, de se passer des banques.

Dans les magasins à grande surface, vous avez tout intérêt à savoir exactement ce que vous voulez, sans quoi vous attendrez longtemps avant que quelqu'un vienne vous renseigner. Quand, finalement, vous réussissez à mettre la main sur un « vendeur », vous vous apercevez immédiatement qu'il ne connaît absolument rien à ses produits, qu'il s'en fout éperdument et que, pour vous conseiller, votre vieille tante aurait tout aussi bien pu faire l'affaire. Il n'est pas syndiqué, il est mal payé, il est mal formé, ou pas du tout, et il n'est là que pour servir d'alibi. Si vous voulez des vendeurs compétents, vous faites mieux d'aller voir ailleurs.

Si le produit que vous voulez acheter requiert des connaissances plus étendues (ordinateur, lave-vaisselle, chaîne stéréo, appareil-photo, etc.), alors vous n'avez qu'une chose à faire : d'abord, vous présenter dans une boutique sérieuse et spécialisée pour y obtenir tous les renseignements utiles, après quoi, seulement, après avoir choisi l'objet de vos convoitises, vous pouvez vous amener au magasin à grande surface pour y prendre, dans l'étalage, sans l'aide de personne, ledit objet.

Pour quelques dollars de moins vous aurez privé la boutique sérieuse du profit auquel elle a droit, vous aurez traversé la ville trois fois et vous aurez perdu temps et patience, petit détail que vous aurez oublié, évidemment, de comptabiliser.

Le gain de productivité de l'entreprise, c'est vous qui devrez le payer par votre propre perte en productivité. Vous vous serez appauvri sans vous en apercevoir, la boutique sérieuse fermera bientôt ses portes et les actionnaires de grandes surfaces se tordront de rire, et non sans raison. Mais c'est de vous qu'ils rient.

Ce qui compte, on l'aura compris, c'est que la maximisation des profits, dans nos sociétés industrialisées, passe obligatoirement par la coupure radicale des services offerts par des êtres humains.

Maintenant les banques. Ah ! les banques !

Depuis qu'elles s'intéressent plus à la spéculation qu'au service aux entreprises et aux particuliers, elles sont devenues un véritable cauchemar pour tous ceux qui croient encore qu'ils ne peuvent s'en passer, c'est-à-dire à peu près tout le monde.

Pour ma part, j'évite le plus possible de me rendre à la banque le matin, car je sais que, quand j'en sortirai, je serai enragé pour la journée. Le plus tard possible et le moins souvent possible, me dis-je, de sorte qu'une fois par semaine, en fin d'après-midi, je peux rentrer chez moi et caler vite un grand scotch pour me calmer.

Le service, dans les banques et les Caisses populaires, est une honte et un scandale. Il n'y a tout simplement personne pour vous servir. Il y a bien dix guichets alignés et qui avaient autrefois pour fonction de servir les clients, mais il n'y en a plus qu'un ou deux où des pauvres filles surchargées et presque nécessairement maussades font le travail des huit autres qu'on a mises à la porte.

Les lignes d'attente s'allongent indéfiniment. Il n'est pas rare qu'on doive attendre de vingt minutes à une demi-heure pour retirer cinquante dollars.

Ce qui me surprend plus que tout, c'est que tout le monde attend en silence, avec patience, sans jamais rechigner.

Un jour, n'y tenant plus, je me mets à crier que ça n'a pas de bon sens, que ça fait quarante minutes que j'attends, que c'est le service le plus pourri en ville et que...

Tous, dans la file d'attente, me regardent, gênés. Pas un seul client n'ose approuver, ne serait-ce que du regard. Et quand la femme du comptoir, qui défend la banque comme si elle lui appartenait, m'envoie promener en me disant que si je ne suis pas content, je n'ai qu'à aller ailleurs, je sens que la plupart ne sont pas loin de l'approuver.

Aller ailleurs ? Mais, madame, je suis déjà allé ailleurs. Ailleurs, c'est pareil. Ailleurs, c'est l'enfer, comme ici, parce que vous nous méprisez, parce que vous êtes de collusion et que vous ne cherchez qu'à augmenter vos profits sur mon dos.

Les banques ont aussi une autre réponse : « Nous voulons que nos clients se servent davantage de nos services automatisés. »

Soit. Les services automatisés sont une bonne affaire. Mais 1) il arrive souvent que la machine ne fonctionne pas ; 2) il arrive souvent que le guichet automatique soit aussi encombré que les guichets intérieurs ; 3) ni les guichets automatiques ni les guichets intérieurs ne suffisent à la demande.

De plus, on sait que les guichets automatiques n'offrent pas tous les services et n'expliquent rien à qui que ce soit. D'autre part, on sait que nombreux sont ceux, dont je suis, qui se refusent à parler toute la journée à des machines et qui continuent, contre vents et marées, à entretenir des rapports normaux avec leurs semblables. Non pas que nous ne sachions pas nous servir des machines, comme on nous le dit souvent, mais tout simplement parce que nous refusons de le faire.

Les banques n'en ont cure. Elles n'ont qu'une ambition : faire moins avec moins et *fuck* les clients. Dans ce cas comme dans tous les autres, leurs gains de productivité se construisent sur la perte de productivité de millions de personnes, leurs clients. Additionnez toutes les heures perdues par ces millions de clients à attendre dans les banques, calculez-les au salaire minimum, et vous verrez bien que les pertes de productivité de la société en général sont bien plus grandes que les gains de productivité des banques.

La vérité, c'est qu'il y a perte nette de productivité mais qu'il y a augmentation nette des profits des actionnaires.

Si on ajoute à cela ce que coûtent à la société les milliers de travailleurs mis au chômage par les banques, on s'aperçoit immédiatement qu'il s'agit là d'une véritable fraude déguisée en « rationalisation », en « productivité », en « services additionnels », en « progrès » de toutes sortes.

Les services, quels services ?

L'information par témoignage

Depuis quelques années, sans doute sous l'influence de la télévision américaine, nous avons adopté, dans le domaine de l'information, une pratique hautement contestable qui, dans sa forme la plus bénigne, offre au public une information tronquée et qui, dans sa forme la plus odieuse, relève de la désinformation pure et simple.

Je veux parler de l'information qu'on nous offre sous forme de témoignages, souvent émouvants et spectaculaires, grâce à des entrevues complaisantes qui ne cherchent pas tant à révéler la vérité qu'à impressionner des téléspectateurs, des auditeurs ou des lecteurs peu avertis, c'est-à-dire à peu près tout le monde.

Voici qu'on nous présente le « témoignage » d'une femme de quarante ans qui nous raconte son enfance malheureuse en compagnie d'un père incestueux. La scène est dramatique, on entre dans les détails les plus scabreux et, en insistant un peu, on finira bien par faire pleurer la bonne dame. Ça pleure dans les chaumières. Mais est-ce bien là de l'information ? On peut en douter. 1) Le père n'est pas là pour se défendre. 2) On n'a pas trouvé de témoins ou alors il n'y en avait pas. 3) La crédibilité de la femme est tenue pour acquise sans que personne ne la mette en doute d'aucune façon. 4) On présume, sans avoir vérifié, qu'on est en présence d'une victime et d'un bourreau. 5) On présume que la femme ne ment pas. 6) Évidemment, on ne rappelle jamais le contexte des événements. 7) Le journaliste se contente de témoignages sans jamais poser la moindre question qui pourrait ébranler le témoin dans ses certitudes. 8) La mémoire ou l'affabulation n'est jamais remise en question.

Ou bien la femme dit la vérité, ou bien elle ment. Mais on ne le saura jamais, puisqu'on ne le vérifiera jamais. Cela importe peu à ceux qui pratiquent ce genre d'information : on ne recherche pas la vérité, on cherche l'émotion. La plupart des gens auront tôt fait de la confondre avec la vérité.

Voici maintenant qu'on nous présente le « témoignage » de trois adolescents qui ont quitté la maison paternelle « parce que leurs parents ne communiquaient pas avec eux et ne les comprenaient pas ». Nous avons droit, d'emblée, à tous les clichés habituels qui ornent le sujet. Puis les ados nous diront, à la grande satisfaction de l'interrogateur, qu'ils sont des garçons parfaitement normaux ; qu'ils ont bon caractère ; qu'ils ont maintes fois essayé d'entrer en communication avec leurs parents mais en vain ; que leurs amis ont des parents plus compréhensifs qui les laissent sortir jusqu'à cinq heures du matin ; qu'ils ne voient pas très bien pourquoi leurs parents insistent tant pour les tenir à l'école ; que leurs parents sont si incompréhensifs qu'ils ne veulent pas leur acheter de voiture alors qu'ils sont en âge de conduire ; que c'est bien leur droit de vendre de la dope ou des cigarettes de contrebande, puisqu'ils ont besoin d'argent pour vivre comme ils l'entendent ; qu'ils en ont marre de se faire faire la morale par des vieux et que, de toute façon, la société étant pourrie, ils ne voient pas ce qu'ils auraient à dire à des gens qui profitent d'eux.

À l'autre bout du fil ou de l'image, le bon peuple se scandalise de voir des enfants pareillement martyrisés par des parents dénaturés.

Est-ce bien là de l'information? On peut en douter. On a employé, dans ce cas, le même procédé que dans le premier : le témoignage incontestable et incontesté. Autrement dit, les « acteurs » racontent n'importe quoi et on les laisse faire sans jamais mettre en doute la moindre de leurs affirmations ou sans jamais se demander si les parents ne pourraient avoir raison de temps en temps. Vérité ou mensonge, on ne le saura jamais puisqu'on ne vérifiera jamais. Mais dans l'esprit de la plupart des gens distraits, c'est-à-dire presque tout le monde, on conclura trop vite que nos adolescents sont bien mal pris.

On peut aussi nous présenter le « témoignage » d'un réfugié qui, les larmes aux yeux (il est toujours important de faire pleurer le témoin, si possible), nous raconte son passé de militant emprisonné et torturé, son angoisse de ne pas avoir de nouvelles de sa femme et de ses enfants, sa crainte de se voir assassiner si on le renvoit dans son pays d'origine, pour s'en remettre aussitôt à la générosité proverbiale des auditeurs qui, si ce n'était de l'acharnement aveugle des fonctionnaires, lui accorderaient sans doute, eux, le droit de séjour.

Vérité ou mensonge ? À ce stade, on ne veut même plus le savoir. On sait que le système est pourri, que les fonctionnaires sont des écœurants, que la loi est mal faite et que nous sommes tous complices de tous les assassinats politiques perpétrés dans le monde. Cela n'a pas d'importance parce que le témoignage appelle la foi et que la foi ne se discute pas.

La vérification est impossible ? Tant pis, on s'en passera. Certaines dates ne concordent pas ? Détail. La situation ne correspond pas à la réalité décrite par le monsieur ? Bah, c'est que nous sommes mal informés.

La victime, c'est connu, ne saurait mentir. Seuls les bourreaux mentent. C'est pourquoi le témoignage du fonctionnaire ne nous intéresse pas, puisqu'il doit mentir pour défendre le système.

Les « témoignages » les plus amusants qu'on puisse entendre sont ceux des astrologues. Ils sont tous conçus sur le même modèle, les journalistes et les animateurs le savent, mais ils s'en font complices chaque fois qu'ils en ont l'occasion.

— Racontez-moi comment vous êtes devenue astrologue.

— Je n'y croyais pas puis, un jour, un astrologue m'a dit que… et cela s'est réalisé comme il l'avait dit.

— Vous avez étudié l'astrologie ?

— Oui, bien sûr. Il y a deux sortes d'astrologues, les charlatans qui écrivent l'astrologie dans les journaux et les autres, sérieux, dont je suis.

— Avez-vous fait des prédictions qui se soient avérées ?

— Oui, bien sûr. En 1968, par exemple… Puis en 1977…

— Est-ce que des gens sérieux vous consultent ?

— Évidemment. Je conseille des ministres, des savants, des grandes vedettes…

— Donnez-moi des noms.

— Vous comprendrez que je ne peux pas faire cela. Tout comme les médecins, nous sommes tenus au secret professionnel.

— Vous pourriez nous faire une prédiction ? Pour l'année qui vient, par exemple.

— Je peux vous en faire plusieurs : ce sera une année de bouleversements dans le monde ; Charles Trenet se rapprochera un peu plus de la mort ; l'Italie aura de la difficulté à se doter d'un gouvernement fort ; les Yougoslaves auront du mal à se réconcilier ; il se pourrait que Boris Eltsine perde le pouvoir en Russie ; Michèle Richard va provoquer un scandale considérable.

L'entrevue est complaisante, le témoignage, complètement farfelu. Et si on fait remarquer au « journaliste » qu'il présente n'importe quoi dans son émission, il répondra, sur de lui, que toutes les opinions ont le droit d'être entendues et que c'est son devoir...

Il arrive que l'information par témoignage connaisse des ratés. En effet, les « témoins » sont soumis, tacitement, à une règle de fer : si on les invite pour témoigner, ils doivent le faire dans tel sens et non dans l'autre, sans quoi l'effet sera complètement raté.

À vrai dire les idéologues du témoignage ne veulent entendre que ce qu'ils ont décidé d'entendre et non pas autre chose. On n'aurait pas idée, par exemple, d'inviter un témoin pour s'apitoyer sur le sort des chiens battus et qui se mettrait à avouer en pleurant qu'il a toujours battu les chiens et qu'il en tirait du plaisir ; ou d'un autre, invité pour calomnier impunément sa femme, qui se mettrait à ne lui trouver que des vertus.

J'ai été témoin deux fois de ce genre de farce. Une fois avec Janette Bertrand et une fois avec Claire Lamarche.

La première avait invité à sa table des adolescentes qui avaient eu un enfant et qui avaient décidé de le garder. Tout va bien. Les adolescentes se racontent, les témoignages sont émouvants, les filles ne sont pas sottes, au contraire, et elles nous parlent avec émotion de leurs difficultés.

Puis tout craque : Mme Bertrand veut leur faire dire que les garçons qui les ont engrossées, tous des salauds, les ont abandonnées à leur triste sort.

Hélas, trois fois hélas, elles déclarent presque toutes que c'est faux, que les garçons sont toujours là, près d'elles, qu'ils ont pris leurs responsabilités, qu'ils les ont accompagnées jusqu'au bout et qu'elles en sont bien contentes.

Ce n'est pas ce que Mme Bertrand voulait entendre. Si on invite une fille à « témoigner », ce n'est quand même pas pour dire du bien des garçons. Elle insiste, elle revient à la charge, elle tourne sa question autrement. Rien à faire. Les filles continuent à dire du bien des garçons.

Il fallait voir Mme Bertrand. Enragée, qu'elle était. Si on se met à témoigner n'importe comment, à qui peut-on faire confiance ?

Claire Lamarche, pour sa part, avait invité des prostituées à « témoigner » de leur dur métier.

L'affaire mit peu de temps à tourner au vinaigre. Les filles trouvaient leur métier aussi honorable qu'un autre. Oui, elles faisaient beaucoup d'argent et s'en réjouissaient. Oui, il leur arrivait de rencontrer des clients dégueulasses, mais la plupart étaient fort sympathiques. Non, leurs souteneurs ne les battaient pas puisqu'elles n'avaient pas de souteneurs.

Pauvre Claire Lamarche. Quoi ! on fait une émission sur la prostitution, avec des vraies prostituées, pour dénoncer les méchants hommes qui ont recours à leurs services et les odieux personnages qui les exploitent, et ces folles viennent nous dire qu'il n'en est rien ?

Elle était rouge de colère, Claire Lamarche. Je plaignais déjà la pauvre recherchiste qui s'était trompée d'invitées.

C'est la leçon à retenir. Si vous êtes invité à « témoigner », ce n'est pas pour rien : c'est que quelqu'un, quelque part, a besoin de votre témoignage pour faire passer ses idées.

L'information par témoignage n'est pas innocente. Il y a beaucoup de militants et de militantes qui se cachent chez les journalistes, les animateurs et les commentateurs et qui se servent des autres, sans en avoir l'air, pour nous faire avaler leurs salades.

Ils sont de tout acabit : écologistes, fédéralistes, féministes, indépendantistes, pacifistes, anarchistes, sectaires de toutes sortes qui n'ont qu'un but : faire avancer la cause de leurs intérêts personnels.

Ils leur serait impossible de le faire directement, alors ils utilisent le « témoignage ». Ils auront alors beau jeu de se défendre : « Ce n'est pas moi qui le dis... Et comment pouvez-vous mettre en doute la bonne foi de ce témoin ?... »

Il y a aussi bon nombre d'innocents et d'incompétents qui croient dur comme fer que ce qu'ils font, c'est de l'information pure et qu'elle est d'autant plus solide qu'elle s'appuie sur des témoins de première main.

Ce qui est grave, c'est que cette pratique, de plus en plus répandue, finit par nous faire douter de tous les témoignages, même les plus crédibles, même les plus poignants.

Ce n'est pas le témoin qui est en cause, c'est celui qui reçoit le témoignage qui se rend coupable de complaisance, d'absence de sens critique, de la présentation d'un seul côté de la médaille, et du choix, souvent pervers, des témoins qui le confortent dans ses préjugés.

Information partielle, tronquée, mise en scène réduite à l'émotion brute, méprisante aussi bien pour les témoins (qui ne sont choisis qu'en fonction de leur capacité de jouer le jeu) que des spectateurs (qui, piégés par leurs émotions, n'arrivent plus à faire la part des choses).

Tenez-vous bien. Ça ne fait que commencer.

Dans un monde de voyeurs, on se montre le cul.

Le droit de tuer

C'est au nom des droits de l'homme que certains, aujourd'hui, s'arrogent le droit de tuer sans risquer aucune condamnation, même pas celle de l'opinion publique.

Je parle des sidéens qui, se sachant atteints par la maladie, la transmettent sciemment à leurs partenaires, en invoquant leur liberté, leur désir d'aimer et d'être aimé, leur désespoir ou leur volonté de vengeance envers une société qui n'a pas su les protéger de la mort.

Contre ces assassins, on brandit l'arme ultime et dérisoire du condom.

Certains sidéens ont déjà transmis la maladie avant de s'en savoir atteints. Bon. Qu'y faire ? Rien, à moins de vouloir instituer le dépistage obligatoire chez toutes les populations en âge de copuler. La chose est tragique mais le remède risquerait de l'être plus encore. D'autres, aussitôt avertis de leur état, décident avec courage de s'interdire tout rapport sexuel. D'autres encore, s'y résignant, comprennent malgré tout que la mort des autres ne saurait les consoler de la leur.

Mais on en connaît, personnellement ou par l'intermédiaire des médias, qui cachent le plus longtemps possible leur condition, tout en continuant à avoir des relations sexuelles répétées avec quiconque y consent.

Mais quoi ? « L'amour, ça se protège » après tout, non ? Les médecins et les militants se tuent à nous répéter que le sida n'est pas contagieux et qu'il suffit d'enfiler un condom pour tout se permettre sans danger aucun. Il faut les croire puisque c'est vrai.

Moi, j'y crois... jusqu'à un certain point. Si je fréquente des sidéens, dans la vie de tous les jours, sans jamais sentir que je mets ma vie en danger, je refuserai toujours vigoureusement, étant informé de sa maladie, de coucher avec un sidéen, capote ou pas. Et vous, vous coucheriez avec un sidéen qui vous jure que la maladie n'est pas contagieuse et qui vous propose des « relations protégées » ?

Préjugé ? Sans doute, m'affirmeront tous les spécialistes, mais malgré mon manque flagrant de rationalité, je n'ai pas l'intention de changer de comportement.

Que ferais-je, maintenant, si une personne se sachant porteuse du virus du sida me le transmettait après avoir évité de me révéler sa condition ? Eh bien, je l'accuserais de meurtre et je la traînerais devant les tribunaux sans éprouver la moindre pitié. Bourreau, moi ? Peut-être. Et vous, que feriez-vous ?

Mais cela ne se fait pas... ou alors seulement dans des cas tout à fait exceptionnels.

Pourquoi ? Mais voyons, les droits de l'homme, mon vieux, les droits de l'homme !

C'est par respect pour les droits de l'homme que les médecins sont tenus au secret et qu'il leur est interdit d'avertir les partenaires du malade. C'est par respect pour les droits de l'homme qu'on laisse courir les irresponsables les plus dangereux.

C'est toujours par respect des droits de l'homme qu'il faut s'abstenir de juger « ces pauvres gens acculés au désespoir ».

Croyez-moi, j'éprouve la plus grande compassion devant les désespoirs de tous ordres, mais j'affirme quand même que le désespoir des uns, si pénible et insupportable soit-il, n'autorise personne à s'abriter derrière la charte des droits pour répandre la mort.

Quand j'avais douze ans, la fièvre typhoïde faisait rage et je l'attrapai. On m'enferma dans un hôpital pendant quarante jours, en compagnie d'autres enfants atteints de la même maladie. On avait brimé mes droits pour protéger ceux des autres.

À la même époque et jusqu'à il n'y a pas si longtemps, ce sont les tuberculeux qu'on isolait de la population.

Je sais bien qu'on ne parle pas de la même chose, ces deux maladies étant contagieuses et le sida ne l'étant pas. C'est d'ailleurs pourquoi il faut dénoncer vigoureusement les excités qui voudraient enfermer les sidéens ou les exiler dans quelque île déserte.

Mais, si la maladie n'est pas contagieuse, il n'en reste pas moins qu'elle se répand à une vitesse folle, et plus seulement dans les groupes dits à risques, et que ce sont les sidéens qui la répandent, qu'ils le veuillent ou non.

C'est pourquoi il me semble qu'il n'est que raisonnable d'exiger qu'ils ne la répandent pas sciemment. S'ils le font, ils doivent dès lors subir toute la rigueur de la loi.

Une autre chose me scandalise dans cette affaire et elle est sans doute encore plus délicate que la première. Que penser en effet des femmes enceintes qui, se sachant atteintes du sida, décident quand même de garder leur enfant même si on sait qu'il a une chance sur quatre d'être porteur de la maladie ?

Je sais, je sais, je viens d'entendre un reportage sur le sujet et les femmes qui en parlaient étaient fort émouvantes. Mais encore ? Accepteriez-vous de transmettre délibérément le sida à un enfant, même en sachant qu'il a trois chances sur quatre d'y échapper ? Moi pas.

À une époque où l'avortement est devenu si banal que le plus spécieux des prétextes l'érige en nécessité et en droit, on n'aurait donc pas droit de s'interroger sur le droit absolu de la mère de donner naissance à un sidéen ?

J'entends encore la voix de cette femme qui disait ne regretter rien en affirmant que son enfant aurait au moins le bonheur d'avoir connu la vie, du moins pendant quelques années — même si on devait le bourrer d'AZT pour retarder la mort — et qu'au mieux, il pouvait espérer qu'on ait alors trouvé le remède pour le guérir.

On ne parle pas d'une femme qui ne sait pas, on parle d'une femme qui sait. Non seulement elle s'apprête à mettre au monde un enfant qui risque fort de ne pas lui survivre mais, lui survivrait-il par miracle que ce ne serait que pour éprouver la triste condition d'orphelin. Ce n'est pas rien, mais quand on sait, de plus, que rarissimes sont ceux qui veulent s'occuper d'enfants sidéens, à quel sort les voue-t-on ?

Ces choses-là sont si dures à entendre qu'on préfère se boucher les oreilles en invoquant mécaniquement et dans le désordre les droits des uns et les libertés des autres et le respect des uns et l'amour des autres.

Mais ce ne sont là que faux-fuyants. Le sida nous oblige à plus de réflexion et à plus d'honnêteté. La vraie compassion peut parfaitement se passer de la dissimulation et du mensonge.

Pour ma part, j'ai du mal à comprendre qu'on ne puisse rien reprocher à certains sidéens sans passer pour le pire des fascistes plus porté sur la condamnation que sur la compréhension.

Mais si le droit des uns n'est assuré que par la complaisance des autres, alors tout se dégrade dans la grande mare des sophismes et la raison ne peut plus rien contre la langue de bois de l'imprécateur aveugle.

L'homme traqué

Le discours féministe, comme tous les discours militants, si juste et nécessaire soit-il par ailleurs, dérape souvent dans l'ignorance et la démagogie et transforme en bourreaux des groupes qui, historiquement, ont souvent partagé le sort des victimes.

J'en ai marre, par exemple, d'entendre les propos injurieux de certaines femmes à l'endroit des pères absents, des hommes gonflés de pouvoir, de privilèges et d'argent qui avaient la chance de s'évader de la maison pour aller travailler et sortir du morne quotidien, pendant que les pauvres femmes étaient confinées au foyer à élever des douzaines d'enfants braillards, sans jamais pouvoir s'échapper de cet enfer pour connaître la liberté et la prospérité.

Ce discours est non seulement injuste, il est également faux sur presque toute la ligne.

En effet, s'il est vrai que les hommes, pris dans leur ensemble, ont occupé une position dominante dans nombre de sociétés et depuis plusieurs siècles, il est faux de prétendre que les hommes, en tant qu'individus, ont partagé le même sort.

À vrai dire, dans toutes les sociétés dans lesquelles la pauvreté était la norme plutôt que l'exception, c'est une toute petite minorité d'hommes qui avaient accès au pouvoir, à l'argent et à la liberté. Tous les autres, sans doute plus de 50 % d'entre eux, partageaient le sort misérable des femmes.

Or toutes les sociétés, jusqu'à il y a peu, étaient pauvres et aussi bien les hommes que les femmes, quoique dans des rôles différents, ne se partageaient que la misère, l'ignorance, la maladie, la mortalité infantile, l'esclavage et l'impuissance.

Si les hommes (peu d'entre eux) avaient quelque pouvoir dans l'aire publique, ils n'en avaient à peu près pas dans l'aire privée et leur vie était au moins aussi aliénante que celle des femmes.

Certes les rôles de l'un et de l'autre n'étaient pas le même : d'un côté le pourvoyeur, de l'autre la génitrice et la nourricière. D'un côté le guerrier, de l'autre la gardienne du domaine.

Il est inutile de s'interroger sur les raisons qui ont amené cette division des tâches ; certaines étaient bonnes et d'autres mauvaises, tout comme certaines étaient défendables et d'autres pas. Mais il faut nous garder de juger cette façon de faire les choses à partir d'un regard contemporain. Or, c'est malheureusement parce que nous le faisons souvent que nous errons aussi bien sur les faits que dans leur analyse.

Contentons-nous de voir les choses telles qu'elles étaient et telles qu'elles sont encore souvent aujourd'hui (dans divers pays et dans divers milieux).

On a tout dit de la pauvre femme au foyer ; pour ma part, je n'ai pas grand-chose à y ajouter puisque je suis en général d'accord, dans l'ensemble, avec ce qu'on nous raconte. Quant à la femme en période de guerre, on nous en a souvent décrit les souffrances indicibles. Je suis encore d'accord. J'ajoute seulement, avec un soupçon de mauvaise foi que, si les femmes en souffrent, les hommes en meurent.

Force est cependant de constater qu'on a peu décrit ou discuté de l'homme dans son rôle de pourvoyeur. On a l'habitude de prendre pour acquis qu'il s'agit là nécessairement du beau rôle et qu'on n'a pas à plaindre celui qui le tient. Pourtant, je n'arrive pas à m'en convaincre totalement.

Le pourvoyeur, c'est celui qui, selon la coutume, avait non seulement la tâche mais le devoir de pourvoir aux besoins de sa femme et de ses enfants sous peine de se voir dénoncé violemment par la famille et par la communauté. Dans les cas les plus graves, le père indigne devait parfois s'exiler pour échapper à l'opprobre collectif de même qu'à sa propre culpabilité.

Souvenons-nous que ce rôle n'était pas dévolu à qui acceptait de le jouer. Tous les hommes qui se mariaient, sans exception, en prenaient l'engagement solennel devant Dieu et devant les hommes. D'ailleurs la coutume voulait qu'on ne se mariât pas avant de s'être assuré qu'on pouvait adéquatement remplir la fonction. Le père responsable n'accordait la main de sa fille qu'à un garçon sur lequel on avait fait une longue enquête et dont on était sûr.

Aujourd'hui, pour qui gagne cent mille dollars par année, cela semble aller de soi.

Il en allait tout autrement quand on était fermier sur une terre de roches, petit employé dans une grande compagnie le plus souvent étrangère, propriétaire d'un petit moulin à scie, pêcheur, journalier, cheminot, fossoyeur, commis, télégraphiste, petit fonctionnaire, plombier, policier, artisan, vendeur itinérant, bûcheron, etc.

Le travail était dur, la journée interminable, la sécurité d'emploi nulle et le revenu insignifiant. (Je souligne qu'il en va encore de même aujourd'hui dans nombre de cas et de circonstances.)

La responsabilité du pourvoyeur était totale. Il devait, à tout prix et dans toutes les conditions, rapporter à la maison l'argent nécessaire pour assurer la survie de la famille. Le désespoir guettait à tout instant : la peur de perdre son emploi, la peur de tomber malade, la peur de voir la famille s'agrandir trop rapidement, la peur de mourir et de laisser femme et enfants dans la misère, la peur de la tragédie insurmontable (l'incendie, l'inondation, le froid, l'isolement qui pouvaient ruiner les efforts de toute une vie). L'angoisse, viscérale, de ne pas être à la hauteur de la situation.

Je suis assez vieux pour avoir connu des centaines de pourvoyeurs qui portaient sur leurs épaules un poids si lourd qu'ils en étaient accablés. Je les ai connus dans ma famille et autour, et je les ai rencontrés dans tous les coins du Québec. J'ai connu le regard haineux et les propos malveillants qu'on adressait à celui qui avait le malheur de ne pas réussir à sortir du chômage, à celui qui n'arrivait pas à joindre les deux bouts, à celui qui, souffrant de tuberculose, laissait sa famille dans le besoin.

Combien de fois ai-je vu mon père, presque désespéré, s'asseoir à la table pour calculer et recalculer, sous le regard légèrement accusateur de ma mère. Et pourtant, nous n'étions pas pauvres, au sens propre du terme.

À l'époque — une époque qui s'est étendue sur plusieurs siècles — on ne badinait pas avec ce genre de choses. On pouvait bien ne pas aimer le rôle que la société vous imposait, mais il était absolument interdit d'en jouer un autre. Autant les femmes étaient confinées à la maison, autant les hommes étaient forcés d'en sortir.

Il est facile aujourd'hui de dire de ces hommes qu'ils ont été des pères absents. Avaient-ils d'autre choix ? Il est encore facile de les accuser d'avoir souvent abandonné leur famille durant de longs mois. Avaient-ils d'autre choix que de partir bûcher dans le bois pendant six mois ou de partir en mer pendant huit semaines pour y pêcher ? Avaient-ils le choix, en temps de guerre, de ne pas suivre le seigneur qui les avait conscrits et qui les séparait de leur famille pendant de longues périodes de temps ? Avaient-ils le choix de travailler quatorze heures par jour et de ne rentrer à la maison que pour y dormir ?

Où était la richesse, le pouvoir, la liberté de ces pour-voyeurs ? La loi leur accordait bien quelques prérogatives que les femmes ne partageaient pas, mais de là à conclure qu'ils appartenaient à un pouvoir dominant qui en faisait d'arrogants mercenaires au seul profit de leur propre cause, il y a un pas qu'on ne saurait franchir sans commettre la pire des injustices.

Au lieu de parler des quelques milliers d'hommes qui ont dominé la planète à chaque génération qui passait, il vaudrait sans doute mieux reconnaître le sort misérable de centaines de millions d'hommes qui, de gré ou de force, ont dû assumer le rôle terriblement exigeant de pourvoyeur dans des temps et des circonstances le plus souvent invivables.

Aujourd'hui, chez nous, le rôle du pourvoyeur a si profondément changé qu'on a peine à imaginer ce qu'il a pu être. Malheureusement, si la forme a changé, la fonction demeure et, dans le chaos des transformations, on a oublié son importance, sa nécessité. C'est pourquoi on retrouve tant de femmes et d'enfants abandonnés (parfois aussi des hommes). Il faut de toute urgence repenser la situation et redéfinir des paramètres qui permettront aux nouvelles générations de se retrouver dans des responsabilités qui soient à la mesure des réalités changeantes.

On ne peut plus exiger des femmes qu'elles passent leur vie à la maison. Mais on exige encore trop souvent des hommes qu'ils passent leur vie en dehors de la maison en assumant une fonction qui n'a plus rien à voir avec les réalités nouvelles.

Mais avant de tout chambarder, il ne me déplairait pas qu'on redonne aux pourvoyeurs des siècles passés la noblesse et la dignité qu'ils ont chèrement acquises. On pourrait au moins leur épargner le mépris dont on ne cesse de les accabler.

La culture dévoyée

Chez nous, nous sommes témoins, depuis quelques années, d'un bouillonnement culturel sans précédent. Tout vit, tout se transforme, tout éclate, tout se crée et rien ne se perd. Toutes les pratiques artistiques et culturelles sont en effervescence et on peut, sans risque de se tromper, affirmer que le Québec en général et Montréal en particulier sont devenus des centres de création culturelle bien plus importants que nombre de pays plus grands ou de villes plus importantes.

Hélas, toute cette activité se déroule dans un vaste désert intellectuel où la facilité et la paresse tiennent le haut du pavé et où la démagogie a remplacé l'honnêteté la plus élémentaire. Chez les témoins de la culture vivante, la forme a accaparé la totalité de l'œuvre et les promoteurs se sont transformés en vulgaires vendeurs de tapis.

Mais commençons par le commencement. Posons d'abord comme prémisse que la culture, de par sa nature même, est d'abord et avant tout l'affaire des intellectuels, ceux qui privilégient les choses de l'esprit. Or, où sont nos intellectuels ? Il faut bien le constater, ils ne sont nulle part. Il y a bien quelques rares exceptions qui se manifestent, de temps en temps, qui affirment leurs qualités et produisent une œuvre, mais la plupart de ceux qui « privilégient les choses de l'esprit » n'ont de cesse de nier leur propre existence.

En effet, l'intellectuel insiste pour affirmer qu'il ne l'est pas. Le critique de cinéma se définit comme un simple tâcheron sans prétention et le professeur comme un travailleur enseignant et on croit leur faire injure quand on veut les classer parmi les intellectuels. Ils s'en défendent vigoureusement. Il en va ainsi du journaliste-qui-pratique-un-métier, de l'écrivain-qui-n'est-rien-d'autre-qu'un-écrivant, du réalisateur-de-cinéma-qui-ne-se-prend-pas-pour-un-autre, du scientifique-qui-travaille-dans-le-concret, du syndicaliste-qui-ne-s'intéresse-qu'à-la-condition-ouvrière, du philosophe-pour-qui-le-concept-n'est-qu'un-fait-non-avéré.

Si donc les intellectuels se déguisent en Arlequins sous leurs manteaux bariolés pour bien s'assurer qu'on ne les prendra pas pour tels, qui donc va témoigner de la culture dans nos écoles, dans nos journaux, dans nos cercles politiques, dans nos médias électroniques ou sur les nombreuses tribunes publiques qu'ils devraient occuper.

Eh bien, la réponse c'est : personne. Non seulement nombre d'intellectuels ne veulent pas l'être mais, de plus, nous trouvons parmi eux des cohortes de personnages parfaitement incultes.

Quand des fonctionnaires du ministère de l'Éducation élaborent un programme de lecture pour les élèves du secondaire, dans lequel on ne retrouve ni Balzac, ni Shakespeare, ni Dante, ni Rimbaud, ni Camus, ni Faulkner, ni Márquez, ni Ferron, ni aucun classique de quelque littérature que ce soit, c'est parce que, nous disent-ils, nos adolescents les trouvent ennuyeux ou trop difficiles à lire, ce qui n'est pas entièrement faux — problème auquel on devrait trouver une autre solution que la négation même de leur existence. Mais ce qu'ils oublient de nous dire, c'est qu'eux-mêmes ne les connaissent pas et que nombreux sont les professeurs qui devraient les enseigner qui ne les connaissent pas non plus.

Alors on propose une liste de livres souvent mal écrits, le plus souvent québécois ou américains (on n'est pas des Français, hostie !), aussi porteurs de réflexion, de psychologie, de profondeur et d'acuité que le guide vert du plateau Mont-Royal.

C'est ainsi que ceux-là même qui devraient être les observateurs privilégiés d'une littérature vivante qu'ils se feraient fort de transmettre et de faire aimer à leurs élèves se révèlent n'être que des pions au service de soi-disant programmes allégés pour débiles légers.

On les voit encore faire piocher leurs élèves sur des textes tirés des journaux pour mieux coller à une actualité qui, par définition, est toujours dépassée — et cela au grand dam des journalistes dont on utilise les textes, qui savent bien et mieux que quiconque que la pratique quotidienne du métier leur interdit, à regret, de faire de la littérature.

Ce sont toujours les mêmes d'ailleurs qui se font démagogues pour dénoncer une culture qui ne saurait être qu'élitiste et méprisante pour ces pauvres enfants démunis à qui ils ne font que transmettre, faute de mieux, le vide sidéral de leur pensée.

Je dis que c'est dévoyer la culture que de l'ignorer sciemment au profit de sous-produits insignifiants qui ne font qu'encourager la paresse intellectuelle dont souffre notre société. Je dis aussi que c'est priver les citoyens de l'accès démocratique à des œuvres de haut calibre qui, ce faisant, deviennent l'apanage des autodidactes rêveurs et le privilège des chroniqueurs littéraires nécessairement déconnectés.

J'enrage de voir les conséquences de ces pratiques chez ceux qui, plus tard, deviendront écrivains. Ignorants eux-mêmes de ce qui s'est fait ou de ce qui se fait de mieux ici et dans le monde, ils se contenteront trop souvent d'œuvres bâclées qui ne se comparent qu'à celles de leurs voisins immédiats qui, « éduqués » de la même façon, ne sauraient faire mieux qu'eux-mêmes.

Il est d'autres façons de dévoyer la culture et je veux bien en fournir des exemples.

On sait que nos médias de masse, souvent dirigés par des gestionnaires qui n'entendent rien à la culture qu'ils confondent souvent avec le mode de vie, cherchent sans cesse la formule magique de « l'émission culturelle » qui ferait mouche et qui rapporterait gros. Or, au lieu de s'attaquer au problème de front et de tenter de lui trouver une solution, ils décident unanimement d'adopter la formule du *show* de variétés. Rien de trop lourd, rien de trop long, rien de trop savant, rien de trop profond, rien de trop sérieux, rien de trop, finalement rien de trop cultivé.

Du divertissant, rien que du divertissant. (Comme si une émission culturelle ne pouvait pas être également divertissante.) Or, le divertissement pur, selon eux, doit être léger, court, insignifiant, swingant, impertinent, spontané, musical et bruyant, médiocre et surtout, ah ! surtout, pas snob pour deux sous.

Première recette : n'inviter que des gens qui ne parlent que de ce qu'ils ne connaissent pas. Le cinéphile couvrira la peinture, l'écrivain couvrira l'opéra, le sportif couvrira la danse contemporaine, l'amateur de médecines douces couvrira la politique internationale, et la petite, au fond, qui vraiment ne connaît rien à rien, couvrira tout.

Vous savez de quoi je parle.

Deuxième recette : parler de tout et de rien, très brièvement, avec des gens qui, par ailleurs, auraient sans doute quelque chose à dire. On invite donc Gérard Depardieu pour lui faire dire qu'il mange trop mais qu'il ne se sent pas mal pour autant. On invite Michel Tremblay pour lui faire retrouver avec émotion l'escalier de Germaine Lauzon, rue Fabre. On invite André Montmorency pour lui faire faire à l'écran des bouffonneries qu'il ne se permettrait pas en privé.

On trouve le truc qui surprendra Catherine Deneuve en la ridiculisant. On force Hubert Reeves à faire une tarte au citron pour bien démontrer qu'il est proche du peuple. On fait une surprise à Gratien Gélinas pour son cent septième anniversaire. On parle du dernier livre de Pennac en arrachant les pages qui vous feront tripper et sur des images d'un concert où Karajan dirige la Neuvième de Beethoven, on invite trois adolescents à « rapper » sur l'Hymne à la joie.

Vous n'avez rien vu de tout cela évidemment, mais c'est tout comme. Chacun de ces numéros ne dure pas plus de deux minutes. Entre chacun, il y a la pub et puis une présentation hystérique qui vise à créer une situation d'urgence. On se démène, on change de robe ou de veston, on se maquille en Dracula, on se jette dans le fleuve glacé, on saute d'un hélicoptère, on se vautre dans la boue, on se tire en l'air. On transforme les créateurs en bouffons et les coupables s'en tirent en invoquant les cotes d'écoute.

Il est fort probable que la culture, ainsi dévoyée, ne s'en remettra pas. Tant pis. On s'en fout de toute façon.

Troisième recette : à partir du postulat que les jeunes ne partagent pas la même culture que leurs aînés, que tout a changé, qu'ils sont clips plutôt que romans, qu'ils sont rap plutôt que symphonie, qu'ils sont cool plutôt que ringards, on leur ouvre toutes grandes les portes de la création en leur disant qu'ils sont parfaitement libres de faire comme ils l'entendent et qu'on s'arrangera pour convaincre les vieux qui n'ont rien compris que c'est justement parce qu'ils sont vieux qu'ils ne peuvent rien comprendre.

Les résultats sont souvent désastreux, mais on n'en a cure, puisque la « culture » des jeunes nous est désormais inaccessible.

Démagogie, quand tu nous tiens...

Or, j'admets parfaitement que les jeunes soient plus « clips » que moi et qu'ils aient plus envie de se payer le luxe de fabriquer un petit film de trois minutes que d'écrire un roman de huit cents pages.

Mais ce que je constate, c'est que, pour un clip intéressant ou génial, il y en a quatre-vingt-dix-neuf qui ne font qu'imiter, en mal, le premier. Ce que je dis, c'est que je dois avoir le droit de juger un clip comme je juge un roman ou une toile, sans qu'on vienne me dire que ce n'est plus de mon âge. La merde n'a pas d'âge et je veux appeler une merde, une merde.

Je veux bien encore que le rap soit à la mode et qu'il corresponde plus à la « sensibilité » des jeunes d'aujourd'hui que la chanson française des années soixante. Oui, je veux bien. Mais j'exige du même coup qu'il en ait les mêmes qualités, sans quoi je décroche.

Que telle ou telle forme d'art échappe à mon entendement, je l'avoue humblement. Mais il ne faut quand même pas me passer des vessies pour des lanternes. Quand je constate, chez n'importe qui, jeune ou vieux, blanc ou noir, talentueux ou pas, que la forme prime systématiquement sur le contenu et va jusqu'à évincer complètement ce dernier, je refuse de crier au génie. Quand on a rien à dire, on a beau le dire admirablement, on a toujours rien dit.

Je m'élève donc contre cette forme de démagogie des « vieux » qui se refusent à juger les œuvres des jeunes sous le fallacieux prétexte que nous ne partageons pas la même culture. Il y culture ou il n'y a pas culture. Se pâmer sur la forme en refusant de commenter le fond me semble relever d'une coupable paresse intellectuelle qui mène à mépriser la culture dans toutes ses manifestations.

Quatrième recette : elle concerne encore les jeunes. Si on veut être certains que les jeunes restent incultes, il est une formule absolument infaillible qu'on utilise à satiété depuis nombre d'années.

Il suffit de les mépriser totalement en leur faisant croire qu'ils sont de parfaits imbéciles incapables d'apprécier autre chose que le rock.

Dites-moi que ce n'est pas ce que nous faisons.

Chaque fois qu'on s'adresse à un public de jeunes, à la radio, en publicité, à la télévision, dans des assemblées publiques, à la maison, partout, on se sent toujours obligés de ne leur servir que du rock.

Je comprends bien qu'ils aiment le rock et qu'on n'aille surtout pas croire que j'en ai contre. Mais on ne me fera pas croire qu'ils soient si limités dans leurs goûts qu'ils ne puissent jamais apprécier quelque chose d'autre.

Malheureusement, ils ne sont pas toujours libres de choisir. Premièrement, on leur a tellement fait croire qu'ils n'aimaient que le rock qu'ils ont souvent fini par le croire. Deuxièmement, comme rien de ce qui s'offre à eux ne s'offre autrement que par le rock, il leur faut beaucoup de témérité ou de courage pour oser aller voir ailleurs. Pressés par l'esprit de clan et par le matraquage incessant dont ils sont victimes, on se demande bien comment ils pourraient s'en sortir.

Je dis que c'est dévoyer la culture que d'enfermer les jeunes dans des ghettos culturels dont ils auront toutes les peines à s'évader.

Je dis que refuser de s'approprier et de transmettre « toute la culture » est une faute grave dans une société aussi fragile que la nôtre.

Je dis que se targuer d'être inculte et de tout faire pour le rester est une insulte à l'intelligence.

Je dis enfin que j'enrage de constater que le labeur créateur de centaines de générations successives se perd à jamais dans le tombeau ouvert des esprits vidés de leur substance.

Et pendant ce temps, nos créateurs, dont certains ont du génie, parlent, dansent, chantent, peignent, sculptent, écrivent, font des films ou grattent la guitare dans un désert qui recouvre de sable leurs plus belles œuvres.

L'information en clips

Il est une pratique qui me met en colère, plutôt deux fois qu'une : c'est celle qui consiste, dans les médias électroniques, à réduire de façon scandaleuse les interventions des uns et des autres.

J'en ai la colère du citoyen et la colère du communicateur. En effet, comme à peu près tout le monde, je suis obligé de subir, à la radio et à la télévision, les clips de trois secondes en anglais ou en russe que les journalistes s'acharnent à plaquer dans leurs reportages de quarante-cinq secondes, entre deux entrevues de chefs d'État qui doivent nous résumer la situation en Russie ou au Brésil en moins de vingt secondes. J'éprouve alors la colère du citoyen.

Mais, de plus, je perds une grande partie de mon temps à répondre à des recherchistes qui m'offrent trente secondes ou une minute et demie pour expliquer de façon exhaustive à mes concitoyens médusés, l'histoire du Québec des cinquante dernières années. Si je n'avais qu'à refuser, cela pourrait se faire assez rapidement. Mais non. Je dois expliquer à une recherchiste qui trouve que je fais montre de mauvaise volonté que, premièrement, je suis incapable de le faire (ce qu'elle ne croit pas parce qu'elle me trouve du génie) et, deuxièmement, que je m'oppose farouchement à cette façon de faire les choses. Au bout de dix minutes, elle avouera timidement qu'elle est à peu près d'accord avec moi, mais qu'elle n'y peut rien, que la formule le veut ainsi et que tout le monde accepte ces règles du jeu. Je dois alors expliquer que je n'ai rien à vendre et, serais-je le seul ou le dernier, je ne me plierai pas à ces pratiques méprisantes envers le public et méprisables pour ceux qui s'y adonnent. Elle insiste quand même et je finis par l'insulter avant de raccrocher brutalement. C'est la colère du communicateur.

Mais il arrive aussi qu'on m'invite à participer à des émissions d'une heure. Je suis sur le point d'accepter avec joie quand la recherchiste m'apprend que nous serons cinquante-sept sur le plateau, mais que l'animatrice trouvera sûrement le moyen de me donner la parole. Re-colère. Je ne parle pas à travers de mon chapeau : autrefois, j'ai accepté un certain nombre de ces invitations piégées et j'ai pu constater de première main à quel point aussi bien les invités que le public sont complètement floués dans ce genre d'exercice.

Mais puisque les diffuseurs continuent d'imposer pareils formats débiles, on se dit qu'ils doivent bien savoir pourquoi, et on se met à chercher les raisons qui les poussent, eux qui se disent communicateurs, à réduire de façon aussi radicale la communication avec leur public.

Et des raisons on en trouve. On n'a même pas à les chercher puisque ces crétins ne cachent rien, qu'ils distribuent leurs petits catéchismes à tous les étudiants en communication et qu'ils sont si sûrs d'avoir raison qu'ils vous affirment sans rire que, si ce n'était de ce maudit CRTC, ils pourraient aller encore plus loin.

Première raison : le manque de temps. On l'invoque à tout propos. Les bulletins d'information sont courts et comme il y a beaucoup de nouvelles on est bien forcé de les raccourcir toutes.

C'est évidemment un prétexte. Si les bulletins sont trop courts, on n'a qu'à les rallonger. Les stations de radio et de télévision diffusent presque toutes vingt-quatre heures sur vingt-quatre. Du temps, il y en a beaucoup. À vrai dire, il y en a beaucoup trop si on songe à la façon qu'ont nos diffuseurs de l'occuper. On pourrait parfaitement allonger la durée des bulletins d'information sans nuire en aucune façon au reste de la programmation.

Deuxième raison : c'est l'auditeur ou le téléspectateur qui, incapable de se concentrer plus de quelques secondes ou quelque minutes, exige ce rythme rapide, voire précipité.

C'est l'approche américaine et méprisante du public. Nous sommes tous des adolescents agités, des queues de veau, des zappeurs impénitents. Il faut absolument nous mitrailler si on veut nous garder dans la mire.

Or, je ne connais personne, absolument personne, qui ne se plaigne de l'atomisation de l'information et qui ne souhaiterait en avoir plus et de meilleure qualité. Qui décide, à ma place et sans me consulter, que j'ai une tête de linotte et que mon degré d'attention est à peu près égal à celui d'un chat distrait ? Qui décide que je suis incapable d'écouter la radio plus de trois minutes à la fois ? Qui décide que la déclaration de trois secondes, souvent en langue étrangère, me satisfait plus qu'une explication de cinq minutes ? Qui décide de prendre les auditeurs pour des imbéciles ? Certainement des gens qui croient que les auditeurs leur ressemblent !

Troisième raison : comme il y a beaucoup de nouvelles, il faut nécessairement les résumer si on veut les présenter toutes.

Pourquoi les présenter toutes ? Sont-elles d'égale importance ? Exigent-elles toutes la même urgence de diffusion ? Non, évidemment pas. Mais, dans l'esprit de certains, c'est la quantité de nouvelles diffusées et non leur qualité qui fait la force d'un service d'information. Quelqu'un, tout là-haut, a décidé de cela un jour et tous les autres ont adopté la même pratique — concurrence oblige — sans même la discuter. Avec le gâchis que nous connaissons.

Quatrième raison : si on invite beaucoup de monde pour discuter de tel ou tel sujet, c'est pour avoir un plateau représentatif de toutes les opinions.

Cela relève évidemment d'un bon sentiment démocratique mais, dans la pratique, c'est une imposture. Pourquoi ? D'abord parce que toutes les opinions ne se valent pas (nombreuses sont celles qui ne relèvent que du préjugé ou de l'ignorance, mais on ne veut pas le savoir) et ensuite parce que ceux qui ont quelque chose à dire n'auront jamais le temps qu'il faut pour le dire. C'est ainsi que ce qui devait être, au départ, un beau débat démocratique, vire à la foire d'empoigne où quelques ténors s'arrachent le micro pendant que les autres, gênés, se demandent ce qu'ils font là et se taisent.

Je vous le demande : entre un plateau de trente personnes qui, pendant une heure, auront moins d'une minute chacune pour s'exprimer et un plateau de quatre personnes qui ont quelque chose à dire et qui savent le dire, quel sera votre choix ? Pour ma part, j'ai choisi depuis longtemps, mais les diffuseurs continueront de privilégier la première option parce que les opinions tronquées risquent beaucoup moins de porter à la controverse. Surtout pas de controverse ! Surtout pas de vrai débat ! Surtout pas d'affrontement sérieux ! Rien que du bonbon pour public infantile — infantile parce que infantilisé, on sait par qui.

Toujours plus vite, toujours plus court. Des animateurs, à la radio et à la télévision, passent la moitié du peu de temps qu'ils ont à leur disposition à inciter leurs invités à faire plus court, à regretter de n'avoir plus de temps à consacrer à un interlocuteur particulièrement intéressant, à interrompre une phrase un peu consistante, à s'évertuer à raccourcir le propos qui s'élabore, à réduire à rien les périodes de réflexion et de silence.

Cela n'a pas toujours été ainsi. Il n'y a pas si longtemps, la radio et la télévision ne craignaient en rien de nous servir des entrevues d'une heure ou des reportages d'une demi-heure qui ne soient pas une suite ininterrompue de clips de vingt secondes, des émissions d'analyse où on osait ne traiter que d'un sujet à la demi-heure, des propos consistants qu'on n'avait pas besoin de ponctuer de coups de trompette intempestifs.

Étions-nous plus intelligents à cette époque ? Étions-nous moins occupés ? Étions-nous plus assoiffés de connaissances ? Étions-nous moins excités ? Non. On nous respectait un peu plus, c'est tout. Et les diffuseurs ne copiaient pas servilement les formules-spectacles importées des États.

Ils me répondront que, devant la multiplication des chaînes, ils doivent agir ainsi pour faire face à la concurrence. Moi, je leur dis que devant la multiplication des chaînes, c'est en faisant autre chose que les autres qu'on réussira à mettre la concurrence à genoux. Celui qui servira un repas gastronomique à un public gavé de *fast-food* aura peut-être la surprise d'avoir à refuser du monde à sa table. Hélas, on ne peut pas espérer, dans un avenir rapproché, de voir un gérant de McDonald's se transformer en traiteur de qualité.

Liberté ou privilège d'expression

DROIT : Faculté d'accomplir ou non quelque chose, d'exiger quelque chose d'autrui, en vertu de règles reconnues, individuelles ou collectives. (Larousse)

PRIVILÈGE : Droit, avantage particulier attaché à quelqu'un ou possédé par quelqu'un et que les autres n'ont pas. (Larousse)

La liberté d'expression, dans une société démocratique, est garantie par les lois, par les chartes de droits et souvent par les constitutions elles-mêmes. Chez nous, elle n'est limitée que par les lois sur la diffamation et la littérature haineuse.

Aussi bien dire que cette liberté est presque absolue, du moins en principe. Hélas, nous savons que la censure s'exerce de diverses façons et qu'il est souvent difficile de la débusquer dans les labyrinthes de la bureaucratie ou dans les pratiques plus ou moins secrètes des entreprises.

Mais, à vrai dire, dans une société aussi imparfaite que la nôtre, il n'en reste pas moins que la liberté d'expression a atteint des sommets historiques et que même les censures occultes se voient souvent dénoncées pour ce qu'elles sont. D'aucuns affirment même qu'elle n'est, dans beaucoup de cas, que licence, et qu'il faudrait la restreindre davantage.

Je ne suis pas de cet avis, mais je comprends qu'on puisse en venir à cette conclusion quand on voit les débordements souvent scabreux auxquels s'adonnent certains journalistes, certains hommes publics ou certains médias.

C'est que nous avons peut-être oublié, dans ce cas, de faire la différence entre le droit et le privilège.

Quand la parole n'était pas médiatisée ou alors qu'elle l'était de façon limitée, on pouvait raisonnablement croire que la liberté d'expression ne causait pas de torts irréparables à la très grande majorité des gens visés par les mensonges, les calomnies ou les insinuations qu'on trouvait dans l'opinion publique en général et dans les médias en particulier. Les aires de diffusion étant restreintes, le mal ne dépassait pas certaines frontières et on pouvait presque toujours en limiter les dommages.

Mais tout cela a changé avec les médias de communication de masse. En effet, aujourd'hui, une calomnie peut faire le tour de la planète en quelques minutes et une information erronée peut être répétée des dizaines de millions de fois, ce qui rend l'une et l'autre particulièrement dévastatrices.

C'est sans doute contre ce phénomène que s'élèvent ceux qui n'en peuvent plus de voir des réputations à jamais ternies et des faussetés à jamais avérées quand ils prétendent que la liberté d'expression s'est dévoyée et qu'il faudrait agir en trouvant les moyens de la limiter.

Mais, poser le problème, c'est également, me semble-t-il, le résoudre. S'il y a deux aires de liberté d'expression, l'aire restreinte et l'aire élargie, peut-être pourrions-nous commencer par les distinguer pour ensuite les qualifier.

Si je distingue deux aires, c'est qu'il me semble évident, comme je l'ai expliqué plus haut, que les « conséquences » de la liberté d'expression ne sont pas les mêmes dans l'une et dans l'autre.

Que je répande une calomnie dans mon entourage à propos de quelqu'un que tout le monde connaît ne risque pas beaucoup d'engendrer des dégâts tels que la personne visée ne puisse jamais se justifier.

Que j'émette une opinion, valide ou pas, dans une petite réunion ou chez mon boucher, il est certain que toutes les autres personnes présentes jouiront du même droit que moi et que toutes les opinions contraires pourront être émises sans contrainte.

C'est là le fondement même du droit à l'expression, et quand on dit qu'il est sacré dans une société démocratique, on en fait une partie intégrante de cette société.

Mais qu'en est-il du droit à l'expression dans l'aire élargie ou ouverte de la communication ? C'est dans ce cas précis, me semble-t-il, qu'il faut introduire une nuance en distinguant le droit du privilège. Je m'explique.

Quand je parle à un million de téléspectateurs ou que j'écris dans un journal à grand tirage, je me trouve dans une position privilégiée par rapport à l'ensemble des personnes avec qui j'entre en communication. En effet, j'occupe toute la tribune, je monologue et le droit de réplique est si restreint qu'on peut affirmer sans crainte de se tromper qu'il est à peu près inexistant.

Autrement dit, toute communication hautement médiatisée relève du privilège plutôt que du droit strict.

Il en va de même de ceux qui possèdent ou contrôlent les moyens de communication de masse. Ils sont dans une position privilégiée par rapport à l'ensemble de la population qui ne possède évidemment pas les mêmes moyens.

Or je dis que dans l'aire ouverte de la communication, les privilégiés ont des responsabilités nettement plus grandes que les autres dans l'aire restreinte.

J'entends par là qu'il y a une distinction majeure à faire entre la liberté d'expression et le privilège d'expression. Quand on dispose de tribunes pour émettre ses opinions ou pour diffuser de l'information, on se trouve dans une situation bancale ou les privilégiés ont plus de droits que les autres. Et, quand ils en abusent, on est en droit de se demander, premièrement, s'ils n'abusent pas de leur droit et, deuxièmement, s'ils n'affichent pas un mépris profond pour tous ceux à qui ils s'adressent.

Loin de moi l'idée de vouloir censurer qui que ce soit. Mais il me semble pertinent de rappeler que si les « privilégiés » ont les mêmes droits que les autres, ils ont aussi des responsabilités autrement plus exigeantes.

Qui dit responsabilité, dit réflexion, exigences accrues, balises, codes d'éthique, respect.

Quand je me mets en colère contre ceux ou celles qui, du haut de leur piédestal, pontifient à qui mieux mieux en faisant entre les gens les associations les plus scabreuses, en jetant les hauts cris à propos de peccadilles qui ne mériteraient même pas une semonce à mon chien, en révélant de prétendus scandales dont la preuve est loin d'être faite, en se répandant en humeurs plus nauséabondes les unes que les autres, en ne divulguant qu'une partie de la vérité pour servir une cause, en falsifiant les chiffres pour les mêmes raisons ou par ignorance, c'est que quelqu'un, quelque part, a oublié que le privilège d'expression doit être responsabilisé, sans quoi le droit d'expression n'est plus que la porte ouverte à tous les dérapages avec les conséquences morales qu'on sait dans une société qui, alors, se croirait le droit et le devoir d'avoir recours à la police, aux tribunaux et à la censure.

On sait que les peuples sont prompts à invoquer la licence pour justifier la dictature. Or, c'est justement pour éviter ce genre de fuite en avant que je propose cette distinction entre le droit d'expression et le privilège d'expression.

Le jour où tous les « privilégiés » auront conscience que la position particulière qu'ils occupent leur confère un pouvoir déterminant sur la pensée et l'opinion de ceux qui ont peine à faire entendre leur voix (d'exercer leur droit d'expression), ils comprendront peut-être que le droit sans le devoir est sans doute une faute, mais que le privilège sans la responsabilité est un crime.

Les gens d'affaires

Les gens d'affaires sont des hypocrites et des imposteurs. Tous ? Tous, à de très rares exceptions près.

J'écrivais, en 1990 : « Je déplore qu'ils aient tant d'influence dans notre société. Je ne nie pas leurs succès et je m'en réjouis avec eux, mais je les crains et je m'en méfie parce que, la plupart du temps, ils ne voient pas plus loin que le bout de leur nez, c'est-à-dire leur intérêt du moment. »

Je n'ai évidemment pas changé d'avis depuis.

L'entreprise privée a des vertus, sans aucun doute, mais dans les pays où on revient rapidement au capitalisme sauvage du début du XXᵉ siècle, les gens d'affaires, surtout les gros, nous tiennent un discours vaniteux et mensonger visant à nous faire croire à leur inégalable compétence et à leur formidable indépendance d'esprit.

Or, ils ne font preuve ni de l'une ni de l'autre.

Je dis que ce sont des hypocrites parce qu'ils dénoncent sans cesse l'État et ses méfaits tout en l'appelant à la rescousse à la moindre difficulté.

On connaît leur discours : l'entreprise publique est, de par sa nature même, inefficace ; l'entreprise privée est créatrice d'emplois ; la réglementation nuit à la libre concurrence ; les entreprises privées, responsables, sont parfaitement capables de se baliser elles-mêmes ; l'État doit laisser libre cours à la loi du marché et ne pas fausser le jeu de la concurrence en accordant subsides et subventions à qui en fait la demande. Autrement dit, les gens d'affaires n'ont pas besoin de l'État et si on pouvait l'abolir, ils en seraient bien aise.

Hypocrites vous dis-je. Voyez-les à l'œuvre.

J'ai le souvenir de l'odieux Lee Iacoca, autrefois président de Chrysler, qui n'avait pas de mots assez forts pour dénoncer l'État américain qui, selon lui, avait toujours tendance à se mêler de ce qui ne le regardait pas. Puis il se retrouve à la tête d'une compagnie aux prises avec des difficultés à peu près insurmontables. Chrysler est au bord de la faillite, ce qui ne l'empêche pas de se payer un salaire de près de douze millions de dollars par année.

Et que fait-il ? Il s'en va tout de go brailler à Washington en évoquant les pires désastres si on ne l'aide pas à sauver la compagnie. Il invoque aussi l'honneur national, bafoué par les Japonais. Il tempête et crie en annonçant, bien sûr, qu'il est le seul à pouvoir sauver la compagnie.

Et il gagne : Washington lui avance un milliard et demi de dollars. Il met plusieurs milliers de travailleurs à la porte et relance la compagnie. Je souligne que l'entreprise est à la portée de n'importe quel imbécile. Moi qui suis le plus mauvais des gestionnaires, je pourrais, dans ces conditions, sauver à peu près n'importe quelle compagnie.

Cet homme que Henry Ford avait mis à la porte à cause de son incompétence devient « l'homme du miracle » et il se fera fort de le crier lui-même sur tous les toits.

Fut-il quelque peu reconnaissant aux contribuables américains de lui avoir sauvé la mise ? Se fit-il plus tendre envers l'État honni ? Bien au contraire. L'opération terminée, il redevint *illico* le farouche défenseur de l'entreprise sauvage au service de ses seuls actionnaires. Quelques années plus tard, il faisait de nouveau appel à l'État pour le protéger, par une réglementation sévère, contre les méchants Japonais qui avaient eu la mauvaise idée de fabriquer de meilleurs voitures et à meilleur prix que les siennes. L'État, asservi, obtempéra de nouveau.

Les États obtempèrent toujours, hélas. Surtout si vous êtes très gros et adepte des chantages les plus grossiers.

Les gens d'affaires sont ainsi faits que leur hypocrisie ne les jette pas dans l'embarras et ne suscite chez eux aucun conflit d'ordre moral. Ils sont farouchement contre l'État qui redistribue les richesses collectives aux plus démunis, mais il ne leur viendrait pas à l'esprit de constater qu'ils se comportent comme des voleurs de grand chemin quand ils mettent à sac les fonds publics pour assurer le bonheur de leurs actionnaires.

J'ai parlé de Lee Iacoca, mais je pourrais parler des frères Reichman, des Bronfman, des Malenfant, des Gaucher, des Maxwell, des Trump, des Soros ou des Gates. Tous des hypocrites, comme des milliers d'autres gens d'affaires qui pigent à qui mieux mieux dans nos poches tout en dénonçant furieusement notre pauvre intermédiaire qui n'en peut mais : l'État.

Ils sont si hypocrites qu'ils ne savent plus où s'arrêter. Tous les coups sont permis. D'un côté, il faut tout déréglementer pour faire face à la concurrence dans un marché mondial. Mais un concurrent étranger se pointe-t-il à l'horizon qui offre un meilleur produit à meilleur prix qu'ils s'empressent de prier l'État de lui imposer des barrières, sans quoi « ce sont des milliers d'emplois qui seront perdus ». Ils jouent sur tous les tableaux. S'il y a des règlements, ils menacent de s'en aller ailleurs. S'il n'y a pas de règlements, ils menacent de fermer.

Ils tiennent tout à la fois le discours et son contraire, et ne s'en trouvent nullement embarrassés. Et nous payons très cher cette hypocrisie criante des gens d'affaires. C'est nous qui en faisons toujours les frais et, malgré tout, nous leur faisons une confiance aveugle parce qu'ils ont réussi à nous convaincre qu'ils étaient les seuls à créer de l'emploi et de la richesse.

Voyons cela d'un peu plus près.

Il est vrai qu'en période de prospérité et dans un régime social-démocrate à peu près équilibré, l'entreprise privée joue un rôle fort important et qu'elle réussit à faire des choses qu'on aurait bien de la difficulté à faire autrement.

Mais qu'en est-il quand les choses tournent au vinaigre ? D'hypocrites qu'ils étaient, les gens d'affaires se transforment en imposteurs.

Pourquoi ? Parce qu'ils n'avaient eu de cesse de nous affirmer leur compétence et leur génie incomparables. Or, nous nous apercevons soudain qu'ils ont mal administré leurs affaires, qu'ils ont fait des erreurs coûteuses, qu'ils n'ont eu ni flair ni intuition, qu'ils n'ont pas su planifier à moyen et à long terme, qu'ils ont sous-estimé la concurrence, qu'ils ont dépensé sans compter, qu'ils se sont laissés emporter dans l'euphorie du moment, qu'ils n'ont rien appris des expériences du passé, qu'ils ont spéculé comme des bandits, qu'ils se sont moqué de leurs clients, qu'ils ont engendré des entreprises monstrueuses et inefficaces, bref qu'ils ont eux-mêmes provoqué la crise dans laquelle nous sommes plongés.

S'ils avaient eu un peu plus d'humilité, je ne les traiterais pas d'imposteurs. Mais puisqu'ils s'annoncent toujours grands et qu'ils sont petits, puisqu'ils nous parlent toujours de leur génie alors qu'ils sont sots, puisqu'ils prétendent savoir ce qui est bon pour nous alors qu'ils ne savent pas « faire des affaires », puisqu'ils se croient tout-puissants alors qu'ils ne sont que des incapables, je dis qu'ils sont des imposteurs et qu'il est grand temps qu'on leur botte le cul au lieu de lécher leurs bottes.

Tous les prédateurs de nos grandes banques ont fait des investissements catastrophiques ces dernières années. Quand on le leur reproche, on s'attendrait à ce qu'il l'admettent volontiers et avouent qu'ils ne sont pas infaillibles. Jamais. C'est toujours la faute des autres. C'est la faute à la conjoncture. C'est la faute aux transformations majeures de l'économie mondiale.

C'est la faute au Tiers-Monde. C'est la faute aux méchants Japonais. C'est la faute à la guerre du Golfe.

Et nous, pauvres de nous, qui n'y connaissons pas grand-chose, nous gobons cette bouillie sans nous apercevoir qu'elle finit par provoquer l'indigestion.

Ils mentent. Ils sont responsables et coupables et c'est nous qui écopons. Comme il est impossible de se débarrasser de tous ces incompétents, ils continuent de se payer la traite sur le dos des travailleurs qu'ils jettent au chômage. Conjoncture internationale, mon œil !

Encore une fois, je serais plus tendre s'ils ne se faisaient pas passer pour ce qu'ils ne sont pas. Je me pencherais même avec sollicitude sur leurs lourdes responsabilités, sur la solitude du pouvoir qu'ils ont peine à supporter, sur leurs revenus misérables, sur la peine que leur fait le reproche de l'actionnaire.

Mais je les dénonce et je les hais parce qu'ils sont des imposteurs.

Mais l'histoire ne s'arrête pas là. Après nous avoir mis dans le trou, ils nous annoncent sans rire qu'ils sont les seuls à pouvoir nous en sortir. Et pour ce faire, ils ont inventé un mot magique, panacée absolue, réussite assurée : RATIONA-LISATION.

D'abord, il faut rationaliser les affaires de l'État. Qu'est-ce que cela veut dire ? C'est très simple, il faut couper partout, « même si cela fait mal temporairement ». Partout, ça veut dire partout où les gens d'affaires ne sont pas.

On coupe chez les chômeurs, mais on investit des milliards dans le projet Hibernia. On coupe dans l'éducation, mais on investit des centaines de millions dans des compagnies d'aviation en faillite. On coupe dans les soins de santé, mais on investit cinq milliards de dollars dans l'achat de cinquante hélicoptères. Bref, l'État coupe partout, sauf là où le bât blesse... les gens d'affaires.

Ça s'appelle la rationalisation de l'État.

Puis on passe à la rationalisation de l'entreprise. Elle est relativement simple : on coupe un peu les dépenses et on met la moitié des travailleurs à pied. J'exagère à peine : voyez plutôt ce qui se passe autour de vous.

Ce n'est qu'un mauvais moment à passer, nous disent-ils. Mais le mauvais moment, c'est rarement eux qui le passent.

Voyez le président d'Air Canada, aussi incompétent que tous les autres ; il rationalise à tour de bras. Il coupe dans les effectifs, il rationne un peu ses cadres et exige que l'État lui fournisse une aide substantielle « pour passer au travers », après quoi les choses iront mieux. La méthode Iacoca, y a que ça !

Mais il va plus loin. Il demande à ses employés de réduire leur salaire de 5 %. Pour bien montrer qu'il fait sa part, il annonce qu'il réduit le sien de 10 %. Or, 10 % de 500 000, ça fait quoi, vous pensez ? Ça fait cinquante mille dollars. Il lui en reste tout juste 450 000, le pauvre, sans compter les quelques petites récompenses qu'il s'est fait voter par son conseil d'administration.

Mais le salarié qui gagne 25 000 dollars par année, ça fait quoi ces petits 5 % dans son budget. C'est 1 250 dollars de moins par année. Et au bout du compte, il ne gagne toujours que 23 750 dollars.

D'où l'on voit que les 10 % de l'un ne font pas le poids face aux 5 % des autres.

Mais ça s'appelle la rationalisation.

Mais il faut aller plus loin. Formation de la main-d'œuvre (évidemment payée par l'État), robotisation et mécanisation des tâches, coupures substantielles dans les avantages sociaux, exigences accrues de la « compétitivité », dégraissage de l'appareil, etc.

Rationalisation, quand tu nous tiens. Or, nous apprenons avec quelque surprise que plus de 50 % des compagnies qui se sont adonnées au manège de la rationalisation intempestive ont déposé leur bilan après quelques années d'expérimentation.

Comme les dirigeants sont incompétents, on ne peut pas s'attendre à ce que leurs méthodes soient efficaces, quoi qu'ils en disent par ailleurs.

Je le répète : comment s'attendre à ce que ceux-là mêmes qui nous ont jeté dans la crise soient ceux qui réussiront à nous en sortir ?

Ce qui me fait le plus mal, c'est de voir tous les petits entrepreneurs qui tirent le diable par la queue et qui se tuent à l'ouvrage pour maintenir en vie une petite affaire qui fait vivre dix ou cinquante personnes, c'est de les voir imiter ces gros épais et se mettre, eux aussi, à rationaliser de la même façon ridicule et à apprendre les méthodes qu'on est prêt à leur enseigner à gros prix en leur cachant qu'elles ne donnent absolument rien et qu'ils auraient mieux fait de continuer leur petit bonhomme de chemin avec l'intelligence et la générosité qui les caractérisent.

Hypocrites et imposteurs ! Et pourtant, ils mènent le monde et nous mènent par le bout du nez. Peut-être faudrait-il leur faire savoir, avec colère, que nous nous en apercevons et que nous ne pleurerons pas leur mort.

Le Devoir

L'exécution sommaire (1)

1- Ce qui dérange chez Jacques Parizeau, c'est qu'il annonce ses couleurs et qu'il force les Québécois à se brancher.

Bon, j'en ai assez. Sommes-nous tous tombés sur la tête ? Sommes-nous tous devenus fous ?

On serait porté à le croire quand on additionne les réactions hystériques d'une bonne partie de l'intelligentsia québécoise à quelques propos apparemment scabreux de Jacques Parizeau.

Je dis « scabreux » parce que c'est ce qu'on voudrait nous faire croire. Je dis « apparemment » parce que, à l'analyse, on se rend compte qu'il n'en est rien.

Une telle pluie d'injures adressées à un homme qui a consacré toute sa vie à l'édification d'une société démocratique, tolérante, ouverte et moderne — il faudrait se donner beaucoup de mal pour prouver le contraire — me laissait songeur et perplexe, quand je compris soudain que nous étions face à une tentative d'exécution politique sommaire.

C'est l'homme ou l'idée qu'on vise ? Ou les deux à la fois ? Je ne le sais pas. Le fait-on consciemment ou inconsciemment ? Je ne le sais pas non plus. Mais ce que je sais, par ailleurs, c'est qu'il semble de plus en plus facile de former, chez nous, des pelotons d'exécution dont les jugements sommaires sont aussi injustes que péremptoires.

Voici celui tout aussi farfelu qu'odieux de Jean Barbe : le jeudi 28 janvier, il lisait à Marie-France Bazzo, sur les ondes de Radio-Canada, un billet prétentieux où il jouait les Brutus — ou les Rambo — avec toute la grâce d'un tueur à gages qui vient de pogner son *high* de coke.

M. Barbe ne joue pas dans la dentelle. Dans l'association la plus grossière, la plus injurieuse, la plus méprisable qui soit, il accola deux fois le nom de Jacques Parizeau à celui de Abimael Guzman, chef du sordide Sentier lumineux du Pérou, responsable depuis douze ans de la mort de plus de 20 000 Péruviens.

Après toute la litanie de sottises et d'insanités que j'avais lues et entendues depuis quelques jours, c'en était trop, il fallait tenter de désarmer les tireurs fous. (Petite parenthèse : je considère que les propos diffamatoires de Jean Barbe relèvent du jugement du Conseil de presse et des tribunaux et j'invite André Arthur à en faire son dauphin, il ne le regrettera pas.)

Voici donc ce que j'ai à dire.

Commençons par la fin : on reproche à Jacques Parizeau de se voir déjà au pouvoir et, pire, de s'imaginer à la tête d'un Québec souverain.

Quelle arrogance ! Quelle insolence ! Quelle impudeur !

Ah oui ? Vous trouvez ? Moi pas.

Je dis qu'un chef de parti qui ne se voit pas au pouvoir et qui ne fait pas ce qu'il faut pour y accéder doit être démis de ses fonctions sur-le-champ. Je dis encore que le chef d'un parti souverainiste qui ne voit pas l'avènement d'un Québec souverain dont il serait le premier président devrait être abandonné par ses troupes. Je rappelle que, quand j'évoquais cette possibilité devant René Lévesque, il grimaçait pour entretenir l'image qu'on avait de sa proverbiale modestie. Il fut finalement abandonné par ses troupes.

Mais M. Parizeau annonce un échéancier. N'est-il pas outrecuidant ? Non. Voilà ce que nous espérons faire, dit

M. Parizeau, et si tout se passe bien, c'est ainsi que nous atteindrons notre objectif.

C'est alors qu'on accuse M. Parizeau de naïveté. Or je sais que M. Parizeau est naïf, mais je sais aussi qu'il ne l'est pas assez pour croire que tout ce qu'il annonce arrivera au jour et à l'heure dits. Cela devrait-il l'empêcher de définir des objectifs et de les annoncer ?

Soit. Passe encore. Mais cette joie et ce triomphalisme, ne trouvez-vous pas cela suspect ? « Vous comprenez, c'est le style. » Parlons-en du style.

Drôle de peuple. On accepte d'emblée le triomphalisme des Québécois qui s'en vont à Ottawa — Trudeau, Mulroney, Chrétien —, mais de ceux qui se dirigent vers Québec, on exige plus de modestie, ne fut-elle que de façade — Bourassa, Lévesque, Bertrand, Johnson…

On les aime quand ils font pitié. Or, Parizeau ne fait pas pitié. Ça dérange, je le sais. Mais je réaffirme ce que j'ai toujours dit : on ne fera jamais l'indépendance du Québec avec des hommes et des femmes qui font pitié.

Au fond, ce qui dérange chez Parizeau, c'est qu'il annonce ses couleurs et que, contrairement à Lévesque et à Bourassa qui ont emprunté tous les subterfuges et toutes les échappatoires, il force les Québécois à se brancher.

Ça dérange, je le sais. Mais il est temps, non ? Bon oublions cela. Mais nous ne pouvons pas oublier cependant que M. Parizeau a dit que lors des prochaines élections provinciales, nous risquions de nous retrouver à Ottawa avec un gouvernement à l'italienne, ce qui pourrait favoriser l'option souverainiste au Québec.

Le gouvernement à l'italienne ! Ça, c'est une vraie gaffe !

Comment M. Parizeau peut-il souhaiter que le gouvernement fédéral soit affaibli ? Quelle insensibilité ! Quel cynisme ! La politique du pire ! Paralyser le Canada à des fins partisanes ? Ouache ! Bouchons-nous le nez !

M'en voudra-t-on de rappeler d'abord que le gouvernement majoritaire actuel, à Ottawa, n'a jamais eu besoin de M. Parizeau pour tomber « à l'italienne », dans la plus grande confusion accompagnée d'une improvisation stérile et coûteuse ? De souligner également que le Canada, s'il se donnait Jean Chrétien comme premier ministre, gouvernement majoritaire ou pas, se tirerait dans le pied ?

Mais là n'est pas la question, semble-t-il. Les donneurs-de-leçons ne s'embarrassent pas de telles subtilités. M. Parizeau a dit que la faiblesse du gouvernement d'Ottawa favoriserait l'option souverainiste au Québec.

Quel scandale ! M. Parizeau a osé dire que le gouvernement fédéral était nu !

C'est la faute à Jacques Parizeau et à Lucien Bouchard, mais c'est pas la faute à Mulroney, à Manning, à Chrétien et autres fous du roi qui s'agitent sur la colline parlementaire. Quelle belle hypocrisie !

« On ne doit pas faire la souveraineté du Québec sur les décombres du Canada. » C'est ce que les beaux esprits nous rappellent, en oubliant que Jacques Parizeau a toujours cru et affirmé que le Canada — sans le Québec — aurait sans doute besoin d'un gouvernement fédéral fort. C'est ce que j'affirmais il y a trente ans. C'est ce qu'affirmait René Lévesque et c'est ce qu'ont toujours souhaité les indépendantistes.

Cela dit, comment peut-on reprocher à un souverainiste québécois de vouloir profiter d'une conjoncture qui affaiblirait temporairement son adversaire pour lui permettre d'atteindre ses objectifs ? S'en scandaliser relève de la naïveté ou de la tartuferie.

Jacques Parizeau n'est pas responsable de la stérilité et de la déliquescence de la politique canadienne. Je ne vois rien de scandaleux à ce qu'un chef politique souverainiste en profite pleinement. Vaudrait-il mieux se souvenir avec nostalgie de ce gouvernement fort qui proclamait les mesures de guerre, qui mettait les séparatistes à leur place et en prison ?

Vient enfin l'objet de l'ultime scandale : Jacques Parizeau a dit qu'il était possible pour les Québécois de faire la souveraineté sans l'appui des anglophones et des allophones.

A-t-il dit que c'est ce qu'il souhaitait ? Non, mais c'est ce qu'on lui fait dire.

A-t-il dit que les anglophones et les allophones sont moins Québécois que les autres ? Non, mais c'est ce qu'on lui fait dire.

A-t-il dit que seul compte le vote des Québécois francophones de souche ? Non, mais c'est ce qu'on lui fait dire.

A-t-il dit que le PQ allait cesser de promouvoir le rapprochement avec les communautés culturelles ?

Non, mais c'est ce qu'on lui a fait dire.

Comme procès d'intention, c'est réussi.

3 février 1993

L'exécution sommaire (2)

2 - Pourquoi le Parti québécois est-il toujours suspect ?

Lors du dernier référendum, M. Mulroney avait compris que les Acadiens allaient voter oui. Tous les journalistes l'ont souligné. Personne ne s'en est ému. Et pourtant, il s'agissait bien d'un vote « ethnique », non ?

Il y a quelques jours, la *Gazette* rapportait un sondage CROP selon lequel les francophones sont nettement plus favorables au PQ que leurs compatriotes anglophones et allophones. Personne ne s'en émeut, et pour cause. Alors quoi ?

Depuis plus de trente ans, les souverainistes se sont battus tous azimuts pour convertir les fédéralistes à leur thèse. Après toutes ces années d'efforts, force est de constater qu'ils ont converti une bonne majorité de « Québécois de souche », mais seulement 8 % des allophones et des anglophones (dont plusieurs sont aussi des Québécois de souche — mais dans la confusion savamment entretenue, je ne sais plus comment appeler qui).

Dans d'Arcy McGee, c'est 1 %, avec un candidat issu de la communauté. Les citoyens issus de communautés culturelles ont parfaitement le droit de préférer l'option fédéraliste, tout comme n'importe quel autre citoyen québécois, mais ils doivent s'attendre, s'ils choisissent de demeurer fédéralistes, à devoir affronter les forces souverainistes, tout comme Robert Bourassa, Brian Mulroney ou Jean Chrétien, ou tous les fédéralistes « de souche ».

Ils doivent s'attendre à être comptés, comme les autres. Ils doivent s'attendre à ce que le PQ ne sacrifie pas son meilleur candidat dans une circonscription où ils lui promettent la défaite. (René Lévesque l'a appris à ses dépens.)

Le Parti libéral ne fait pas autrement qui présente ses « gros » candidats dans des circonscriptions sûres. Ce n'est pas un jugement sur l'origine des gens, c'est l'appréciation normale des options politiques de chacun. Mais pourquoi le PQ est-il toujours suspect ? Pourquoi certains vomissent-ils le PQ à cause de loi 101 tout en continuant d'appuyer le Parti libéral malgré la loi 178 ?

Pourquoi cherche-t-on tant à nier hypocritement la réalité du Québec ? En effet, d'un côté, on veut que les souverainistes parlent des Québécois sans égard à leur origine ethnique (ce qu'ils ont toujours fait), et de l'autre, les communautés culturelles tiennent dur comme fer à s'identifier à leur pays d'origine et exigent des approches et des programmes qui leur soient particuliers. Dites-moi pourquoi une majorité des voix en faveur de la souveraineté, composée à 70 % des voix des Québécois de souche et à 8 % des voix des allophones et des anglophones ne serait pas légitime ?

Je sens qu'on va bientôt nous proposer une majorité « qualifiée ». Je ne serais nullement surpris que quelqu'un propose bientôt que la souveraineté ne saurait être légitime sans un vote majoritaire de tous les groupes linguistiques du Québec. Quand les fédéralistes gagnent, tous les votes sont égaux et la majorité légitime est de 50 % des voix plus une. Quand les souverainistes gagnent, le vote des Québécois francophones de souche est suspect.

C'est un vote raciste et comme la majorité légitime ne saurait appartenir à un seul groupe ethnique, les communautés culturelles nous menacent de nous faire des difficultés sur le plan international en faisant pression sur leurs pays d'origine.

> Non seulement nous croyons qu'il y a plus d'espoir de succès dans les communautés culturelles mais il est stratégiquement important d'avoir leur faveur.

> En effet, prenons pour acquis qu'un référendum sur la souveraineté soit gagné par les souverainistes, il faudra alors se faire reconnaître au niveau international. Ces communautés peuvent avoir une influence certaine sur les positions des gouvernements de leurs pays d'origine. Cela ne signifie point que le gouvernement grec, par exemple, va faire ce que la communauté grecque du Québec voudra. Mais il est indéniable qu'il va en tenir compte. (Giuseppe Sciortino, *La Presse*, 28 janvier 1993.)

Je souligne que M. Sciortino n'a rien d'un adversaire de la souveraineté, au contraire, mais il ne peut s'empêcher malgré tout de recourir à ce doux chantage pour nous avertir de faire gaffe. D'autres le font avec beaucoup plus de brutalité. *Enough is enough !*

Encore une mise au point. On reproche beaucoup au Parti québécois de ne pas faire assez d'efforts pour rejoindre les communautés culturelles. Tout le monde sait que c'est faux, même Lysiane Gagnon le reconnaît, mais on continue d'insister.

Cela dit, il est vrai qu'il y a peu de leurs représentants au sein du PQ, aussi bien comme membres, comme cadres que comme candidats. Pourquoi ? La plupart des raisons sont connues.

— S'ils sont fédéralistes, on ne voit pas bien ce qu'ils feraient au PQ. Or, la plupart le sont et c'est leur droit le plus strict.
— Beaucoup ne parlent toujours pas français et ne savent toujours pas de quoi nous parlons. (On peut louer la générosité d'un Gérald Godin qui apprend le grec pour parler à ses

électeurs, mais cela ne saurait nous tenir lieu de politique. Faudrait-il parler italien, et portugais, et créole, et allemand, et espagnol ou toute autre langue selon que l'on s'adresse aux électeurs de diverses origines ? Je dis non. Fermement.)

— Les nouveaux arrivants n'ont pas de propension à l'aventure.

— Beaucoup d'entre eux, ne connaissant rien de l'histoire des « Canadiens français », ne sauraient s'identifier à leurs luttes.

— Nos politiques québécoises et canadiennes (notamment nos politiques linguistiques) sont si incohérentes et nos objectifs communs si confus que beaucoup attendent d'y voir un peu plus clair avant de se prononcer.

— Nombreux sont ceux qui ne rêvent toujours que de leur pays d'origine et ne sont pas prêts à s'identifier à leur pays d'adoption. Ce n'est pas un jugement, c'est un constat. Etc.

Mais il est une autre raison qu'on n'invoque jamais et qui rejette la faute cette fois, non pas sur le PQ, mais sur les communautés culturelles elles-mêmes. En effet, comment traitent-elles ceux des leurs qui osent s'afficher sous les couleurs souverainistes ?

Quelques cas : Quand Paul Unterberg, juif de Montréal, a joint les rangs du RIN et s'est présenté comme candidat de ce parti en 1966, sa communauté l'a vomi en le traitant de traître. Quand David Payne s'est présenté comme candidat du PQ, sa communauté l'a ridiculisé en affirmant qu'il n'était pas « bon teint » puisqu'il n'était pas né ici. Quand Jean Alfred a été élu député du PQ, il a été soumis à de fortes pressions de sa communauté qui voulait qu'il soit le porte-parole exclusif de la communauté noire, sans égard à ses électeurs blancs, nettement majoritaires. Enfin, quand Richard Holden est devenu récemment membre du PQ, je n'ai besoin de rappeler à personne les sarcasmes dont il fut l'objet de la part de sa communauté et les efforts qu'on met depuis à le discréditer.

Cela, on ne le dit jamais. Comme on n'ose jamais parler du « nationalisme » et de l'intégrisme de certaines gens issus des communautés culturelles. On préfère parler de l'intégrisme des souverainistes.

Qui donc osera, demain, Québécois d'origine italienne, grecque ou portugaise, se porter candidat du PQ quand on sait qu'il sera immédiatement ostracisé par une grande partie de sa communauté ? Je sais que ces choses-là ne se disent pas, mais je les dis.

Il est grand temps que tout le monde retrouve ses esprits, qu'on regarde la chose en face, sans hypocrisie et sans complaisance. Il est grand temps qu'on mette fin aux exécutions politiques sommaires, à la suite de procès d'intention injustes et souvent odieux.

Il est grand temps qu'on comprenne que nous ne vivons pas dans une société de consensus (et c'est bien tant mieux — les consensus sont presque toujours stériles ou tyranniques), mais dans une société où les majorités n'ont pas que des devoirs mais aussi des droits.

4 février 1993

Des jobs !

Des jobs ! des jobs ! des jobs ! crient en chœur les citoyens, alors qu'un nouveau sondage nous apprend que 70 % des Canadiens voudraient que le prochain gouvernement fédéral œuvre en priorité à la création d'emplois.

Évidemment, nous le savions déjà, comme nous savions que Kim Campbell avait mis à côté de la plaque en voulant nous intéresser au déficit et que Jean Chrétien avait visé dans le mille en nous promettant des jobs pour sauver la sienne. Quelle étrange affaire ! Voilà que nous réclamons toujours de nos gouvernements qu'ils créent des emplois après nous être fait dire depuis des années que seule l'entreprise privée pouvait le faire et que l'État devait cesser de se fourrer le nez là-dedans. C'était là le discours que nous entendions il y a un mois, avant le déclenchement des élections, et c'est celui que nous entendrons à partir du mois de novembre, quand Kim Campbell ou Jean Chrétien s'attaqueront à la réduction de l'appareil gouvernemental… en créant du chômage ! selon le vœu de plus cher de l'entreprise privée. Pour l'instant, on ne dit rien de entreprise privée et l'entreprise privée, trop heureuse de nous voir réclamer des jobs au gouvernement au lieu de nous en prendre à son hypocrisie et à son incurie, se drape dans sa superbe et se tait superbement.

Pourtant, campagne électorale ou pas, les grands patrons continuent de débaucher sauvagement, de « délocaliser » leurs usines et leurs services, de déposer le bilan de leurs compagnies avant de s'enfuir avec la caisse, de spéculer jusqu'à faire trembler les États, de déchirer les conventions collectives, de « mondialiser » et de « rationaliser » en pillant les biens collectifs et en mettant les personnes à mal avant de les asservir à leurs maudites machines.

Personne ne parle de l'incompétence des patrons qui n'ont rien su prévoir des développements des dernières années, qui ont endetté leurs entreprises jusqu'à les faire craquer, qui ont multiplié les investissements hasardeux, qui ont fait fi de la concurrence, qui se sont lavé les mains de la formation de la main-d'œuvre pour mieux la refiler à des gouvernements exsangues.

Des frères Reichman à Campeau, en passant par les présidents de IBM ou de General Motors, et sans exclure les grands banquiers de ce monde, on peut dire qu'ils se sont presque tous plantés et que c'est nous tous qui en payons aujourd'hui le prix. Ce qu'aucun politicien ne dira pendant cette campagne électorale et ce que nous n'osons pas dire nous-mêmes, c'est que, depuis quelques années, c'est la grande entreprise privée qui a jeté des millions de travailleurs à la rue, et cela dans presque tous les pays, en pratiquant la forme de capitalisme la plus sauvage qu'on puisse imaginer.

C'est toujours la grande entreprise privée qui se moque du contrat social, quand elle ne le dénonce pas, qui s'en prend aux gouvernements qui veulent encore s'occuper des travailleurs qu'elle leur a jetés tout nus dans les bras, qui se plaint de la hausse des impôts et des taxes en évacuant ses profits vers des paradis fiscaux, qui multiplie à coups de milliards de dollars les transactions financières au détriment de la création d'entreprises, qui pratique la politique de la terre brûlée en allumant partout des incendies ravageurs.

Les grands patrons ne s'arrêtent pas en si bon chemin. Quand rien ne va plus, c'est à nous, les consommateurs, qu'ils s'en prennent en nous accusant de ne pas acheter tous les beaux produits qu'ils nous offrent à si bon prix.

Non seulement ils nous crissent à la rue, mais encore nous faudrait-il flamber nos chèques d'assistance sociale et de chômage pour assurer leurs primes à l'incompétence.

Mais ils se taisent, les grands patrons. Pour l'instant… car d'ici peu, ils vont se remettre à dénoncer les gouvernements qui n'arrivent plus à réparer les pots qu'ils ont eux-mêmes cassés. Ils vont reprendre la même vieille rengaine : « Moi, je suis un créateur d'emplois. C'est contre mon gré que je te mets à la porte. Adresse-toi à ton député. »

Et le député promettra de réduire le déficit et de créer des emplois. Et le citoyen s'en prendra à lui s'il ne le fait pas. Et le chômeur s'en prendra au citoyen qui, malgré tout, occupe toujours un emploi. Et le jeune s'en prendra au vieux qui refuse de mourir ou de décrocher. Et tout le monde s'en prendra aux chômeurs et aux assistés sociaux. Et personne ne songera à pointer le vrai coupable, l'hypocrite patron, la sauvage entreprise privée, l'actionnaire cupide, l'économiste inféodé. Plutôt crier à bas le gouvernement

Dénoncer le patron ? « Es-tu fou, je vais perdre ma job ! »

Comme je vous disais…

28 septembre 1993

Quelle pub… mais quelle farce !

« C'est vrai que la viande est avariée, mais avec une bonne dose de ketchup, c'est mangeable. »

Non, c'est trop vulgaire on ne peut pas présenter ça à la télévision. Peaufinons un peu. Et voilà :

QUELLES RIDES… MAIS QUELLE EXPÉRIENCE !

QUELLE GUEULE… MAIS QUEL DISCOURS !

Si BCP ne rafle pas tous les prix avec ça, je mange ma chemise.

QUELLE PUB ! oui, quelle pub mais…

L'entreprise n'était pas facile vous en conviendrez. De mémoire d'homme, on ne se souvient pas qu'une agence de pub ait dû faire la promotion d'une minoune sortie de la « cour à scrap » ou d'un vieux disque 78 tours cassé.

Je vois d'ici la tête de nos publicitaires quand ils ont vu la camelote. « Pas vendable ! On va y perdre notre réputation ! Adressez-vous plutôt aux encanteurs ou faites une vente de garage ! » Ils ont ri un bon coup puis ils se sont mis au travail ; qu'est-ce qu'on ne ferait pas pour de l'argent !

Et ils ont fait des miracles : à partir du produit le plus avarié du pays, ils ont réussi à nous le rendre presque digestible. Mais pour y arriver, ils ont dû faire une pirouette invraisemblable, c'est-à-dire vider de son contenu le contenant tout rouillé qui prend l'eau de toutes parts.

QUELLE PUB... MAIS QUELLE FARCE !

En effet, parler de l'expérience de Jean Chrétien (en n'en disant rien), comme si elle était l'aboutissement d'un parcours droit et sans faille, comme si elle n'était pas faite de coups fourrés et de jobs de bras, comme si elle ne s'était pas construite sur l'isolement du Québec, comme si elle n'était plus que synonyme d'une sagesse impériale, ou comme si elle allait lui servir désormais à ne plus tomber dans le simplisme le plus grossier et la démagogie la plus primaire, à ne plus nous prendre pour des imbéciles ou à dompter sa soif inextinguible de pouvoir. Oui, parler de l'expérience de Jean Chrétien sans en rien dire, c'est comme parler de celle du braconnier qui, certes, est importante mais de quelle nature ? Pour ma part, quand j'entends parler de l'expérience de Jean Chrétien, je comprends qu'il s'apprête à faire d'autres expériences sur notre dos et ce n'est certainement pas son DISCOURS, comme dit la pub, qui va me rassurer.

Parce que le discours qu'il tient aujourd'hui (des jobs ! des jobs ! des jobs !) ne vise qu'à faire oublier celui qu'il a tenu pendant des années et qu'il reproche à ses adversaires de vouloir rappeler en les accusant de « constitutionnalite ». (On se demande d'ailleurs comment il a osé prononcer en public, sans s'enfarger, un mot si difficile pour sa langue de bois.) Oui, son discours, nous le connaissons bien : mesures de guerre, rapatriement unilatéral de la Constitution, échec de l'entente du lac Meech, échec de l'entente de Charlottetown, refus de tous les accommodements, augmentation spectaculaire de la dette du pays, réduction du rôle international du Québec, magouilles référendaires avec « son bon ami » Claude Ryan, multiculturalisme pervers, French Power illusoire, folklorisation des députés et des ministres québécois à Ottawa, grossièreté langagière, inféodation au grand capital, mépris des cultures québécoises et canadiennes.

N'en jetez plus, la cour est pleine.

Mais il a aussi fait de bonne choses, entends-je dire déjà. Oui, sans doute, mais je laisse à son agence de publicité le soin d'en dresser la courte liste.

Et c'est justement parce que sa publicité ne nous dit rien du contenu de la vieille canne qu'il nous faut combler les vides, rappeler quelques « expériences » et quelques « discours » de cet homme qui deviendra peut-être premier ministre du Canada, grâce au Canada anglais qui compte sur lui pour remettre, encore une fois, le Québec à sa place. Bravo pour la pub, elle est superbe.

Il ne reste plus aux publicitaires qu'à imaginer la pub dont se servira le premier ministre pour se présenter dans les capitales étrangères.

Une suggestion :
QUELLE TÊTE... MAIS QUEL MAL DE BLOC !

5 octobre 1993

Un gouvernement rock'n'roll

Metallica peut aller se rhabiller. Et les parents qui n'en peuvent plus de supporter le bruit d'enfer qui monte du sous-sol, où se terrent leurs adolescents heavy métal, devront vite s'habituer aux 500 000 watts assourdissants qui envahiront leurs paisibles demeures du haut de la colline parlementaire au lendemain du 25 octobre. Quoi qu'il arrive dans deux semaines, il est déjà certain que le Titanic canadien, qui a toujours fait mine d'ignorer la tempête, va se faire brasser comme jamais auparavant.

Nous allons passer d'un seul coup de Guy Lombardo à Guns N'Roses. Ce jour-là, le Canada mythique de papa va enfin céder le pas au vrai Canada : celui de la frustration et de la fureur des régions, celui de la morgue hautaine de l'Ontario enfin démasqué, celui de l'inconscience et de l'indolence de dirigeants sourds et aveugles, celui de la volonté populaire insensible aux objurgations et aux menaces, enfin décidée à jeter son gros pavé dans la mare stagnante du lac Meech ou du canal Rideau.

Je serais tenté de dire : Enfin un gouvernement rock'n'roll. Enfin le vrai Canada. Enfin la fin des illusions. Enfin la tempête.

C'est à une thérapie de choc que nous sommes conviés. Si vous pensez qu'on n'a pas discuté des vrais problèmes pendant la campagne électorale, eh bien, soyez rassurés, vous ne perdez rien pour attendre.

Même Jean Chrétien vient d'apercevoir l'iceberg sans pouvoir l'éviter : « Il y aura deux nations et bientôt deux pays », a-t-il dit. En retard de 150 ans sur Lord Durham qui disait : « *I found two nations warring.* »

Mais cette fois, ce sera un peu plus compliqué. Ce n'est pas pour rien que M. Rae monte sur ses grands chevaux, car c'est l'Ontario qui sera d'abord menacé, aussi bien par le Québec que par les provinces de l'Ouest. Puis on verra Jean Chrétien aux prises avec le Bloc et le Reform. Puis ce sera le Reform contre le Bloc. Le Reform contre les vieux partis. Les Maritimes accrochées désespérément au pouvoir fédéral. Kim Campbell piaffant d'impatience et d'impuissance avec, à ses trousses, son petit arriviste de Sherbrooke. Puis il y aura le Canada de Manning contre le Canada de tous les autres. Et enfin, toute tendances confondues, il y aura le Canada contre le Québec.

On ne peut pas y échapper parce que c'est ça le vrai Canada, qu'on le veuille ou non. Le Canada est, depuis long-temps, le Canada de l'Ontario envers et contre tous. Cela restait discret, cela éclatera au grand jour.

Le Canada s'est désintéressé, depuis longtemps, de l'Ouest du pays. On le taisait ; désormais, on le criera. Le Canada s'est toujours moqué des « séparatisses », tout en comptant sur Pierre Trudeau et Jean Chrétien pour les remettre à leur place. Ils seront maintenant dans les murs. On en riait, maintenant on les traînera dans la boue.

Le Canada s'est toujours targué de ses remarquables per-formances économiques et de ses inattaquables programmes sociaux. On ne doutait ni des uns ni des autres. Cela ne se faisait pas, cela se fera. Le Canada a toujours tenu à bout de bras les Maritimes et notamment Terre-Neuve. On le cachait, cela se saura.

Le Canada a toujours compté sur une opinion publique paresseuse et désintéressée. Cela n'est plus, il faudra faire avec.

C'est simple, le Canada a toujours refusé de se voir tel qu'il est : une construction artificielle érigée sur un compromis factice et maintenue artificiellement par des compromissions honteuses. Cela ne s'avouait pas, cela paraîtra évident. Comme pour à peu près tout le monde, je n'attendais rien de la présente élection fédérale. Puis, devant le mutisme des politiciens qui refusent de répondre aux questions, le peuple s'est décidé à parler, haut et fort.

Les politiciens s'efforcent de le faire taire en tentant de lui faire croire qu'il n'est pas raisonnable, qu'il va plonger le pays dans le chaos, qu'il va faire le jeu des forces centrifuges du pays, qu'il vote avec ses pieds, qu'il manque de reconnaissance, qu'il va se retrouver avec un gouvernement minoritaire, qu'il va faire monter les taux d'intérêt et qu'il va faire peur aux investisseurs.

Mais cette fois, le peuple n'entend rien, ne veut rien entendre. On le disait désintéressé et voilà qu'il rue dans les brancards, qu'il se dresse, qu'il se cabre, qu'il exige qu'on lui présente le vrai Canada, celui qu'ils vivent tous les jours et qui leur plait beaucoup moins qu'on ne pensait. Vaut mieux la vérité, semble-t-il se dire, QUELLES QU'EN SOIENT LES CONSÉQUENCES !

On croyait qu'il y avait un seul Canada. C'était un mythe. On vient de découvrir qu'il y en avait trois ou quatre. Et puis, bientôt, il en restera peut-être deux.

En attendant ça va brasser, je vous le jure.

12 octobre 1993

Haïti, mon amour

J'ai parfois l'impression d'aimer Haïti comme un homme aime une femme qui, bien qu'étrangère, lui semble proche.

Le pays m'est étranger, le peuple m'est proche. Hélas, pauvre peuple, il n'en finit pas de souffrir et, comme nombre de Haïtiens, je me désespère de ne pas savoir trouver les moyens ou la manière de lui faire partager une part de mon bonheur tranquille. Pourtant, comme les Haïtiens, je me désespère sans perdre espoir. Cela n'a pas de sens, je le sais bien, mais on n'en est plus à chercher le sens de ses contradictions quand tout un peuple est pris en otage, torturé, asservi, massacré par des tueurs fous qui, malgré leurs crimes, n'arrivent toujours pas à noyer dans le sang la fierté meurtrie des hommes, la patience têtue des femmes, le rire fragile des enfants.

Le peuple est exsangue et, pourtant, il ne meurt pas. Il a peur, il s'enfuit, il revient, il se bat, il se cache, il prie, il conjure, il s'exile, il écrit, il peint, il harangue, il rit quand même, il prend la rue, il enterre ses morts, il continue, il vit.

Comment ne pas penser à l'assassinat et à la vengeance ? Tuer les tueurs pour les envoyer au plus tôt en enfer. Torturer les tortionnaires pour leur faire cracher le goût de mort qu'ils ont dans la bouche. Accabler d'injures et d'opprobre leurs alliés, fussent-ils pape ou archevêques.

Il m'est facile, à moi qui ne suis pas Haïtien, d'entretenir de pareils sentiments. Il est facile, de loin, de descendre un homme qu'on ne voit pas, de monter à l'assaut de barricades imaginaires. Il est plus difficile et bien plus périlleux d'être Haïtien.

Que fait-on quand on ne sait plus quoi faire ? Appeler les autres à la rescousse ? Cela fut fait et n'a laissé que des mauvais souvenirs. Vider le pays de ses forces vives ? Cela est déjà fait, alors qu'il reste toujours assez de têtes à couper pour exciter les assassins. Voter ? On a voté et le président élu est en exil. En appeler à la conscience internationale ? On n'en finit plus de le faire, en balançant entre l'envie de la voir se mêler de cette sale affaire et la crainte de la voir imposer des solutions « venues de l'extérieur ».

L'attente est devenue intolérable. La patience est à bout. Le peuple est aux abois. La justice est muette et Dieu lui-même a quitté la belle île pour se réfugier dans un Vatican complice.

Quand on ne sait plus quoi faire, il reste peut-être à formuler une exigence, celle du respect.

Quand on est étranger, on doit avoir la décence de ne pas donner de leçons pour mieux laisser paraître le sentiment de respect qu'on éprouve pour l'indomptable caractère et le courage toujours réinventé du peuple haïtien.

Quand on est étranger, on doit s'interdire de décider à la place de ceux et celles qui, pour l'instant, ne peuvent rien décider parce qu'ils sont empêchés de le faire.

Quand on est étranger, on doit être triste comme ils sont tristes quand ils pleurent leurs morts et heureux comme ils sont heureux quand ils chantent leur peuple toujours vivant.

Quand on est étranger, leur combat pour la justice et la liberté ne saurait nous être étranger.

Quand on est étranger et qu'on ne sait plus quoi faire, il faut offrir son amitié, sa solidarité et sa fraternité.

Quand on est étranger, on doit aimer Haïti comme une femme toute proche.

Et on doit prier, même si on ne prie plus depuis longtemps. On doit prier pour demander : « Mon Dieu, dites-nous quoi faire et donnez-nous le courage de l'accomplir. »

Haïti, l'étranger te salue.

18 octobre 1993

Le dernier vote

Voilà, c'est fait. J'espère que vous avez bien voté et que vous avez bien profité de votre soirée d'élections, car il se pourrait que vous ayez voté pour la dernière fois dans une élection fédérale.

Un bon tour à jouer au Canada anglais : vous vouliez Jean Chrétien, vous l'avez, eh bien, gardez-le maintenant.

Il se pourrait aussi que je prenne mon désir pour la réalité. On sait que les Québécois, qui jouent facilement les matamores dans des arènes vides, se sauvent prudemment dans les estrades quand le taureau mugissant fait son apparition.

Chose certaine, après le coup de semonce, il faudra passer aux actes et bousculer l'adversaire, sans quoi la retraite risque d'être la plus amère de notre histoire.

Pour que ce vote fédéral soit le dernier, il faut encore que le Parti québécois gagne la prochaine élection provinciale et que les Québécois votent OUI lors du référendum qui suivra.

Or, si les choses semblent claires aujourd'hui, elles ne le resteront pas longtemps. Le parcours sera semé d'embûches et il faudra beaucoup d'intelligence et de doigté pour éviter les plus importantes.

1) Le Bloc québécois est un tout nouveau parti qui n'a pas connu les déchirements que connaissent la plupart des nouvelles formations politiques : guerres de procédure, conflits de

personnalités, querelles de doctrine, ambitions contra-dictoires, affrontements des clans. On peut espérer que, l'échéance étant si proche, le parti réussisse à les éviter mais il faudra que Lucien Bouchard y maintienne une discipline de fer sans étouffer les indispensables voix créatrices.

2) Désormais, on est en présence de deux partis souve-rainistes forts, l'un à Ottawa, l'autre à Québec. Jusqu'ici, ils ont bien collaboré et leurs chefs respectifs ont démontré qu'ils pouvaient s'accommoder élégamment de cette direction bicé-phale. Cela devra durer, mais il faudra, pour y arriver, que les deux chefs réussissent à s'entendre parfaitement sur la division des tâches, les stratégies et les échéanciers. Il leur faudra aussi beaucoup d'humilité. Ni l'un ni l'autre n'est connu pour sa modestie. Danger.

3) Jean Allaire. Incapable de se brancher, il appellera au consensus autour d'une mythique troisième voie mi-chair mi-poisson qui rejette à la fois le Canada et le Québec souverain. Que feront les partis souverainistes pour le contrer ? En seront-ils capables ? Sinon, c'en est fait de la victoire. En effet, la fumeuse « troisième voie », en racolant quelques milliers d'électeurs branleux, offrira la victoire, sur un plateau d'ar-gent, à Daniel Johnson. Dernier dans la liste des fossoyeurs de la souveraineté (après Trudeau, Chrétien et Bourassa), Jean Allaire n'aura réussi qu'à diviser davantage le peuple québé-cois. Tout à sa « réflexion » tordue, il a l'air de s'en foutre éperdument.

J'espère qu'il en est autrement et qu'il verra à temps les risques qu'il nous fait courir. Mais l'obstacle est majeur ; saurons-nous le franchir ?

4) Le Bloc québécois. Il fera face, à Ottawa, à des attaques virulentes et sans précédent. Il devra se défendre fermement et rendre coup pour coup. Mais il devra éviter d'y épuiser toutes ses forces. Il devra plutôt les jeter dans la bataille de la sou-veraineté, c'est-à-dire raffermir le sentiment souverainiste chez

ceux qui l'entretiennent déjà et convaincre ceux qui hésitent encore.

5) Le Parti québécois. Il est en bonne position, mais il devra renouveler son discours. C'est plus facile qu'on ne le croit. Il ne s'agit pas de reprendre tout à zéro pour le plaisir de faire nouveau. Non. La souveraineté fut d'abord la réponse à une humiliation séculaire. Elle doit devenir l'instrument d'un peuple devenu adulte, en pleine possession de ses moyens, capable d'assumer toutes ses responsabilités, y compris ses responsabilités internationales.

Combien d'autres embûches ? Combien d'autres pièges ? Mais peut-être sommes-nous mieux armés aujourd'hui pour y faire face.

En effet, le « dernier vote » en est un d'obstination et de courage. Malgré les menaces, malgré les conséquences qu'on nous annonçait désastreuses, malgré la tradition et les vieilles habitudes, malgré la « peur de la souveraineté » et malgré le chantage de certains, le peuple québécois à tenu son bout et a voté comme il l'entendait, sans états d'âme.

Nous avons renoué avec la confiance et la solidarité. Les vieux militants ont repris du service et les jeunes se mettent à espérer. Peut-être nous sommes-nous remis à rêver ? Comme le disait de Gaulle : « Une politique qui ne fait pas rêver est une politique morte. »

Après le « dernier vote » à Ottawa, je rêve de voter pour la première fois dans un Québec souverain.

26 octobre 1993

Fesse Allaire et Dumont Q

O ui, je le sais : mon titre est vulgaire, grossier et tout à fait inacceptable dans un journal comme *Le Devoir*. Si, malgré tout, je l'ai retenu, c'est d'abord pour m'inscrire carrément dans la mouvance de l'humour québécois qui donne trop souvent dans le jeu de mots facile, dans le calembour minable et dans la plus minable des grossièretés. J'ai voulu apporter ma contribution à la construction de cet édifice bancal et désolant. J'ai voulu « faire partie de la gang ».

Cela fait, je me suis aperçu qu'il y avait quelque vérité dans cette boutade de mauvais goût. En effet, c'est les fesses à l'air que j'ai découvert cette semaine nos deux comparses qui, surpris dans ce fâcheux état, n'arrivaient plus à répondre aux objections que par des « MON CUL ! » bien sentis.

Les fesses à l'air dans la contradiction : Jean Allaire reproche aux libéraux de ne gouverner que par sondages. J'allais me mettre d'accord avec lui quand il ajoute que son groupe va écumer la province pour sonder les désirs de la population et voir s'il n'y découvrirait pas quelques appuis à son projet. Si oui, on lancera un parti politique. Dans le cas contraire, on verra.

Mais, messieurs, il me semble que c'est exactement cela que vous venez de dénoncer. Ou bien vous avez un programme auquel vous croyez et, dans ce cas, vous vous engagez à le défendre devant des groupes, même hostiles, dans le but de les convaincre ; ou bien vous faites une collection des intentions capricieuses des électeurs et vous tentez, comme Robert Bourassa, d'y répondre au cas par cas, au jour le jour, sans objectif précis et sans projet cohérent.

Je dis que votre jupon dépasse et que vous avez les fesses à l'air.

Mario Dumont, depuis que je l'entends, ne parle que du consensus nécessaire. J'ai déjà dénoncé cet appel aux relents totalitaires. Mais ne voilà-t-il pas qu'on le retrouve lui aussi les fesses à l'air dans la contradiction : en effet, quand on lui fait remarquer que l'arrivée d'un nouveau parti politique souverainiste ne réussirait qu'à diviser le vote au profit des fédéralistes, il se fait le défenseur de cette fracture au nom des principes mêmes de la démocratie. Oublié le consensus ou alors, si vous y tenez, vous n'avez qu'à vous rallier à moi, semble-t-il nous dire.

Et pour bien marquer le coup, il y va d'un « MON CUL ! » retentissant. Il envoie promener tout le monde en s'exclamant : « Staline aussi était contre la division du vote. » La grossièreté de la formule n'échappera à personne.

Vous n'êtes pas tout à fait d'accord, vous vous objectez à mon raisonnement sans faille ? Pan ! Dans l'œil ! Vous êtes « stalinien ».

M. Dumont ne donne pas dans la subtilité, c'est le moins qu'on puisse dire.

Si on suit ces messieurs dans leur raisonnement, c'est nous, les Québécois, qui risquons de nous retrouver les fesses à l'air et le cul à l'eau. En effet, bien que souverainistes (du moins le disent-ils), ils se refusent à voter pour le Parti québécois, trop dogmatique à leur goût ; de plus, ils refusent de s'engager à voter pour la souveraineté lors d'un référendum tenu par le PQ en 1995. « Il faut d'abord faire le ménage », nous disent-ils.

Moi, je veux bien. Mais si le PQ perd les prochaines élections, il n'y aura pas de référendum et, s'il n'y a pas de référendum, la situation continuera de se pourrir au point où personne n'aura plus envie de faire du ménage. La partie sera à jamais perdue et MM. Allaire et Dumont en seront en grande partie responsables.

Il y a vingt-cinq ans, j'ai personnellement contribué à la nécessaire unité des souverainistes en y sacrifiant notre parti (le RIN).

Cette unité, plus nécessaire que jamais, appelle le même engagement et exige le même sacrifice. Est-ce trop espérer de ces zélotes du consensus ?

9 novembre 1993

Le chien et le fonctionnaire

Aujourd'hui, je prends congé. Pas de politique, pas de culture, pas de grandes questions économiques. Juste des histoires de chiens et de chats sans importance, juste de ces petits drames et de ces grandes tristesses qui n'intéressent personne, juste des bêtises de fonctionnaires, juste un peu de la vie des gens qui, comme on le sait, n'a pas non plus beaucoup d'importance.

On connaît déjà la hargne qu'entretient le maire Doré envers la gent canine de sa ville. Si on le laissait faire, il aurait tôt fait d'exiler tous les propriétaires de chiens au Labrador.

Pourtant, le tableau n'est pas complètement noir puisque tante Léa tolère les animaux dans les habitations à loyer modique depuis 1989. Mais ce n'est pas le cas à Laval, à Longueuil, à Sherbrooke, à Magog, à Rivière-du-Loup et dans de nombreuses autres villes du Québec. En effet, nombre d'offices municipaux d'habitation, qui sont les mandataires de la Société d'habitation du Québec, interdisent aux locataires de HLM de posséder et de garder chez eux un animal domestique.

« C'est écrit dans le bail que vous avez signé, dit le fonctionnaire, alors obéissez, sinon... » On sait depuis toujours que le fonctionnaire ne veut pas avoir de « trouble ». Il ne veut pas de trouble avec son patron, alors il applique férocement le règlement. Il ne veut pas de trouble avec les locataires, alors il cède aux pressions des plus hargneux.

Car c'est bien de cela qu'il s'agit. Si le règlement existe, c'est qu'il y a des locataires méfiants et vindicatifs qui ne sauraient tolérer la présence des chiens et des chats, voire des canaris, dans leur building, sous le fallacieux prétexte qu'ils constituent une nuisance ou un danger.

Alors, plutôt que de faire un règlement intelligent qui permettrait d'écarter, si nécessaire, un chien dangereux ou un chat trop racoleur, le fonctionnaire met toutes les petites bêtes sur un pied d'égalité et dans le même sac, et hop ! tout le monde à la fourrière !

C'est plus simple que de se pencher sur la solitude des gens, sur leur besoin d'affection, sur les petits plaisirs innocents qu'ils peuvent partager avec un animal domestique.

C'est ainsi que ce sont les bonnes gens qui perdent et que ce sont les méchants qui dictent leur loi. Pas de chat, pas de chien, pas de plainte, le fonctionnaire est content. Le cas par cas l'embête, la générosité et la compassion le jettent dans l'insomnie.

Cette situation est d'autant plus injuste qu'elle prévaut dans les HLM et pas ailleurs. Et c'est d'autant plus inacceptable qu'elle est la création d'un organisme public qui devrait, plus que tout autre, être au service des citoyens.

Ce que nous dit le fonctionnaire est simple : si vous êtes trop pauvre pour sortir de votre HLM, alors vous serez privé d'un droit qui appartient à tous les autres. Si votre pauvreté vous plonge dans la solitude, alors vous n'avez qu'à vous enrichir au casino. Si vous prétendez que votre chat vous coûte moins cher que les sorties que vous ne pouvez pas vous offrir et qu'il est plus intéressant que la télévision, c'est que vous êtes un peu dérangé. Si votre voisin jaloux, envieux ou simplement méchant porte plainte, c'est de son côté que je me rangerai automatiquement.

Je dis qu'il faudrait plutôt ramener certaines gens à la raison. Ce n'est pas parce qu'on a peur des chiens qu'ils sont dangereux et ce n'est pas non plus parce qu'on croit que les chats sont hypocrites qu'ils ne jouent pas franc-jeu. Ce n'est surtout pas parce qu'un locataire entretient minou dans son appartement qu'il devient un danger public plus grand que le voyou vengeur qui multiplie les embêtements. C'est peut-être de ce dernier qu'il faudrait se débarrasser en priorité.

C'est cette intolérance dénuée de toute compassion qui doit être dénoncée avec vigueur. C'est elle que le règlement devrait interdire.

Combien de chats et de chiens devra-t-on encore envoyer à la fourrière avant qu'on comprenne la détresse de ceux qu'on en prive, la terrible solitude de ceux qui, abandonnés de tous, n'ont que cette pauvre bête à qui confier leur misère. « Fleurette Trottier se dit prête à aller en prison pour garder son petit chien dans son HLM », nous apprend *Le Journal de Montréal.*

Devant l'indifférence et la stupidité des êtres humains qui l'entourent, qui donc oserait l'accuser de préférer son chien ?

24 novembre 1993

Les 332 patrons

Je m'apprêtais à dénoncer les patrons quand je remarquai que l'un d'entre eux le faisait mieux que moi. Il s'appelle Michel Crête et il est pdg de la Commission des courses et loteries du Québec. Qu'est-ce qu'il dit ? Écoutez bien, il parle de certains gestionnaires :

> S'ils font le point sur leurs affaires et que cela se traduit par des mises à pied, cela me peine beaucoup. On est une petite société. Des mises à pied, ce sont de mauvaises nouvelles. Personne ne devrait s'en vanter. Cette approche de rationalisation qui se fait sur le dos des gens, cette façon d'élaguer, c'est une espèce de culture avec laquelle je ne suis pas d'accord.

Vous me direz que M. Crête n'a pas beaucoup de mérite puisqu'il dirige une entreprise des plus florissantes. C'est vrai. Mais les banquiers aussi font des affaires d'or et Bell Canada n'est pas particulièrement démunie.

Or, ils continuent de débaucher à tour de bras, tout en fustigeant les gouvernements et leurs terribles déficits.

Pire, chez Bell, on pratique le plus odieux des chantages.

On exige trente millions de dollars du gouvernement fédéral pour mettre en place un programme de travail partagé, sinon on fera sauter quatre mille emplois. Autrement dit, « augmentez votre déficit sur le dos des contribuables et à l'avantage de mes actionnaires, sinon vous devrez quand même l'augmenter en versant des contributions à mes chômeurs et sans que je renonce à mon droit de dénoncer votre déficit ».

C'est d'un tel cynisme et d'une telle hypocrisie qu'on en est profondément atterré. Pour ma part, je suis de plus en plus révolté devant l'ampleur d'un désastre qui va bientôt tourner à la tragédie. Et j'accuse vigoureusement ces *boss* sans cœur qui jettent les gens à la rue sans éprouver le moindre remords et qui, de surcroît, parfaitement inconscients et incompétents, se tirent dans le pied en nous tirant dans la face. La récession, c'est eux, la crise, c'est eux. Ils parlent de la baisse de leurs profits, alors même qu'ils multiplient les chômeurs bien incapables, dès lors, d'acheter leurs services et leurs produits. « Il faudrait augmenter la consommation pour relancer la machine », nous intiment-ils. Achetez, achetez, achetez et vous serez saufs. Mais c'est leur cupidité même qui réduit dramatiquement le nombre d'acheteurs. Quand il n'y aura plus d'acheteurs — et ça s'en vient — les « 332 » *boss*, si riches soient-ils, auront bien du mal à relancer la machine à eux seuls. Ils se tirent dans le pied parce qu'ils sont stupides et incompétents. Ils nous tirent dans la face parce qu'ils nous sortent du marché dont ils vantent tant les mérites.

Tout cela au nom de la mondialisation, de la concurrence et des marchés. C'est cette salade qu'on continue de nous vendre, alors que toutes les économies capitalistes occidentales implosent. De deux choses l'une, ou bien la mondialisation ne vaut rien et il serait temps qu'on s'en aperçoive, ou bien c'est une bien bonne chose et ce sont ces maudits boss incompétents qui ne savent pas la faire fonctionner correctement. Dans les deux cas, ce sont les mêmes spéculateurs qui nous font la leçon et qui, en même temps, cassent la machine. Qui donc osera les mettre au pied du mur pour les forcer à livrer la marchandise ? Ce sont eux qui nous répètent inlassablement que seule l'entreprise privée est apte à créer des emplois. Alors créez-en ou fermez vos gueules !

Et si les déficits gouvernementaux vous dérangent tant, alors arrêtez de pelleter vos chômeurs dans leur cour.

La crise, c'est vous. Si vous êtes si bons, réglez-la.

Ou alors libérez la place et allez vous cacher avant qu'on vous rattrape !

Trois cent trente-deux patrons au chômage, on pourrait rire enfin !

30 novembre 1993

L'an 2000 : de la bouillie pour les chats

B on, enfin, l'année 1993 a fini par finir. Bon débarras. Finies pour un temps les rétrospectives ennuyeuses et les prospectives farfelues. Finies, hélas pour un trop court temps, La Bolduc et la Bottine souriante.

Voilà 1994, une année qui ressemblera à toutes les autres, mais qu'on nous annoncera sans doute comme un tournant dans l'histoire du monde, comme on le fait chaque fois.

De toute façon, cela n'a pas d'importance puisque, désormais, tout ce qui compte dans l'esprit des gens, c'est l'an 2000, le tournant du siècle, la fin et le début d'un millénaire. De belles années en perspective pour les astrologues qui s'en donnent déjà à cœur joie, en nous annonçant l'enfer ou le paradis aussi bien pour soi-même que pour l'ensemble du monde. Foutaise que tout cela, évidemment, imposture, bouffonnerie, vulgaire produit de consommation pour âmes faibles et esprits crédules, pactole facile pour tous les annonciateurs patentés.

L'an 2000 comme objectif, comme départ, comme tournant, comme symbole, comme tromperie ! Déjà on demande aux gens, sur les ondes radio, ce qu'ils feront pour célébrer l'an 2000. Déjà, nombreux sont ceux dont les plans sont arrêtés et qui accumulent quelques économies pour célébrer comme il se doit. Une grande bouteille qui attend à la cave depuis plus de vingt ans. Un pèlerinage aux sources. Un voyage à la lune. Une gigantesque réunion de famille. Un super *Bye Bye* où la vulgarité et la grossièreté céderaient enfin à l'esprit et à l'humour.

Mais l'an 2000, c'est une farce, une imposture, de la bouillie pour les chats. Parce qu'il n'y a pas d'an 2000.

Les Juifs ou les Chinois s'en moquent éperdument, on sait pourquoi. Les musulmans comptent autrement. Les physiciens et les astronomes rient sous cape. L'an 2000, c'est pour des sortes de chrétiens qui croient encore que l'histoire du monde a commencé avec la naissance du petit Jésus, qui ne savent pas qu'on ne s'entend pas sur la date, qui ignorent la variation des calendriers et qui se fichent éperdument de la vérité historique. C'est pour les astrologues véreux qui s'y entendent mieux à fourrer les gens qu'à interpréter les astres.

L'an 2000, ce n'est rien d'autre qu'une convention, comme au théâtre, comme au cinéma ; un chiffre magique qui vous donne une chance sur un milliard de gagner le gros lot ; un jour parfaitement insignifiant où il ne se passera rien.

À quelle date le monde a-t-il commencé d'exister ? À quelle date l'être humain est-il apparu ? À quelle date les dinosaures sont-ils disparus ? À quelle date les prophètes ont-ils annoncé l'arrivée de l'an Un ? À quelle date les astrologues ont-ils appris que la terre tournait autour du soleil et que Mars était le dieu de la guerre ? 2000 ans ? Les deux mille ans de qui, de quoi ? Pourquoi pas 1995 ? Pourquoi pas 2024 ? Pourquoi pas demain ?

Pour ma part, je m'accommode assez bien de la convention et je sais que j'aurai droit à la retraite en 1999. Tiens, pourquoi pas 1999 ? On m'a aussi dit que j'étais Verseau et chien, et j'en suis fort aise. L'an 2000 n'annonce-t-il pas l'ère du Verseau et de la grande paix universelle ? Et bien sûr, comme tout le monde, je ne peux pas m'empêcher de rêver à ce beau nombre qui ressemble souvent à un beau gros billet de banque. Un beau gros billet de 2000 $.

Mais je me reprends vite et je reconnais que l'an 2000 n'existe pas, qu'il n'a jamais existé et qu'il n'existera jamais. Oui, c'est de la bouillie pour les chats et j'en ai marre de me faire vanter sur tous les tons les vertus du nouveau millénaire et la fin d'une histoire qui aurait dû ne jamais avoir lieu.

J'en ai marre de l'hystérie collective médiatisée et des enthousiasmes de calendrier.

C'est pourquoi je jure que je ne célébrerai pas l'an 2000. Ce soir-là, je regarderai un film cochon sur mon appareil de télévision virtuelle en espérant y rencontrer l'astrologue nu qui annoncera le grand orgasme planétaire pour le lendemain. En l'an 1999, je serai à la retraite. Plus que 281 jours, 194 jours, 53 jours, 3 jours avant l'an 2000. Pouah !

4 décembre 1993

Vive l'élite

Oserai-je l'avouer, je suis élitiste. Pire, je suis un intellectuel élitiste.

Voilà un aveu qui pourrait me coûter cher dans une société où on pratique allègrement un anti-intellectualisme primaire (voir la plaquette de Mario Roy sur l'anti-américanisme), où les élites sont condamnées au nom d'une doctrine égalitariste et où la démagogie le dispute au mépris de soi et des autres.

Il est facile de tenir un discours contre l'excellence tout en exigeant, pour soi-même, les meilleurs services et les meilleurs produits. Ce qui, souvent, fausse notre jugement, c'est que nous entretenons une image « élitiste » des élites. Elles seraient constituées d'un petit nombre de personnes qui se prennent pour d'autres et qui n'ont d'autre but dans la vie que d'asseoir leur domination sur l'exclusion de la plèbe qui ne les mérite pas.

Cette image est fausse parce qu'elle ne tient pas compte de la réalité. En vérité, les élites sont partout et chaque fois que nous avons besoin d'un service, c'est d'abord à elles que nous nous adressons.

Si je dois me faire opérer pour une tumeur au cerveau, je chercherai le meilleur des médecins. Si je veux m'acheter une auto, je vais m'adresser au meilleur constructeur et je demanderai aux amis de me présenter le meilleur concessionnaires.

Je veux le meilleur plombier et le meilleur menuisier. J'exige de lire les meilleurs écrivains et je rêve de ne voir que les meilleurs films tournés par l'élite des cinéastes. Mon tailleur est meilleur que le tien et j'aime mieux voir jouer Mario Lemieux que le dernier des petits gros qui patine sur la bottine. À la télévision, je veux voir les meilleurs, et si possible en haute définition ; à la radio, je me désole quand on ne m'offre pas l'élite des animateurs.

Les élites sont partout et nous sommes en droit d'exiger d'elles de meilleurs services et de meilleurs produits.

Il en va de même des élites intellectuelles. C'est vrai qu'elles sont trop souvent arrogantes et c'est également vrai qu'elles ont tendance à s'isoler dans des tours d'ivoire pour se rendre inaccessibles.

Cela ne devrait pas nous empêcher de requérir pour nos enfants les meilleurs professeurs ou d'exiger de nos chercheurs qu'ils trouvent quelque chose de temps en temps.

Autrement dit, je m'aime pas le double langage de ceux qui dénoncent les meilleurs tout en se précipitant chez ces derniers pour se faire soigner, pour se faire construire une maison, pour faire réparer l'évier ou pour se-faire-couper-le-plus-beau-des-petits-rôtis-par-le-meilleur-des-bouchers. Je ne peux supporter les discours de ceux qui dénoncent le sport d'élite (ce qui compte c'est de participer) et qui ne jurent que par Sylvie Fréchette, Wayne Gretsky ou Carl Lewis ; de ceux qui nous parlent des perdants mais qui n'ont d'yeux que pour les médaillés d'or.

Oui, j'aime mieux Pavarotti que... J'aime mieux Dutoit que...

J'aime mieux Pei que... J'aime mieux Bocuse que... J'aime mieux Derome que... J'aime mieux M. Jacques Sévigny parce qu'il est le meilleur électricien que je connaisse.

Quand je veux que ma maison tienne debout, que mon pain soit bon, que mes cheveux soient bien coupés, que le moteur de ma voiture tourne rond, que mon taux de cholestérol soit bien contrôle, que le spectacle me ravisse, que le trou soit bien creusé, que mon bateau tienne l'eau et que mon avion tienne l'air, je préfère recourir aux élites.

S'il m'arrive de ne pouvoir le faire, c'est pour m'en désoler et non pas pour les dénoncer.

Les élites sont partout. Essayez donc de vous en passer… juste pour voir.

7 décembre 1993

En attendant le messie

Chez nous c'est Noël à longueur d'année. Nous en rêvons du messie, jour et nuit, en espérant qu'il va nous sauver sans que nous ayons à lever le petit doigt. Il aura le courage que nous n'avons pas, il prendra les décisions à notre place, il montera seul aux barricades que nous avons déjà désertées, il nous indiquera le droit chemin, il changera nos échecs en victoire, il nous fera traverser sans encombre les déserts de notre pensée et les cimetières de nos projets de société.

Le messie a parfois deux têtes, comme chez DUMALLAIRE, pour pouvoir dire oui et non en même temps, ce qui est rassurant pour un peuple qui répond toujours « peut-être ». Un nouveau messie qui nous éloignera de la terre promise au lieu de nous y faire entrer, tant il est vrai que les messies, pour être suivis, doivent déplacer le lieu de nos secrets désirs.

Le messie DUMALLAIRE a enfin son parti. Bravo. C'est de la belle ouvrage. Un beau cadeau de Noël pour un peuple élu qui ne sait pas encore qu'il se fait passer un sapin.

Parfois, le messie n'est tout simplement pas au rendez-vous, comme on a pu le constater au sein du Parti québécois.

On se rappelle en pleurant le grand messie qui nous a quittés sans avoir réussi à nous faire franchir la mer Rouge.

Qu'à cela ne tienne ! Au moins, c'était le messie, alors que maintenant, pauvres de nous, l'homme qui dirige le parti n'a, semble-t-il, rien du magicien frondeur et brouillon qui, comme une panacée, pouvait nous guérir même des maux qu'il avait lui-même engendrés.

Jacques Parizeau n'a pas le bon ton et le bon accent, alors que Lucien Bouchard, lui... Je trouve humiliant le sort que certains militants du Parti québécois réservent à leur chef. À sa place, je démissionnerais immédiatement et je les mettrais au défi de se trouver un nouveau messie, puisqu'ils préfèrent les vessies aux lanternes. Je veux simplement rappeler à ceux qui l'auraient oublié, qui est Jacques Parizeau.

D'abord, un homme compétent, de cela personne ne doute. C'est aussi l'homme qui a su relever et remettre en selle un parti moribond, ce qui était plus difficile qu'on ne croit. Il en a aussi refait un parti souverainiste, ce qu'il n'aurait jamais dû cesser d'être. Tout simplement parce qu'il est lui-même un souverainiste convaincu qui ne risque pas de virer son capot de bord pour accommoder la clientèle.

Peut-être avez-vous oublié qu'il a eu le courage de démissionner du gouvernement Lévesque quand celui-ci a pris le virage du « beau risque ».

Ou est-ce alors sa formidable performance à l'Assemblée nationale qui vous a échappé ?

Ou n'êtes-vous pas à même de reconnaître la très forte équipe qu'il a su rassembler autour de lui ? Avez-vous oublié ses victoires aux élections complémentaires ? Avez-vous oublié la victoire du référendum, qu'il a remportée, appuyé en cela par Lucien Bouchard à qui il a rendu la pareille en lui permettant de triompher avec le Bloc québécois ? Peut-être n'avez-vous pas remarqué leur exemplaire collaboration et l'élégance de leurs relations ? Oh ! je sais bien : vous lui reprochez d'annoncer la victoire et de pavoiser quand elle se produit. Faudrait-il qu'il en pleurât ? Vous trouvez aussi qu'il ne fait pas assez « peuple », comme vous reprochez à Chrétien de faire trop « peuple » ; faudrait vous faire une idée, non ?

Pas charismatique, Jacques Parizeau ? Et puis après ? Ils vous ont mené où, vos chefs charismatiques ? Un homme droit, loyal et compétent, ça ne vous suffit pas ? Vous le voudriez modeste, en plus, de cette modestie dont on a vu, chez certains, qu'elle était trop spectaculaire pour ne pas être suspecte ? Populaire ? Il le sera plus quand ses militants cesseront de lui tirer dans les pattes !

À force d'attendre le messie, nous risquons fort d'ignorer ce qui fait la grandeur de certains hommes.

14 décembre 1993

Dans ma garderie

Je dirige une garderie pour grands enfants. C'est ce que j'ai l'habitude de dire quand mes étudiants-diantes s'agitent comme des chiots à la veille d'une tempête de neige ou braillent en chœur pour mieux se faire dorloter par leur vieux prof.

De vrais bébés, je vous le jure. Ils vous répondront sans doute que je suis souvent plus bébé qu'eux, ce en quoi ils n'ont pas complètement tort. Je suis paternel et je les appelle affectueusement « les enfants ». Ils m'appellent « papa » en riant. Dans ma garderie, mes étudiants-diantes jouent souvent à faire les cons-connes en s'imaginant innocemment que leur vieux con de prof n'est pas capable d'en faire autant.

Ainsi, la semaine dernière, lors du dernier cours de la session, chacun-cune devait présenter une petite nouvelle à la caméra. Facétieux-tieuses, ils-elles se concertèrent pour s'imposer un devoir exigeant : celui d'introduire dans leur topo le nom de Michael Jackson. La garderie, vous dis-je !

Cela fut fait avec plus ou moins de bonheur. S'ensuivirent les applaudissements et les ovations, les chansons et les huées. Allez ! les enfants. L'université n'est plus ce qu'elle était. Puis, histoire de voir si leur vieux prof pouvait en faire autant, ils me mirent au défi de parler de Michael Jackson dans mon texte d'aujourd'hui. J'aurais dû refuser net — ça ne fait pas sérieux —, mais je les aime trop pour les décevoir. Je le fais d'autant plus volontiers que je sais que Michael Jackson m'envie mon titre d'intervenant en éducation infantile.

Ah ! ces chers-chères petits-tites. Voilà maintenant près de dix-huit ans que je les fréquente et j'avoue que j'aurais bien de la peine à m'en passer.

Ils-elles me font parfois dresser les cheveux sur la tête : non, mais qu'ils sont incultes ! me dis-je, pour me reprendre aussitôt en me souvenant de ce que j'avais l'air à leur âge, en en découvrant un qui en connaît dix fois plus que moi sur l'histoire de France ; en en apercevant une qui, à vingt-deux ans, à déjà lu Proust trois fois ; en constatant que leur inculture relève de celle des profs et des parents. En avouant finalement que, s'ils n'avaient rien à apprendre, il faudrait mettre tous les profs au chômage.

Je suis hors de moi quand je constate que nombre d'entre eux-elles ne savent pas écrire, pour aussitôt me raviser quand je pense au système de fous dans lequel on les a jetés ; quand je pense dans quel mépris on tient chez nous les intellectuels ; quand je pense à ceux-celles qui font métier d'écrire ou de parler et qui ne maîtrisent pas les trois premières lettres de l'alphabet.

Quand je pense à tous ces profs qui les ont laissés « passer » sans rien leur dire — il ne faut pas traumatiser les enfants — et qui m'ont laissé la tâche cruelle de leur apprendre, trop tard, qu'il faut recommencer à zéro.

Puis, il y a le ravissement quand je découvre la générosité discrète de l'une, la passion secrète de l'autre. Quand l'un découvre la force d'un talent qu'il ignorait, quand l'autre chenille devient papillon et que j'ai l'outrecuidance de croire que c'est un peu grâce à moi.

Douter de tout sans perdre la passion. C'est vraiment la seule leçon que je tente de leur donner. Douter de tout ce qu'ils-elles me disent, sans cesser de les aimer. Douter de tout ce que je dis sans qu'ils-elles cessent d'en exiger de moi toujours davantage.

Le bonheur d'être professeur : faire vieillir mes enfants pendant qu'ils me gardent jeune ; s'échanger, entre nous, Beethoven et U2 ; risquer, chacun de son côté et à sa façon, de mal expliquer ou de mal comprendre ; tenter de donner un sens à une profession qui souvent n'en a plus ; aimer plus que de raison ces grands enfants qui ne nous appartiennent pas et qui, comme il se doit, nous tourneront bientôt le dos.

Sentimental et paternel, c'est vrai. Il est des jours ou je ne peux pas m'en empêcher.

Salut ! les enfants. Joyeux Noël, Michael Jackson.

21 décembre 1993

Un verre dans le nez

Un verre dans le nez, ça monte à la tête et ça tombe dans les jambes. Ça n'empêche quand même pas les irresponsables de conduire leur voiture et d'écraser les gens.

Par ailleurs, on dit que ces gens-là boivent plus pendant le temps des Fêtes et que, incapables de se passer de leur maudit char, ils sont encore plus dangereux qu'en temps normal.

Que faire ? Quelqu'un, il y a quelques années, a eu une idée de génie. Ça s'appelle l'opération « Nez rouge ». Depuis, l'affaire a fait boule de neige et c'est par milliers maintenant que, partout à travers le Québec, on ramasse tous ces joyeux irresponsables pour les ramener sains et saufs à la maison. Un bénévole prend en charge le pauvre type, pendant qu'un deuxième s'occupe de ramener son maudit char.

C'est le ramassage et du type et du char qui fait le succès de l'opération. Si on ne ramassait pas son char, le gris malveillant ne songerait même pas à faire appel à Nez rouge. Lui et son char ne font qu'un et il songerait sans doute à mettre fin à ses jours s'il devait s'en passer, ne fût-ce qu'une journée. C'est ainsi que Nez rouge, par une sorte d'effet pervers, est devenue une vaste entreprise de déresponsabilisation.

Qu'on me comprenne bien : l'opération Nez rouge fait du beau travail et on ne peut qu'applaudir les bénévoles qui sacrifient leur temps et leur énergie à ramasser ces débris des partys de Noël pour les ramener — avec leur char — à la maison, sinon à la raison.

La déresponsabilisation de ces tristes individus n'en est pas moins claire. En effet, ce n'est pas le fait d'avoir bu un verre de trop qui les rend irresponsables, ils l'étaient avant même d'avoir débouché la bouteille.

Ils sont partis de chez eux, dans leur char, avec la ferme intention de se paqueter la fraise au bureau ou à la taverne. « Pas de problème, j'appellerai Nez rouge », se disent-ils pour se rassurer. Ça va, mais c'est oublier trop facilement qu'ils font la même chose à longueur d'année et que, en dehors de la période des Fêtes, il n'y a pas d'opération Nez rouge et qu'ils remontent dans leur maudit char saouls morts, stupides, dangereux et parfaitement irresponsables.

Bien sûr, ils auraient pu se rendre au bureau en métro ou en taxi et laisser le char à la maison. Mais non, un homme sans char est un impuissant, un eunuque, rien du tout quoi !

Ou bien, ils auraient pu se paqueter n'importe où, laisser leur char dans le parking et rentrer chez eux en taxi, quitte à venir chercher leur maudit char le lendemain. « Non, jamais sans mon char » est leur devise, leur mode de vie, leur seule vérité. Avec Nez rouge, pas de problème : leur char va les suivre jusque dans le garage chauffé et, s'ils voient encore clair dans leur boisson, ils réussiront à sortir de leur poche un petit 20 $ qu'ils remettront aux bénévoles en les remerciant, surtout, d'avoir ramené leur cher char. C'est moins cher que le taxi, non ?

Que d'énergie et que de temps perdu. Voilà des milliers de gens qui auraient mieux à faire de leur bénévolat — Dieu sait si les causes ne manquent pas —, mais qui se voient forcés de ramener au bercail ces parfaits irresponsables qui, sans eux, se jetteraient sur les routes au risque de se tuer et d'en tuer des dizaines d'autres.

Que l'opération Nez rouge soit nécessaire, nul n'en doute. Mais c'est sa nécessité même qui devrait nous inquiéter.

Dans une société responsable, l'opération aurait peut-être quelque utilité, à l'occasion, mais nul ne songerait à la rendre nécessaire. On pourrait se contenter de ramasser ici et là quelques saoulons qui auraient momentanément perdu la tête et tout rentrerait dans l'ordre. Mais ce n'est pas ce que nous faisons. Nous disons plutôt aux gens : soyez aussi irresponsables que vous le voudrez et nous nous occuperons de vous, aujourd'hui et chaque fois que vous recommencerez.

On dit aux gens : nous savons que votre char est le plus précieux de vos biens et nous allons tout faire pour que vous n'ayez jamais à vous en séparer.

On dit aux gens : comme vous êtes incapables de vous occuper de vos propres affaires, nous allons nous en occuper à votre place.

La déresponsabilisation est totale. Au lieu de jeter en prison ces apprentis-criminels, on les ramène à la maison avec leur maudit char. Les bénévoles de Nez rouge font de leur mieux pour nous éviter le pire. Mais si j'étais chauffeur de taxi, je les accuserais de concurrence déloyale et leur conseillerais de se consacrer aux pauvres plutôt qu'aux ivrognes.

Quant à ces derniers, c'est pour toujours que je les priverais de leur maudit char.

28 décembre 1993

C'est quoi le problème ?

Comme tout le monde, j'ai regardé *Scoop* la semaine dernière. Comme tout le monde, j'ai été choqué, scandalisé par l'épisode où une jeune fille de quinze ans prouve à sa prof incrédule qu'elle couche tous les jours avec un homme de quarante ans. La prof croyait à une vantardise, mais elle dut se rendre à l'évidence quand elle vit la jeune fille monter allégrement l'escalier au haut duquel l'attendait ce monsieur dont les attentes étaient on ne peut plus claires.

Ce qu'il y avait de choquant, c'est surtout la façon dont les auteurs ont banalisé cette affaire, comme si c'était la chose la plus normale, voire la plus recommandable du monde.

À peine un sourire un peu ambigu de la prof pour souligner son incrédulité. Pas de commentaire, pas de réprobation, pas de condamnation d'aucune sorte. On ne fut pas étonné, à Radio-Canada, des centaines d'appels de protestation. Indignés, les gens ne comprenaient pas que la société d'État se fasse la complice naïve de deux auteurs pervers (oui, nommons-les : Fabienne Larouche et Réjean Tremblay) qui présentaient en toute innocence cette scène scabreuse où un homme d'âge mûr abuse en toute impunité d'une adolescente paumée mais néanmoins consentante.

Tous les regroupements de femmes, des plus modérés aux plus radicaux, ont aussi dénoncé ce véritable scandale.

Depuis, des milliers d'autres citoyens se sont joints à la grande colère populaire en assaillant les tribunes téléphoniques de toutes les stations de radio et en inondant les journaux de lettres incendiaires. Tous les commentaires vont dans le même sens : quoi ? voilà des années qu'on dénonce sur tous les tons et sur toutes les tribunes pareil comportement et voilà que des auteurs de téléromans irresponsables — avec la complicité indigne de Radio-Canada — font comme si cette triste réalité n'existait pas, comme si les abuseurs sexuels pouvaient toujours sévir en toute impunité, comme si les adolescentes, au mépris de toutes les enquêtes sérieuses, devaient nous faire croire qu'elles aiment cela.

On ne protestera jamais assez. On ne dénoncera jamais assez vigoureusement.

Pour ma part, je ne crains pas d'invoquer la censure. Si odieuse soit-elle, elle l'est moins que la prose lubrique de ces auteurs vicieux qui ne respectent rien et qui voudraient nous entraîner, sous le couvert d'une fiction innocente, dans la fange de leur esprit décadent qui dégage les odeurs les plus nauséabondes.

Il faut exiger — et j'espère que je ne serai pas le seul à le faire — l'interruption immédiate de la série *Scoop*. Il faut aussi interdire d'antenne, à jamais, ces deux auteurs sans morale et sans dignité humaine.

À ce point, vous vous demandez sûrement si je n'ai pas perdu la tête. Vous ne vous souvenez pas d'avoir vu pareille scène dans *Scoop* et vous ne comprenez rien à mon indignation.

Soyons franc : c'est un poisson d'avril. Moi non plus, je n'ai rien vu de tel et ma colère est feinte. Personne n'a protesté à Radio-Canada et, au contraire de ce que j'affirme, tout le monde a félicité nos deux auteurs « pervers ».

Ce que nous avons vu dans *Scoop* est une tout autre chose : un garçon de quinze ans, sous les yeux incrédules de sa prof à qui il a avoué « se mettre tous les jours », monte l'escalier au haut duquel l'attend une femme de quarante ans dont le regard alangui en dit long sur ses intentions. De toute évidence, il n'a pas menti, il couche bien avec elle tous les jours. Personne, dans mon entourage, n'a eu le moindre commentaire.

Les groupes de femmes n'ont pas pris les armes et seuls quelques adolescents boutonneux ont souligné la « chance » de ce garçon audacieux.

Il faut avoir l'esprit drôlement pervers — c'est mon cas — pour y voir autre chose qu'une innocente aventure plutôt amusante, simple initiation, passage obligé entre ce qui fut et ce qui sera. Il faut être passablement vicieux pour, en plus, mêler les genres et imaginer que le garçon est une fille et la femme, un homme.

Excusez-moi, je n'ai pas pu faire autrement. C'est quoi le problème ?

18 janvier 1994

Faut-il démanteler André Ouellet ?

Vous aimez André Ouellet ? Vous avez raison, c'est un être adorable qui fait, depuis longtemps, les délices de la classe politique canadienne. Il se croit élégant, aussi bien d'esprit que de corps. Il ne se permettrait pas de se mettre les doigts dans le nez, mais il adore, pour épater la galerie, se mettre le pied dans la bouche. Il le fait avec un naturel désarmant, avec une bonne foi et une innocence proprement remarquables. Il aime pourfendre ses adversaires qu'il prend toujours pour des ennemis mortels. Il le fait avec un plaisir non déguisé et, bien qu'il rate sa cible quatre fois sur cinq, il est intimement persuadé de faire mouche à tout coup.

Oui, c'est un être adorable et, pour ma part, je ne saurais m'en passer. Il me réjouit, il m'amuse, il me divertit, il me répugne.

Je l'aime comme il est, ce fier-à-bras bouffon et mesquin. Je ne l'échangerais pour personne d'autre et, surtout, je ne voudrais pas qu'il change. Nommé ministre des Affaires étrangères du Canada, j'ai craint un instant de le voir s'élever au niveau de sa fonction. C'était mal le connaître. Il est né le pied dans la bouche et entend bien le laisser là, jusqu'à ce que Jean Chrétien le lui enfonce jusqu'à la cuisse dans l'intention inavouée de provoquer une suffocation mortelle.

Lisez bien ce qu'il a dit la semaine dernière : « M. Bouchard n'aura pas tout seul le monopole du démantèlement à la pièce du Canada. » Je le cite dans le texte, sans changer un seul mot. C'est du plus pur Ouellet, un grand cru. Vous croyez avoir mal lu ? Relisez-le encore une fois, avec moi, lentement. Je vous jure, on ne peut pas s'en lasser : « M. Bouchard n'aura pas tout seul le monopole du démantèlement à la pièce du Canada. » C'est pas beau ça ?

Cela se passe de commentaire, mais je ne vais quand même pas me priver de ce plaisir.

M. Ouellet, en effet, ne croyait pas si bien dire. Ne croyez pas qu'il s'est enfargé dans ses mots ou que son sens de la repartie s'est émoussé. Il a simplement voulu nous rappeler quelques morceaux d'histoire et nous proposer sa vision personnelle de l'avenir.

Que nous a-t-il rappelé ? Tout simplement que le démantèlement du Canada est commencé depuis longtemps et que lui, André Ouellet, y a contribué avec enthousiasme en compagnie de Pierre Trudeau et de Jean Chrétien.

Il veut que nous nous souvenions qu'à l'époque où le mouvement souverainiste n'était qu'embryonnaire, c'est grâce à des fédéralistes rigides et fanatiques comme lui qu'il a pu développer une force considérable jusqu'à en menacer la fédération canadienne.

Il veut nous rappeler qu'il a encouragé le Canada anglais à se braquer contre le Québec, au risque de voir le Canada se démanteler.

Il veut nous rappeler les mesures de guerre, qui ont largement contribué au démantèlement du Canada sans que Lucien Bouchard y soit pour rien.

Il ne veut pas que nous oubliions que c'est grâce à lui et à ses collègues que tous les gouvernements du Québec, depuis trente ans, se sont vus forcés de s'opposer au rapt, par le gouvernement fédéral, des compétences provinciales.

Il veut nous rappeler qu'il était là, lui, lors du coup de force de 1981, lors de l'échec de l'entente de Meech, lors du rejet de l'entente de Charlottetown, lors du rapatriement unilatéral de la Constitution, lors de l'odieuse loi C31, en vérité lors de tous les coups de force perpétrés contre des Québécois qui, pourtant, se montraient fort raisonnables en ne réclamant que le minimum.

Non, M. Bouchard n'a pas le monopole du démantèlement du Canada. M. Ouellet s'y emploie depuis trente ans et veut qu'on lui en reconnaisse le mérite.

Il veut aussi que nous comprenions que ni lui ni M. Chrétien n'ont rien compris et qu'au lieu de tirer leçon du fractionnement du Canada à la suite des dernières élections, ils entendent bien continuer de faire semblant que rien ne s'est passé et qu'ils peuvent toujours impunément braquer les uns contre les autres jusqu'à l'éclatement final. M. Ouellet veut nous rappeler que les fédéralistes sont parfaitement capables de démanteler le Canada sans l'aide des méchants séparatistes et que, dorénavant, ils entendent accélérer le rythme. Non, M. Ouellet ne croyait pas si bien dire. Il faut le remercier. Sans lui, nous, les souverainistes, serions loin d'avoir la force que nous avons maintenant.

Comme je vous le disais, je ne pourrais pas me passer de cet homme aimable et inestimable. Je ne le remercierai jamais assez de contribuer avec autant d'empressement à notre cause. Ce n'est pas parce qu'on a le pied dans la bouche, qu'on ne peut pas lever l'autre et se ramasser sur le cul !

25 janvier 1994

Avertissement

J'ai longtemps hésité à écrire sur Sarajevo. Pudeur, honte, impuissance devant l'ampleur du sujet. Puis, je me suis aperçu que j'avais peur d'écrire vraiment ce que je pensais et sur quoi j'avais réfléchi depuis longtemps. Dès lors, il me fut facile d'écrire un premier article auquel répondit Pierre Vallières. (J'ai donc cru bon de reproduire son texte.)

À la suite de quoi, il me restait des choses à dire et j'écrivis un deuxième article qui répondait, en partie, à celui de Pierre Vallières.

Mourir pour Sarajevo ?

Comme il semble facile, en amateur et de loin, de sauver Sarajevo et d'arrêter la guerre en Bosnie : il nous suffirait d'être un peu moins indifférents à la souffrance, d'exiger de nos gouvernements qu'ils prennent des décisions, de bombarder les positions serbes, de désarmer les combattants et d'engager quelques dizaines de milliers de Casques bleus de plus pour imposer la paix à des populations qui, au fond, ne demandent rien d'autre.

Si les occidentaux n'interviennent pas, c'est par lâcheté et parce qu'ils se complaisent dans le confort et l'indifférence. Il y aurait sans doute beaucoup de morts ? Qu'à cela ne tienne, les soldats sont faits pour mourir, non ? Ça coûterait des milliards de dollars ? Et puis, après ? Une vie n'a pas de prix, non ? Les risques d'échec sont considérables ? Bah, ce n'est pas une raison...

C'est ainsi que nous raisonnons tous, de loin. Comme tous ces humanistes patentés qui se baladent en voitures blindées dans les ruines de la ville olympique, en cherchant du coin de l'œil l'objectif d'une caméra complice qui témoignera de leur incroyable courage.

Pourtant, il m'arrive de penser que les choses ne sont pas si simples ou alors qu'elles le sont davantage. Il m'arrive de penser, et j'en ai honte, qu'il n'y a parfois qu'une solution, celle de laisser les gens s'entretuer jusqu'aux derniers.

Il y a parfois des haines à ce point inextinguibles que seule la mort peut en venir à bout. Il y a parfois des situations si inextricables que seule la désertification du pays peut les dénouer. Il y a parfois des préjugés si profonds que seuls le fer et le feu peuvent les déraciner.

Il y a toujours la terrible nature humaine qui s'abreuve toujours aux sources de la barbarie et qui ne trouve toujours dans la raison que la raison de la perdre.

Oui, j'ai honte de le penser, mais je pense que l'homme ira toujours au bout de ses instincts meurtriers, s'il en a l'occasion, et que la victoire de l'un sur l'autre demeure la solution la plus efficace et la plus durable. En ce sens, aucune intervention extérieure ne réussira à pacifier des gens qui se vouent à l'extermination des uns et des autres.

La force peut maintenir le couvercle sur la marmite, pendant un certain temps — parfois longtemps —, mais saute-t-il qu'on se retrouve comme au premier jour, haines intactes, frontières retrouvées.

L'histoire nous le montre depuis toujours. Les forces coloniales ont imposé leur ordre dans nombre de pays. On les croyait pacifiés à jamais. On oubliait que cette paix était celle des autres et qu'elle n'avait pas départagé, sur le terrain, les vainqueurs et les vaincus. Tous vaincus pendant un certain temps. Vient la libération. Dehors, les impérialistes. On revient sur le terrain. Les guerres inachevées, il y a cent ans, reprennent de plus belle, sur le terrain, là où il faut des vainqueurs et des vaincus.

La mémoire est restée intacte. Qui se haïssait il y a cent ans se hait toujours aujourd'hui. C'est la frontière d'il y a cent ans qui prévaut ; elle n'avait été que gommée artificiellement par la puissance extérieure.

La guerre s'arrêtera quand il n'y aura plus personne à massacrer. J'ai honte de le penser, mais je pense parfois qu'il n'y a pas d'autre solution. On comprendra que je n'aime pas la nature humaine.

On peut tenter de pacifier la Somalie. On s'en sent le droit et le devoir. Mais une fois les troupes étrangères parties, ce sera comme avant, comme si elles n'étaient jamais venues, comme si l'histoire s'était arrêtée un moment.

En Yougoslavie, Tito a maintenu le couvercle sur la marmite pendant quelques décennies. Il a sauté et on se retrouve comme avant Tito, comme si l'histoire…

En Union soviétique, la dictature communiste a fédéré de force des populations qui n'en avaient pas envie. Puis…

C'est partout pareil.

La dictature, la police, l'armée, la force impériale peuvent imposer, pour un temps, leur ordre. Elles peuvent tenter d'arrêter l'histoire en espérant qu'elle ne reviendra pas en arrière pour recommencer là où on l'avait laissée.

La force ne fait alors que des vaincus, mais elle n'émousse pas la volonté de ceux qui se veulent vainqueurs.

La force des Nations Unies n'échappe pas à cette loi sauvage. Pacifier la Bosnie ? Soit. Avec les meilleures intentions du monde ? Soit. Pour combien de temps ? Le temps de Tito ? Le temps de Boutros-Ghali ? Ou le temps des hommes, soit l'éternité ?

Il y a des haines inextinguibles…

Il y a les vaincus qui rêvent de victoire…

Il y a la nature humaine…

J'ai honte de le penser, mais je pense qu'on n'empêchera jamais les gens de s'entretuer, si c'est leur bon plaisir.

Si c'est être lâche que de ne pas vouloir se retrouver sous le feu croisé des frères ennemis alors, soit, nous sommes des lâches.

Lâches, mais vivants !

8 février 1994

Bagatelles pour un massacre

Je croyais Pierre Bourgault d'abord dévoué à la liberté, personnelle et collective.

C'est-à-dire aussi à l'égalité, la justice, la fraternité et l'espoir.

Je pensais que quelqu'un comme Pierre Bourgault, vieil indépendantiste « de souche », ne pouvait être du côté de ces lâchetés « démocratiques » si appréciées des fanatismes criminels déchaînées contre les libertés.

Je pensais que le Québécois Pierre Bourgault ne pouvait être que l'allié naturel des Bosniaques libres qui résistent envers et contre tout aux assauts meurtriers du « nettoyage ethnique » décidé par les fascistes serbes.

J'étais certain qu'un intellectuel informé, comme l'est Pierre Bourgault, sait que le « nettoyage ethnique » constitue, selon le droit international, un génocide, c'est-à-dire le meurtre systématique d'un peuple, c'est-à-dire ce contre quoi tout indépendantiste se dresse spontanément de toutes ses forces.

Je croyais Pierre Bourgault conscient de l'importance des enjeux politiques et moraux en Bosnie et, par conséquent, solidaire de la résistance bosniaque.

Eh bien, je me trompais complètement. Pierre Bourgault nous apprend, dans *Le Devoir* du 8 février 1994, qu'il « n'aime pas la nature humaine ».

Du moins, chez les autres.

Par exemple, ces musulmans, ces Juifs, ces Serbes et ces Croates qui, en Bosnie-Herzégovine, se battent côte à côte pour défendre l'indépendance de leur État pluriethnique, pacifique et démocratique, l'un de ces lieux parmi les plus civilisés et les plus progressistes d'Europe.

Pierre Bourgault ne voit pas que la guerre de Bosnie est la guerre d'Espagne d'aujourd'hui.

Et à ceux qui, comme Edgar Morin, soulignent que l'agonie de Sarajevo prépare celle de l'Europe tout entière, il réplique, avec l'incroyable mépris des gens gavés et cyniques, que les résistants bosniaques méritent, au fond, le martyre qu'ils endurent depuis deux ans, appartenant à cette sorte de « gens qui se vouent à l'extermination des uns et des autres ».

Mourir pour Sarajevo ? Que non, clame Bourgault. Il n'y a qu'une solution, selon lui, « celle de laisser les gens s'entre-tuer jusqu'au dernier ».

Car « on n'empêchera jamais les gens de s'entre-tuer, si c'est leur bon plaisir ».

Et puis, « il y a toujours la terrible nature humaine qui s'abreuve toujours aux sources de la barbarie ».

Aux atrocités épouvantables auxquelles donne lieu l'affligeante démolition de la Bosnie, l'esthète Bourgault répond, en somme, comme Céline, « bagatelles pour un massacre ».

Vraiment, j'ai de la difficulté à croire qu'on puisse, d'une manière aussi irresponsable, cautionner lâchement l'extermination systématiqque d'un peuple libre.

Que dirait le même Bourgault si, au lendemain de l'indépendance du Québec, les anglophones du Québec refusaient ladite indépendance, créaient leur propre république autonome, déclenchaient la guerre au nouveal État québécois et réclamaient le soutien militaire du Canada, voire des États-Unis eux-mêmes, pour réduire le Québec en cendres ?

Dirait-il alors qu'on ne peut empêcher les francophones, les anglophones, les autochtones et les autres de «s'entre-tuer, si c'est leur bon plaisir », que la « terrible nature humaine » peut toujours s'abreuver « aux sources de la barbarie », qu'il y a « des haines si inextinguibles que seule la mort peut en venir à bout », qu'en somme il « n'aime pas la nature humaine » ?

Visiblement, Bourgault n'a pas compris ou ne veut pas comprendre que le refus d'agir de la communauté internationale en Bosnie constitue une prime aux agresseurs, un chèque en blanc pour d'autres offensives de haines et d'extermination.

« Lâche mais vivant ! » se proclame Bourgault.

Faut-il s'indigner, ou vomir tout simplement ?

PIERRE VALLIÈRES
Le Devoir, 12 février 1994

Mourir à la place de Pierre Vallières ?

Je ne pensais pas avoir aussi vite raison quand j'écrivais, la semaine dernière : « Comme il semble facile, en amateur et de loin, de sauver Sarajevo et d'arrêter la guerre en Bosnie : il nous suffirait d'être un peu moins indifférents à la souffrance, d'exiger de nos gouvernements qu'ils prennent des décisions, de bombarder les positions serbes, de désarmer les combattants et d'engager quelques dizaines de milliers de casques bleus de plus pour imposer la paix à des populations qui, au fond, ne demandent rien d'autre. »

L'amateur qui parlait de loin, c'était moi. Et c'est parce que je doutais de la sagesse de cette position que je posais quelques questions déchirantes auxquelles je tentais de répondre, toute honte bue, maladroitement.

Mais un autre amateur, plus ardent et plus courageux que moi, cela va sans dire, a sauté à pieds joints sur cette solution que je croyais simpliste, tout en se jetant sur moi à bras raccourcis pour crime de non-assistance à un peuple en danger.

Pierre Vallières est prêt à tout, semble-t-il, pour défendre les Bosniaques contre les fascistes serbes. En commençant par l'écrire dans *Le Devoir*. Ça fait bien et ça se saura sans doute à Sarajevo. Il me reproche violemment de ne pas faire de même, en m'associant aux propos haineux de Céline, comme si j'avais perdu la capacité de distinguer les bourreaux des victimes.

Qu'il se rassure, je pleure moi aussi la tragédie des Bosniaques. Il y a quelques semaines, j'avais même pensé, comme lui, l'écrire dans *Le Devoir* en déplorant, comme lui, l'inaction de la communauté internationale.

C'est parce que je trouvais indécent de le faire que je ne l'ai pas fait. Indécent parce que facile « en amateur et de loin... » Indécent parce que c'est remettre à une vague communauté internationale le soin de régler le problème pendant que nous nous contentons d'en causer. Indécent parce que c'est faire fi de l'avis de tous les experts qui, ne serait-ce que par hasard, ne sauraient être tous des imbéciles. Indécent parce que c'est ignorer les leçons de l'histoire, comme j'ai tenté de le souligner. Indécent parce que relevant de la bravade et du coup-de-gueule.

Indécent, enfin, parce qu'il est trop facile d'envoyer les autres mourir à sa place.

Mais Vallières n'hésite pas. On est militant ou on ne l'est pas. Il se battra, dans *Le Devoir*, jusqu'au dernier des Casques bleus.

« La guerre de Bosnie est la guerre d'Espagne d'aujourd'hui », affirme-t-il sans détour. Le parallèle est loufoque mais la conviction y est, ce qui devrait suffire. Alors soit, si c'est la guerre d'Espagne, faisons comme si...

André Malraux ne s'est pas contenté d'en écrire, il s'y engagea en compagnie de milliers d'autres militants des brigades internationales. Alors Pierre Vallières, qu'attendez-vous ? Comme vous seriez beau en compagnie de Bernard Henri-Levy, de Bernard Koushner et d'Edgar Morin et comme il serait beau de vous voir donner vos belles vies au service d'une si belle cause !

Je me moque ? Pas du tout. C'est la guerre d'Espagne, oui ou non ? On se bat, oui ou non ? On est courageux, oui ou non ?

Courage de papier, dis-je.

C'est justement ce courage de papier qui m'horripile et qui provoque chez moi la désespérance qui m'a poussé à écrire ce que j'ai écrit la semaine dernière.

C'est ce courage de papier que je refuse d'afficher quand je sais que, moi non plus, je n'irai pas faire la guerre d'Espagne.

Ce que j'entends par là, c'est que Pierre Vallières est aussi lâche que moi, que nous tous, mais qu'il prend la pose pour la postérité, le stylo à la main et l'injure à la bouche.

Il ne défend pas les Bosniaques, il s'affiche. Il ne prend pas le parti des victimes, il s'en sert. Il ne va pas tuer les Serbes, il veut nous envoyer les tuer à sa place.

Et mourir à sa place, pourquoi pas ? Mourir à la place de Pierre Vallières ?

C'est bien ce qu'il propose à ceux qui écoutent ses discours fanfarons.

Non, je n'irai pas mourir à la place de Pierre Vallières à Sarajevo. Et c'est parce que j'ai honte, et pour lui et pour moi, que je me pose des questions sur la nature humaine… et que je me demande ce qui arrivera quand Pierre Vallières, *Le Devoir* sous le bras et le Macintosh en bandoulière, aura enfin exterminé les fascistes serbes.

15 février 1994

Jean Chrétien, le séparatiste

J e n'ai jamais compris pourquoi le nationalisme *canadian* de
Pierre Trudeau était plus valable ou plus défendable que le
nationalisme québécois. Je n'ai jamais compris pourquoi le
Canada devait être séparé des autres pays du monde pendant
que le Québec devait, d'autorité, rester attaché au Canada. Je
n'ai jamais compris pourquoi le nationalisme des uns devait
nier le nationalisme des autres.

Et pourtant, c'est cette vision des choses qu'on tente
depuis toujours de nous imposer.

Les fédéralistes de tout poil n'hésitent pas à nous parler de
cette « unité qui fait la beauté des grands ensembles, de la
disparition des frontières et de la nécessité des libres-échanges.

Moi, je veux bien, mais à la condition expresse qu'ils
poussent leur raisonnement jusqu'à ses conséquences ultimes
et qu'ils imposent au Canada les mêmes règles qu'ils voudraient imposer au Québec.

Jean Chrétien n'est-il pas le premier ministre d'un pays
« séparé » des États-Unis ? Et qu'en est-il du Mexique ? Pourquoi ? Voulez-vous bien me le dire ? La logique anti-
séparatiste voudrait pourtant que le Canada et le Mexique
abolissent toutes les frontières pour se joindre au grand
ensemble nord-américain. Ce serait tellement plus simple.

Pourquoi Pierre Trudeau autrefois et Jean Chrétien aujourd'hui sont-ils restés séparatistes, alors même qu'ils ont dénoncé vertement et continuent de le faire les méfaits du séparatisme.

Pourquoi défendent-ils le nationalisme *canadian* alors même qu'ils pourfendent le nationalisme québécois qui ne saurait trouver grâce à leurs yeux ?

Parce qu'ils sont hypocrites tout simplement.

Ils se présentent comme des anti-séparatistes, alors même qu'ils légitiment l'État séparé du Canada. Ils fustigent le nationalisme, alors qu'ils se font les champions de la nation *canadian*.

Jean Chrétien menace le Québec indépendant en l'avertissant qu'il devra renégocier le traité de l'ALENA, comme si le Canada, séparé, n'avait pas eu à le négocier lui-même en premier lieu.

Il menace les Québécois d'enfermement dans leurs frontières, comme si ces derniers n'étaient pas déjà enfermés dans les frontières canadiennes.

Les nations « séparées » de l'ensemble du monde trouvent toutes grâce à ses yeux. Mais il trouve répugnant que la sienne, la québécoise, puisse penser à se séparer de la même façon.

Toutes les nations du monde défendent farouchement leur indépendance et Jean Chrétien n'est pas le dernier à défendre l'indépendance du Canada. Ces nations ne trouvent pas incompatibles le fait d'être séparées et le fait de mettre en commun des intérêts communs. Aux yeux de Jean Chrétien, seul le Québec devrait échapper à cette « normalité ».

Je ne serai plus séparatiste quand Jean Chrétien cessera de l'être. Je me battrai pour l'abolition de toutes les frontières quand Jean Chrétien dénoncera les frontières qui existent entre le Canada et les autres pays du monde. Je renoncerai à l'indépendance du Québec quand Jean Chrétien renoncera à l'indépendance du Canada.

Lucien Bouchard déclare qu'il est séparatiste ? La belle affaire. Il ne l'est ni plus ni moins que Jean Chrétien, il ne fait, en somme, que déplacer les frontières.

Faudrait-il rappeler à Jean Chrétien que le Québec « uni » partage déjà avec les États-Unis une frontière qui resterait la même dans un Québec « séparé » ? Que le Québec « uni » est déjà « séparé » du Mexique et des autres nations du monde, parce que le Canada lui-même en est « séparé » ?

Faudrait-il lui rappeler encore que le Québec actuel subit tous les inconvénients d'un Canada « séparé », sans pouvoir profiter des avantages d'un Québec « séparé » ?

Ou bien le séparatisme de Jean Chrétien n'a pas plus de valeur que le mien et, dans ce cas, il faut les dénoncer tous les deux, ou bien mon séparatisme vaut bien celui de Jean Chrétien et, dans ce cas, qu'il cesse de s'en prendre au mien pour mieux glorifier le sien.

Si le Canada est un pays « séparé », je ne vois pas pourquoi le Québec ne pourrait pas l'être tout autant.

8 mars 1994

Ni égalité ni indépendance

Le premier ministre eut deux fils qui, tous deux, furent également premiers ministres. Le père avait reçu son mandat de la population ; les fils ne devaient le leur qu'à leur propre parti. Le père et les fils militèrent dans trois partis différents. Le père prônait « l'égalité ou l'indépendance » ; l'un des fils pencha un instant du côté de l'indépendance et l'autre, sans doute pour se démarquer, s'est braqué contre l'indépendance sans promouvoir l'égalité.

« Ni égalité ni indépendance », c'est le message clair que nous envoie désormais le premier ministre Daniel Johnson.

Quel progrès !

M. Johnson nous l'a dit clairement dimanche dernier : « Le Parti libéral est fédéraliste, point ! » Voilà, la discussion est terminée, qu'on se le tienne pour dit.

Évidemment, le Parti libéral est fédéraliste depuis toujours, mais on avait compris, depuis trente ans, que ce parti n'était pas prêt à s'accommoder de n'importe quel fédéralisme et on l'avait vu mener des batailles, parfois épiques, pour tenter de le réformer et de le rendre plus acceptable aux Québécois. MM. Lesage et Bourassa ne se contentaient pas d'être fédéralistes, point ; ils voulaient être fédéralistes autrement. Ils ne réussirent jamais, ni l'un ni l'autre, à vaincre les réticences du Canada anglais et du gouvernement d'Ottawa. S'ils avaient été réalistes, ils auraient lorgné du côté de la souveraineté. Mais c'était trop demander à deux hommes qui, enfermés dans un discours immuable, ne pouvaient avoir le courage d'en changer. De compromis en compromission et de reculades en échec, ils firent illusion jusqu'au bout en tentant de nous faire croire que nous avancions pendant qu'ils reculaient.

Si habiles fussent-ils, ils n'ont pas réussi à tromper Daniel Johnson qui, lui, est réaliste. Il a compris, lui, et depuis longtemps, que le fédéralisme canadien n'était pas renouvelable et que jamais le Canada anglais n'accepterait un statut particulier pour le Québec. Il a compris que la bataille était inutile et qu'il fallait y mettre fin. Il a compris qu'il nous fallait accepter notre statut de minorité au sein de ce beau grand Canada et qu'il était temps de nous fermer la gueule. Il a compris que nous étions nés pour un petit pain et que les discours fanfarons de ses prédécesseurs ne nous grandissaient pas d'un centimètre. Il est réaliste, Daniel Johnson. C'est pourquoi il est fedéraliste, point.

Ce qui veut dire qu'il est fédéraliste à n'importe quelles conditions. Ce qui veut dire que, désormais, on peut lui marcher dessus, il ne s'en plaindra pas. Ce qui veut dire qu'il faut nous habituer à le voir mentir quand il nous parlera des intérêts du Québec. Ce qui veut dire qu'il ne nous parlera jamais du sort tragique des minorités françaises du Canada qui devront comprendre que, quand on est fedéraliste, point, on ne secoue pas le bateau fédéral.

Ce n'est pas pour rien qu'il ne nous a pas parlé des neuf ans de pouvoir de son parti, il n'était pas fédéraliste, point à son goût. Deux mois d'à-plat-ventrisme, imaginez quatre ans. Deux mois de promesses creuses (400 000 emplois) et de compromis douteux (le collège militaire de Saint-Jean), imaginez quatre ans. Deux mois de complicités coupables avec Claude Ryan, imaginez quatre ans.

Ni égalité ni indépendance. *Le statu quo.* Ah oui ! il est réaliste M. Johnson.

Et terriblement drôle. Vous avez remarqué la qualité de son humour ? Imaginez quatre ans.

On reproche déjà à M. Johnson de ne pas avoir de vision, de projet, de programme, de politique. Mais pourquoi en aurait-on quand on est parfaitement content de ce qu'on est et de ce qu'on représente ? La satisfaction tranquille, la docilité tranquille, la comptabilité tranquille. Voilà le personnage.

Pauvre Daniel Johnson père. Lui qui avait réussi à se hisser au rang de chef d'État n'aura finalement engendré qu'un petit politicien de province.

Le fils n'aura mis que deux mois à dilapider la plus grande partie de l'héritage de son père, imaginez quatre ans.

15 mars 1994

Vive le substantif épicène !

Ne courez pas tout de suite à votre dictionnaire, je vais tout vous expliquer et, vous verrez, vous ne jurerez bientôt plus que par le substantif épicène.

Comme tout le monde, j'essaie depuis longtemps de féminiser notre langue sans trop de douleur. Je cherche des solutions qui nous permettraient de ne pas multiplier les redites, d'alléger la phrase, d'éviter les tirets et les parenthèses, d'écrire et de parler sans avoir l'air de bégayer.

« Les professeurs et les professeures, de même que les chargés et les chargées de cours, doivent encadrer les étudiants et les étudiantes jusqu'à ce qu'ils et qu'elles remettent leurs travaux. » Ne riez pas, c'est ainsi maintenant que s'écrivent les conventions collectives.

Par ailleurs, certains nous parlent des professeurs et des professeures, des auteurs et des auteures, en insistant pour prononcer lourdement des « e » qui devraient rester muets.

C'est Guy Lepage, de Rock et Belles oreilles qui, excédé par tant de lourdeur, décida un jour d'en souligner le ridicule.

Vous ne le saviez peut-être pas, mais c'est lui qui, il y a plusieurs années, alors qu'il fréquentait mon cours de communication orale, inventa : les étudiants/diantes et les auditeurs/trices, qu'on entend maintenant sur les ondes et les tribunes les plus populaires. Mais le ridicule de la formule n'a pas réussi à étouffer le monstre. Il fallait donc chercher ailleurs la solution.

Or, la solution elle était là, à portée de la main. Il suffisait d'y penser et — bravo pour moi — j'y ai pensé : c'est LE SUBSTANTIF ÉPICÈNE.

Épicène : se dit d'un nom, d'un pronom, d'un adjectif qui ne varie pas selon le genre. Des exemples ? Enfant, élève, toi, jaune, etc. On dit indifféremment un enfant et une enfant, un élève et une élève. Dans ces cas, c'est le pronom qui détermine le genre ; dans d'autres cas, ce pourrait être l'article ou le contexte.

On sait déjà que, dans le cas des substantifs qui se terminent par un *e* muet, la chose est déjà entendue. On dit indifféremment un ou une fonctionnaire, un ou une gestionnaire, un ou une ministre, un ou une dentiste.

Mais pourquoi ne dirait-on pas, de la même façon : une professeur, une médecin, une auteur, une écrivain, une plombier ou une assassin ?

Mais c'est le triomphe de la règle qui veut que le masculin l'emporte sur le féminin, s'écrie-t-on déjà. Mais non, mais non, ne vous énervez pas, c'est tout le contraire. Le substantif épicène est À LA FOIS masculin et féminin, il est unisexe, il est neutre, il est au service de tout le monde.

Vous direz encore : mais comment savoir si les professeurs sont des hommes ou des femmes ? Facile. Quand il s'agit aussi bien d'hommes que de femmes, le substantif « neutre » coiffe le tout. Dans d'autres cas, il faudra parfois recourir au contexte. Ainsi, si je dis : « Les professeurs sont enceintes », je ne risque pas de tomber dans la confusion.

Cette « solution », je le sais bien, ne règle pas tout. Je sais bien aussi qu'elle rencontrera des résistances farouches. Je sais également qu'on pourrait la peaufiner et l'améliorer.

Je sais encore qu'on ne pourra sans doute pas revenir en arrière pour transformer en « épicènes » des substantifs déjà féminisés par l'usage : étudiante, reine, fermière, etc.

Je crois pourtant qu'il y a là une approche intéressante qui mériterait d'être explorée plus avant.

LE SUBSTANTIF ÉPICÈNE : pour avoir la langue bien pendue plutôt que de la donner au chat.

29 mars 1994

Attachez vos ceintures

La semaine dernière, une journaliste de Toronto m'exhortait de rassurer les Canadiens anglais qui sont de plus en plus nombreux à croire que le Québec sera bientôt indépendant et qu'il n'y a plus rien à faire pour arrêter le mouvement. Elle voulait que je leur dise que la chose n'était pas faite et qu'il se pourrait qu'elle ne se fasse jamais. Elle cherchait désespérément un indépendantiste qui pourrait calmer les esprits en doutant publiquement de l'issue du prochain scrutin provincial et du résultat de l'éventuel référendum sur la souveraineté.

C'est elle qui, durant la conversation, m'affirmait sans détour qu'une grande partie du Canada anglais avait perdu tout espoir de « sauver le Canada » et qu'il fallait désormais faire face à l'éventualité de la souveraineté du Québec.

Dans la même semaine, lors d'une discussion sur l'économie canadienne au réseau anglais de Radio-Canada, des analystes qui cherchaient les causes de la chute du dollar et de la volatilité des marchés invoquaient, entre autres raisons, la prochaine élection québécoise et son inéluctable conséquence : la souveraineté du Québec.

Cette fois, nous n'avions pas affaire à quelques hystériques dont le seul but était de « faire peur au monde » ou à quelques comploteurs politiques qui s'amusaient à jeter de l'huile sur le feu pour servir leurs propres intérêts. Non, les panélistes étaient sérieux, nullement alarmistes, simplement professionnels. Ils rapportaient les faits comme ils les voyaient ; ils analysaient la situation comme ils la décryptaient.

Les interventions de ce genre se multiplient depuis quelques semaines et, même dans la presse étrangère, on trouve de plus en plus d'articles qui traitent de la même question en la prenant très au sérieux.

C'est pourquoi je ne peux m'empêcher d'en venir à la conclusion que cette fois ne ressemble en rien à la dernière — 1976, élection du PQ et 1980, référendum — et que, aussi bien au Canada anglais qu'à l'étranger, la souveraineté du Québec est désormais perçue comme possible et même probable.

Ne prenons pas nos désirs pour des réalités. Nous savons bien que les résistances sont grandes et que la bataille est loin d'être gagnée.

Il est quand même intéressant de noter que, pour ceux qui ont des décisions à prendre, décisions aussi bien économiques que politiques, la souveraineté du Québec fait désormais partie de la donne, et cela pour le meilleur et pour le pire. C'est bon signe. Cela nous change des réactions à la fois incrédules et paniquées qui ont suivi l'élection du Parti québécois en 1976. Cela nous épargne aussi les ricanements moqueurs ou méprisants auxquels on nous avait habitués.

Cette fois, semble-t-on nous dire, c'est sérieux. C'est vrai que les choses ont changé.

Comme le souligne à l'envi Jacques Parizeau, cette fois, il n'y a pas d'ambiguïté. Pas de question alambiquée, pas de tergiversations, pas de détours inutiles par « le bon gouvernement » ou « le beau risque ».

On s'attend donc, dans tous les milieux, à ce que l'élection du Parti québécois enclenche le processus vers l'indépendance.

D'autre part, l'élection de cinquante-quatre députés du Bloc québécois à Ottawa a créé un choc salutaire chez tous ceux qui, abusés par les beaux discours de Jean Chrétien, avaient fini par croire que « le séparatisme était mort ».

On sait maintenant qu'il n'en est rien. On sait aussi que la dynamique nouvelle engendrée par les deux forces souverainistes travaillant de concert aux deux niveaux de gouvernement est susceptible d'engendrer une vague de fond sans précédent.

On connaît la faiblesse de Jean Chrétien au Québec et la vulnérabilité de Daniel Johnson. On n'ignore pas la compétence de Jacques Parizeau et la popularité de Lucien Bouchard. On a pris la juste mesure des forces souverainistes, plus unies et plus déterminées que jamais.

C'est tout cela qui fait dire à des observateurs sérieux et étrangers à nos querelles de clocher que la prochaine année risque d'être déterminante dans l'évolution des choses.

C'est cela qui leur fait dire qu'il faut s'y préparer. Il faut donc savoir qu'ils s'y préparent. De toutes les façons. Certains pour faire place à un Québec souverain dans l'établissement de leurs objectifs ; d'autres pour en évaluer l'impact sur leurs affaires ; d'autres encore pour tenter, par tous les moyens, de tuer le projet dans l'œuf.

Ces derniers sont les plus dangereux et nous serions bien avisés de les prendre au sérieux.

Si vous pensez que vous en avez vu des vertes et des pas mûres en 1980, alors même que la probabilité était à peu près nulle, imaginez de quoi ils seront capables cette fois-ci, au moment où ils savent que « ça peut arriver ».

Pour la première fois depuis trente ans, on parle sérieusement de l'indépendance du Québec dans toutes les chancelleries et tous les conseils d'administration du monde et on s'y prépare, au cas où…

Nous entrons dans une zone de grande turbulence.

Attention ! Attachez vos ceintures. Ça va brasser.

5 avril 1994

Israël : la politique du pire

C'est à n'y rien comprendre. On dirait qu'Israël le fait exprès. Exprès de se traîner les pieds dans les négociations avec l'OLP. Exprès de faire semblant que les colonies juives en territoires occupés ne font pas partie du problème global de la coexistence entre Palestiniens et Israéliens. Exprès de prolonger l'humiliation en s'accommodant, à son avantage, de la violence qu'elle engendre.

Comme si tout cela n'était pas suffisant, voilà que le premier ministre Rabin décide qu'il vaudra mieux désormais se passer de la main-d'œuvre palestinienne sous prétexte qu'elle met en danger la sécurité des citoyens.

Ce n'est pas la première fois qu'Israël boucle les territoires occupés et rejette dans leur enfer des milliers de travailleurs palestiniens. Mais cette fois, on va plus loin encore : on a décidé, à Jérusalem, de faire venir d'ici un mois 18 250 ouvriers de Roumanie, de Bulgarie et de Thaïlande pour remplacer les Palestiniens. Une main-d'œuvre à bon marché, privée de citoyenneté, à la merci des caprices de tout un chacun, menacée de déportation à la moindre incartade.

Pendant ce temps, la ministre de la Communication, Mᵐᵉ Aloni, affirme qu'un bouclage illimité risquerait de provoquer un début de famine dans les territoires occupés.

Belle façon de promouvoir la paix ! Belle façon de démontrer sa bonne foi ! Belle façon de se tirer dans le pied !

En effet, on n'arrive pas à comprendre comment Israël peut espérer gagner quoi que ce soit en s'enfermant dans une logique aberrante développée à partir d'une fausse prémisse.

Fausse prémisse : les Palestiniens sont violents et dangereux pour la sécurité d'Israël. Or, les Palestiniens ne sont violents que par la faute d'Israël et ils ne sont dangereux que dans la mesure où la situation reste bloquée et qu'on les maintient dans l'humiliation et l'asservissement. Dans la mesure aussi où la violence israélienne dans les territoires occupés dépasse de beaucoup la violence palestinienne à l'intérieur des frontières d'Israël.

Il est temps que les Israéliens comprennent qu'ils ne peuvent plus avoir le beurre et l'argent du beurre, qu'ils ne peuvent plus négocier la « libération » des territoires tout en conservant le privilège de continuer de les occuper par colonies juives interposées.

Allons plus loin. Puisque Israël a décidé de ne plus laisser entrer les Palestiniens sur son territoire, que fera-t-elle de ceux qui y sont déjà installés et qui ne sont pas moins « dangereux ». Ils sont près d'un million. Se résoudra-t-on bientôt à les expulser ? C'est pourtant là que mène cette logique aberrante.

Les Roumains, les Bulgares et les Thaïlandais seront-ils moins dangereux que les Palestiniens quand ils découvriront le sort qui leur est réservé dans un pays qui, malgré les discours officiels, continue de fabriquer des citoyens de seconde zone quand il y va de ses intérêts ?

Des milliers de citoyens israéliens ont compris depuis longtemps que leur sécurité passait par la paix ; qu'ils ne seront en sécurité que lorsque qu'ils ne fourniront plus eux-mêmes aux Palestiniens les raisons de les menacer ; que leur sécurité passe aussi pas celle des Palestiniens.

Mais d'autres, peut-être plus nombreux, rêvent encore de refouler les Palestiniens en Jordanie pour prendre leur place dans le « grand Israël ».

Tant que cette logique suicidaire pour les Israéliens et meurtrières pour les Palestiniens n'aura pas été abandonnée, nous aurons bien du mal à croire en la sincérité des discours des dirigeants israéliens qui n'évoquent la paix que pour gagner du temps dans leur politique de la terre brûlée.

À pratiquer la politique du pire, ils risquent fort d'avoir à la subir.

12 avril 1994

Johnson... par intérim

Je n'ai presque jamais parlé de Daniel Johnson. Je le trouvais peu intéressant et je n'ai pas changé d'idée depuis qu'il est devenu premier ministre. Premier ministre par intérim, sans doute. On a l'impression qu'il le sait et qu'il ne voudrait retarder les élections que pour pouvoir dire qu'il a occupé la fonction plus longtemps que son frère Pierre-Marc.

Peu intéressant, disais-je. Une idée fixe : le fédéralisme à n'importe quel prix ; une manie : la gestion à la petite semaine ; un projet : l'État comme entreprise privée ; une pratique : le surplace agité.

Ne pas bouger, mais donner l'impression qu'on chevauche un étalon sauvage.

Se péter les bretelles. Souvenez-vous : Daniel Johnson approuva d'abord la fermeture du collège militaire de Saint-Jean. Puis il se ravisa. Monté sur son grand destrier, il annonça qu'il prenait la tête de l'opposition. Sparages et gesticulations. Puis, plus rien. Où en est l'affaire ? On n'en sait trop rien, plus personne n'en parle. À Ottawa, le pétage de bretelle a fait long feu.

Et puis il y a eu la fermeture de Hyundai à Bromont. Se répéter les bretelles. Daniel Johnson s'insurge et annonce qu'il n'en sera rien. Il envoie une délégation en Corée. Il multiplie les déclarations et s'agite en son cabinet. Depuis ? Rien. Un autre pétage de bretelles sans conséquence.

Peu intéressant, vous dis-je.

Puis, Ottawa annonce que « la main-d'œuvre », c'est fédéral ». Là, c'en est trop. Daniel Johnson joue la colère, fait semblant d'être surpris, redécouvre les intérêts supérieurs du Québec. À Ottawa, on fait la sourde oreille. Daniel Johnson en perd immédiatement la voix. L'axe Ottawa-Québec est sourd et muet. La belle affaire ! Daniel Johnson s'en accommode en nous assurant que tout cela peut s'arranger à l'amiable.

Puis il part aux États-Unis. Il avait dénoncé de Gaulle en Europe, il s'en prendra aux souverainistes aux États-Unis. L'oiseau salit son nid, mais de loin ; il a raison de croire qu'il s'agit là d'un tour de force.

Daniel Johnson est premier ministre, c'était le rêve de sa vie. Pas élu, nommé. Qu'à cela ne tienne, il s'accrochera tant qu'il le pourra. Il continue à faire du surplace pendant que le peuple trépigne d'impatience.

Il ne gouverne pas, il se maintient. Il ne se bat pas, il lance des pétards mouillés. Et puisqu'il ne rêve pas, il veut empêcher les autres de le faire.

Il fourbit ses armes pour la campagne électorale. Un seul thème : faire peur au monde. Instabilité, chaos, hausse des taux d'intérêt, baisse de la valeur du dollar.

Vous vous souvenez de « la piastre à Lévesque » que brandissaient les libéraux de l'époque ? 70 cents américains qu'elle valait. Certains analystes nous la promettent à 69 cents dans un Québec souverain. Un beau cheval de bataille pour Daniel Johnson. Je vous parie qu'il va l'enfourcher. Il fera semblant de ne pas se souvenir que « la piastre à Bourassa », en 1986, valait 69,13 cents américains.

Et « la piastre à Johnson », ça vaut quoi ? Ne vous en faites pas, cela n'a aucune importance, l'intérim aura été de courte durée.

26 avril 1994

Les Canadiens français et nous

Il est vrai que depuis que nous sommes devenus québécois, nous avons eu tendance, trop souvent, à oublier les Canadiens français. Il en reste près d'un million en dehors du Québec, concentrés surtout au Nouveau-Brunswick et en Ontario.

Lucien Bouchard a voulu les rencontrer pour remettre les pendules à l'heure. L'homme est reçu chaleureusement, mais son projet de souveraineté passe mal la rampe chez ces gens courageux et déterminés qui croient, à tort ou à raison, que la souveraineté du Québec pourrait entraver leur progrès.

Ce n'est pas cette question qui m'occupe aujourd'hui. Je voudrais plutôt rappeler quelques évidences qui semblent échapper le plus souvent au plus grand nombre.

Les difficultés des Canadiens français n'ont pas commencé avec l'avènement du mouvement souverainiste québécois. Elles existent depuis toujours et, encore aujourd'hui, les cris d'alarme se multiplient et l'exaspération croît de jour en jour.

Du côté du Canada anglais, le chantage continue. Chaque fois que le mouvement souverainiste québécois affirme sa force, on menace les Canadiens français de toutes les représailles.

Mais, en revanche, chaque fois que le mouvement s'affaiblit, on en profite pour se traîner les pieds tout en se réjouissant ouvertement des taux d'assimilation qui perdurent. « On finira bien par les avoir. »

Ce n'est pas la souveraineté du Québec qui a mis les Canadiens français dans cet état — le Québec n'est toujours pas souverain — mais le Canada anglais et ses provinces.

Ce n'est pas de l'aide du Québec dont les Canadiens français ont manqué, même si elle n'a pas toujours été adéquate. Il faut plutôt rappeler que ce sont les provinces anglaises et le gouvernement fédéral qui, de par la Constitution canadienne, ont des obligations envers leurs minorités de langue française. Or, ces obligations, nul ne les a jamais remplies.

On n'a jamais vu la minorité anglaise du Québec se plaindre de ne pas être mieux soutenue par Toronto, Regina ou Moncton. C'est que le Québec, justement, a toujours pris ses responsabilités et a assumé tous les frais du respect de cette minorité. Ce n'est pas son rôle — ce serait même injuste — de soutenir également toutes les minorités linguistiques du Canada.

Les provinces anglaises maltraitent systématiquement et depuis toujours leurs minorités françaises. Autant ces dernières sont-elles en droit d'exiger plus de solidarité de la part des Québécois, autant il serait indécent d'exiger du Québec qu'il prenne des responsabilités qui ne lui appartiennent pas car, dans ce cas, le Québec n'aurait pas d'autre choix que de fermer une école anglaise à Montréal pour financer l'ouverture d'une école française à Edmonton ou à Vancouver.

C'est pour éviter ce genre de marchandage que René Lévesque, il y a plusieurs années, a proposé aux provinces anglaises des ententes de réciprocité qui auraient permis aux minorités françaises du Canada de se retrouver sur un pied d'égalité avec la minorité anglaise du Québec. Évidemment, le refus fut instantané. On connaissait trop bien, au Canada anglais, les retards qu'il faudrait combler et les injustices qu'il faudrait réparer.

Nos fédéralistes de tout acabit auraient mieux à faire que de s'en prendre aux souverainistes québécois. Qu'ils s'attaquent donc aux dinosaures racistes des provinces anglaises qui refusent de remplir leurs devoirs les plus élémentaires. On sait pourquoi ils ne le font pas, ils sont tous de la même gang.

Je veux aussi rappeler que, il y a trente ans, c'est en constatant le sort réservé aux Canadiens français dans ce beau Canada uni que nombre de Québécois sont devenus souverainistes. Nous étions tous Canadiens français alors. Si nombre d'entre nous ont choisi plutôt de devenir Québécois, c'est pour tenter d'échapper au sort que réservait le Canada à sa minorité française. Trente ans plus tard, les choses n'ont pas changé.

Je rappelle enfin au Canada anglais que, Québec souverain ou pas, il lui appartient de rendre justice à ses minorités françaises. Qu'il cesse de compter sur le temps pour les voir disparaître. Qu'il cesse de s'en prendre au Québec. C'est dans ce beau grand Canada uni que le drame se déroule.

Fédéralistes de tout poil, foutez-nous la paix et occupez-vous du Canada. Après tout, c'est dans ce pays raciste que vous voulez nous garder, non ?

31 mai 1994

La guerre

« M on père a fait la guerre contre les Allemands. Mon grand-père a fait la guerre contre les Allemands. Mon arrière-grand-père a fait la guerre contre les Allemands (les Prussiens). Je suis le premier à ne pas avoir fait la guerre contre les Allemands. Et sans doute que je ne la ferai jamais. »

C'est ainsi qu'un jeune historien français concluait les cérémonies marquant le débarquement des Alliés, en Normandie, le 6 juin 1944.

La guerre. Les guerres. Après celle-ci, une autre, et puis encore une autre. Depuis toujours, pour combien de temps encore ? La survie, le territoire, la conquête, une certaine manière de voir sa vie… contre celle des autres.

Et moi ? J'ai soixante ans et je n'ai pas connu la guerre. Comme tout le monde, j'ai connu toutes sortes de misères, mais je n'ai pas connu la guerre. C'est une bénédiction à nulle autre pareille.

On en mesure mal l'étendue quand on ignore l'histoire agitée des êtres humains. Partout dans le monde et depuis toujours, les temps de paix furent rares et de courte durée. Peu de générations ont échappé à l'horreur et aujourd'hui, d'autres générations, en d'autres lieux trop nombreux, se voient décimées avant même d'avoir pris conscience qu'il aurait pu en être autrement.

Soixante ans de paix. C'est l'histoire de ma vie. Pas la moindre escarmouche, pas le moindre fusil, pas la moindre blessure. Et pourtant, des amis qui meurent autour de moi, de mort naturelle, comme on dit. Je n'en pleure pas moins, mais je me console à la pensée qu'ils n'ont pas été tués de main d'homme. La nature fait assez bien les choses, en nous jetant tous dans la mort, les uns sur les autres, pour que nous résistions à la tentation de l'aider à faire plus vite, plus sommairement, plus bêtement, plus cruellement qu'elle le fait elle-même.

Il ne faut pas aider la mort. Or, c'est ce que la guerre fait, depuis toujours. Et pour combien de temps encore ?

Je mesure ma chance. Je n'ai porté la main sur personne et personne n'a porté la main sur moi.

Et pourtant, pourtant. Pourtant, je sais bien qu'il est des idées et des vies qu'il faudra toujours savoir défendre. Pourtant, je sais bien qu'il est des guerres inévitables et nécessaires. Je sais trop bien que je pourrais être agressé et que je devrais me défendre et je sais trop bien, hélas, que je pourrais devenir agresseur et qu'on devrait se défendre contre moi.

La guerre. Quel immonde carnage, quel gigantesque gâchis.

Hier, on n'a pas vu la guerre à la télévision. On a vu la paix et on a célébré une victoire. Bref moment de répit. Demain la vie reprendra son cours et on verra la guerre à la télévision, la vraie guerre, celle qui se déroule tous les jours presque partout dans le monde. Bah, on est habitués maintenant.

Je mesure ma chance de n'avoir vu la guerre qu'à la télévision. De toutes les chances de ma vie, c'est la plus grande et sans doute la moins méritée. Mais mérite-t-on la chance ? Mérite-t-on la paix ?

Je pense à mes étudiants et à mes étudiantes qui ont vingt ans. Vous croyez que j'ai eu une belle vie et vous n'avez pas tort. Mais surtout, ah oui ! surtout, je n'ai pas connu la guerre. Je vous en souhaite tout autant.

7 juin 1994

Maudit camion

Comme la canicule m'empêche de penser et de réfléchir, j'ai cherché un sujet trivial qui vous permettrait de faire également le vide dans vos beaux esprits. Un gros sujet : remplacer les trains qui ne roulent plus et les bateaux qui sont bien incapables de le faire.

Soit. Je veux bien. Il faut bien transporter les marchandises à travers l'Amérique et il faut bien livrer la Molson au dépanneur du coin.

Cela dit, on ne voit pas pourquoi les camionneurs devraient avoir tous les droits ou se permettre tous les abus. Or, c'est exactement ce qui se passe, puisque le législateur se ferme les yeux et se bouche les oreilles. Il a bien rédigé quelques règlements qui visent à contrôler le poids des machines ou à en réduire la vitesse mais, outre le fait que nombre de camionneurs s'en fichent éperdument, on doit déplorer des politiques qui, dans le domaine, confinent à l'anarchie.

On sait déjà que, si nos routes sont impraticables, c'est à cause des camions. On nous apprend qu'un seul camion de quarante-cinq pieds magane la chaussée au même rythme que le font 42 000 voitures de promenade. Oui, vous avez bien lu.

Trop gros, trop longs, trop lourds les camions ? Évidemment, mais on ne va pas s'en faire pour si peu. Abolir les

trains routiers — ces doubles camions qui menacent les automobilistes les plus prudents — vous n'y pensez pas ? Réduire
la taille des remorques ? Eh quoi ? Vous voulez pousser les
compagnies de camionnage à la faillite ?

Et vive les ornières meurtrières ! Et vive les risques intolérables que font courir à chacun les camionneurs impénitents.

Bon, vous roulez peu, vous sortez rarement de la ville.
Vous vous croyez donc à l'abri de l'engeance camionneuse. Eh
bien, non.

Dans toutes les villes normales, on a, depuis longtemps,
réglementé les plages horaires ouvertes au camionnage.

Pas chez nous. Dans toutes les villes normales, les camions
lourds n'ont pas le droit de circuler aux heures de pointe.

Pas chez nous. C'est même exactement le contraire. On
dirait que les camionneurs se donnent le mot pour entrer ou
sortir de la ville juste au moment où la circulation se fait
intense et ou les bouchons se multiplient. Qui s'en soucie ?
Personne évidemment, sauf les automobilistes qui n'en finis-
sent plus de jurer, de tempêter, impuissants et désespérés de
voir jamais le bon sens triompher.

Dans toutes les villes normales, il est interdit aux poids
lourds de faire des livraisons de porte à porte. On doit, pour
ce faire, utiliser des camions de petit calibre qui risquent
moins d'encombrer les rues et de bloquer la circulation.

Mais Montréal n'est pas une ville normale. Y a-t-il un règlement ? Je n'en sais rien. Mais, chose certaine, les camionneurs
ne sauraient s'en embarrasser. Autour de chez moi, c'est avec
des camions de quarante-cinq pieds qu'on fait les livraisons.
Pour livrer de tout et de n'importe quoi : du pepsi, de la bière,
de la nourriture pour chiens, des légumes et quoi encore.

Les camionneurs ont évidemment toutes les peines du
monde à se garer. Réussissent-ils à le faire qu'ils bloquent la
rue pendant un quart d'heure ou qu'ils volent quatre ou cinq
places de stationnement.

C'est stupide et insensé. Mais les compagnies vous répondront qu'il y a plus de profits à faire quand les poids lourds, chargés à bloc, font la tournée une seule fois par jour, alors que des camions plus légers devraient retourner plusieurs fois à l'entrepôt pour faire le plein. La logique est impeccable. Logique marchande, bien sûr. Mais la ville ?

La vie en ville ? Dans toutes les villes normales…

Et le tapage, ça vous dérange ? Il existe un règlement qui oblige les conducteurs à éteindre leur moteur quand ils sont en stationnement. Avez-vous déjà vu un seul camionneur se plier au règlement ? Moi, jamais. Un peu plus ou un peu moins de bruit qu'est-ce que ça change ?

Toujours plus de tapage. Vous vous souvenez, il y a quelques années, on a décidé « d'embellir » la ville en installant partout des passages piétonniers en Pavé-uni. Évidemment, ils se sont dégradés instantanément et ils se sont transformés rapidement en ornières ou en bosses. Ils sont la ruine des suspensions. Mais il y a pire, toujours pire : les camions. Vous avez vu, surtout entendu, ces camions à *containers* qui franchissent l'obstacle ? Chaque fois le bruit d'une bombe. Chaque fois l'impression que tout a sauté. La maison qui tremble, la conversation qui s'interrompt. Dans toutes les villes normales…

Mais de quoi vous plaignez-vous ? La ville n'est pas la campagne et si vous n'êtes pas contents, vous savez ce que vous avez à faire.

Oui, je le sais. Continuer à chialer jusqu'à ce que quelqu'un, quelque part, finisse par comprendre. Jusqu'à ce qu'on exige, aussi, qu'on installe sur les camions des silencieux efficaces. Ils existent. Qu'attend-on pour les imposer ?

La canicule m'empêche de penser. Elle ne m'empêche pas de me vider le cœur.

Maudit camion ! Maudite vanne ! Maudit troque !

21 juin 1994

La fierté des camions

Je croyais en avoir fini avec les camions. Je croyais vous avoir tout dit la semaine dernière. Eh bien, non. Vendredi dernier, c'était en camion qu'on nous livrait la fête nationale. Un beau défilé de camions, rue Sherbrooke. Un beau défilé de mauvais goût où la plogue commerciale le disputait à la pauvreté de l'imagination.

Je n'en reviens pas. Alors que nous avons au Québec de nombreux et brillants esprits créateurs, alors que les thèmes foisonnent qui pourraient nous exciter et nous rassembler, alors que la preuve a été faite maintes fois que nous pouvions réussir une fête nationale grandiose et joyeuse, voilà qu'on nous sert, encore une fois, comme emblème national, ce maudit camion à peine et mal déguisé, portant sur son dos les clichés les plus ennuyeux et les figurants les plus mal attifés.

L'entreprise commerciale de Laval qui plogue ses horribles dinosaures. Les faux cow-boys de Saint-Tite qui font la promotion de leurs bottes. Le Bonhomme Carnaval et Youppi, son sosie estival. Valleyfield qui ne semble n'avoir rien d'autre à offrir qu'un bateau amarré à la plate-forme d'un autre camion. L'Abitibi qui nous propose une cabane qui ressemble désespérément à une bécosse. Saint-Hyacinthe, capitale de l'agriculture, qui affiche un festival rétro de salle paroissiale. Et Montréal qui essaie de dissimuler son camion sous quelques corniches peintes sur des panneaux de contre-plaqué.

Les musiciens ? Parlons-en. Presque tous montés sur les mêmes maudits camions, électrifiés, amateurs, forçant la note pour avoir l'air de s'amuser.

Une foule qui, forcément, s'ennuie.

L'idée était pourtant bonne de faire participer les régions.

Hélas, c'est plus aux chambres de commerce qu'aux créateurs qu'on a fait appel pour les représenter. Quand on sait où elles puisent leur inspiration…

Je ne comprends pas qu'on ne soit pas capables de cacher les maudits camions sous de véritables chars allégoriques, comme il s'en fait dans tous les pays du monde. Je ne comprends pas qu'on soit incapables de nous servir une musique entraînante, comme cela se faisait autrefois avec les corps de clairons et les majorettes de nos écoles. Mais non. Les concepteurs, qui se prennent pour des artistes, trouvent l'idée trop simple et dépassée.

Je ne comprends pas qu'on laisse les entreprises commerciales se ploguer comme si elles étaient dans un centre commercial. Je ne comprends pas les autos décapotables et Jean Doré, et Jean Dorion, et Michel Bergeron, et Jeannine Sutto, et les acteurs de *La Locandiera*, et…

Je ne comprends pas tout ce fouillis de mauvais goût dans un défilé mal foutu de petite ville de province. Fête nationale mon œil ! Il faut attendre la fin du défilé, quand la foule descend dans la rue, pour apercevoir des drapeaux, pour entendre des cris et des chansons, pour sentir quelque chaleur.

On veut tellement que la fête soit celle de tout le monde qu'on a finalement réussi à en faire la fête de personne. À force de s'évertuer à embrigader quelques dizaines de membres des minorités culturelles, qui servent de paravent à des communautés qui préfèrent rester à la maison pour regarder le soccer à la télévision, on n'a réussi qu'à vider la fête du sens qu'elle devrait avoir pour la majorité.

À force de vouloir séduire les fédéralistes, qui s'en moquent éperdument, on n'a réussi qu'à transformer la fête en défilé d'apatrides. Comme cela n'est pas suffisant, on s'offre, pour clore la soirée, un match de baseball avec des joueurs américains dont pas un ne parle français et un spectacle animé par un Robert Charlebois qui se tue à nous répéter qu'il n'a pas de patrie, pendant qu'Yvon Deschamps se rompt les côtes à nous rappeler que nous sommes un peuple de morons incapables de la moindre fierté et du plus élémentaire des courages. Et comme tout cela n'est toujours pas suffisant, on laisse Jean Chrétien entretenir tous les préjugés et toutes les ruptures en crachant sur tous les drapeaux bleu et blanc qui lui flottent au nez.

Un beau défilé de troques pour les nationaleux que nous sommes : c'est ainsi qu'on nous présente la fête nationale. On se prend parfois à rêver d'un beau grand défilé militaire précédé de la fanfare de la police montée. *Shoking*, n'est-ce pas ?

Pas plus choquant en tout cas que cette caravane d'inepties dont on a évacué tous les symboles pour faire moderne et apolitique.

« Gens du pays »... « Un peu plus haut, un peu plus loin »... « Je suis prévu pour l'an deux mille »... « Je vous entends parler de liberté »...

Vous vous souvenez ? C'était il n'y a pas si longtemps. Des chansons d'hier ? Oui. Mais combien de temps encore faudra-t-il attendre les chansons d'aujourd'hui ?

« C'est le début d'un temps nouveau »... C'était hier. Ce pourrait être demain.

28 juin 1994

Les catholiques sont-ils tous intégristes ?

Le débat sur l'école laïque semble amorcé pour de bon. Bien sûr, il aurait dû être terminé depuis longtemps, mais les résistances farouches des intégristes catholiques bloquent depuis toujours la situation. Pourtant, cette fois, on a l'impression qu'il pourrait se passer quelque chose malgré les hypocrisies de Claude Ryan qui, autrefois, pour s'attaquer à la loi 101, s'en prenait vigoureusement à la clause dérogatoire tout en l'invoquant pour protéger les écoles confessionnelles. Malgré aussi l'hypocrisie de la hiérarchie catholique qui fait semblant de lâcher du lest en se prononçant pour la déconfessionnalisation des commissions scolaires mais qui, en même temps, érige des barricades autour des écoles confessionnelles.

Malgré tout, on a l'impression que cela bouge dans la bonne direction, c'est-à-dire vers l'école publique laïque commune à tous les citoyens. Je ne vais pas reprendre ici tous les arguments qui militent en faveur de cette orientation. Ils sont bien connus, de même que sont bien répandues les thèses des intégristes qui, aujourd'hui comme hier, ne comptent que sur le lavage de cerveau des enfants pour maintenir leur autorité.

Je m'étonne pourtant de constater que bien peu de catholiques reconnus comme tels se fassent si discrets tout au long de ce débat. Je parle ici des catholiques ordinaires, pas de ceux qui font partie de l'Association des parents catholiques qui, eux, se font entendre plus souvent qu'à leur tour.

J'ai bien vu, dans *Le Devoir*, Jean-Pierre Proulx prendre vigoureusement position en faveur de l'école laïque et on sait le mini-scandale qu'a créé François Ouimet, président de la CECM, lorsqu'il adopta courageusement la même position.

Mais les autres, tous les autres ? On les entend bien se prononcer en faveur de l'ordination des femmes et du respect des homosexuels dans l'Église, propositions qui ne sont certes pas futiles, mais ils semblent étrangement muets quand il s'agit de promouvoir l'école publique ouverte à tous et la déconfessionnalisation de toutes nos structures scolaires.

Les catholiques du Québec sont-ils tous intégristes ? Les professeurs de pastorale, par exemple, de quel côté penchent-ils vraiment ? Ne font-ils que défendre leurs jobs ou s'inscrivent-ils dans la mouvance des ayatollahs de tout acabit qui, comme saint Archambault, se servent d'eux sans ménagement, au risque de leur faire perdre toute crédibilité ?

Il faudrait le savoir. S'il ne s'agit que de leurs jobs, on saura bien les leur assurer, quitte à ce qu'ils soient pris en charge par l'archevêché lui-même, ce qui serait la plus normale des choses. Mais si c'est l'école confessionnelle qu'ils défendent, qu'ils le disent franchement et nous saurons dès lors où ils logent. Et nous les combattrons. Tous intégristes ? J'ai peine à le croire. Je connais personnellement de nombreux catholiques qui ne le sont nullement. Ils ont gardé la foi, bien que les abus de l'école catholique d'autrefois aient tout fait pour les en détourner. Ils connaissent trop bien les méfaits de cette école confessionnelle pour la souhaiter à leurs enfants. Ils ont trop de respect pour leur religion pour la laisser aux mains des fanatiques qui tiennent aujourd'hui le haut du pavé.

Mais où sont-ils ? Que ne parlent-ils ? Ils laissent le champ libre aux imprécateurs qui voudraient faire croire à tous que l'école publique laïque n'est défendue que par une poignée d'agnostiques et d'athées voulant rééditer, à l'envers, le massacre de la Saint-Barthélémy.

Pourtant, le temps est venu de prendre position. Le temps est venu pour les catholiques de faire un choix. Ce n'est pas à moi de leur dire quoi faire, mais c'est à moi, comme à tout le monde, de leur rappeler qu'il est temps de se brancher. Vous êtes du côté des ayatollahs ou des démocrates ?

À vous de le dire maintenant.

Ce qui m'amène du même souffle à exiger de tous les parents qu'ils aient enfin le courage de leurs convictions. Ils sont combien, ces parents, qui ne pratiquent pas et qui continuent d'exiger des écoles confessionnelles pour leurs enfants... au cas où ? Ils sont combien à jouer hypocritement sur tous les tableaux ? Ils sont combien à croire que ce qui est mauvais pour eux-mêmes est bon pour leurs enfants ? Ils sont combien à faire le jeu, consciemment ou inconsciemment, des intégristes qui, par ailleurs, se servent d'eux en les vomissant ?

Je veux bien que les superstitions aient la vie dure et qu'on veuille encore faire baptiser les enfants et les marier à l'église. Mais faut-il aussi leur faire subir les embrigadements que nous avons connus et les exclusions que nous avons si longtemps supportées ? Qu'on ne vienne surtout pas me dire que l'école a changé et que les choses ne se passent plus comme avant. Certes, la recette a évolué et on déguise mieux ses stratégies, mais l'objectif demeure le même. Les intégristes n'ont pas cédé un pouce de terrain et c'est sur la lâcheté ou sur l'inconscience de nombre de parents qu'ils continuent de s'appuyer pour avancer leurs pions.

Quand on ne va plus à l'église, on doit avoir la décence de ne pas réclamer l'école catholique pour ses enfants.

Il est temps de prendre parti.

Où sont les catholiques ? Qu'est-ce qu'ils ont à dire ? Les entendrons-nous bientôt ? Sont-ils tous intégristes ? J'aimerais bien le savoir.

5 juillet 1994

Vive la France !

Ce n'est pas la date qui fait l'histoire, mais c'est parfois l'histoire qui donne du poids aux dates avant qu'elles deviennent le cauchemar des écoliers à la mémoire courte.

Ainsi en va-t-il du 14 juillet. On se souvient évidemment de celui de 1789 ; peut-être faudra-t-il se souvenir tout autant de celui de 1994 ? Plus d'un demi-siècle plus tôt, les soldats allemands avaient défilé en triomphateurs sur les Champs-Élysées pendant que les Parisiens se réfugiaient, tristes ou furieux, chez eux.

Le souvenir reste pénible qui s'ajoute à celui, plus triste encore, des trois guerres que se sont livrées la France et l'Allemagne au cours du siècle dernier. Et pourtant. En ce 14 juillet 1994, les soldats allemands ont descendu de nouveau les Champs-Élysées, cette fois invités par le président de la République française et sous le regard approbateur de la majorité des Français. C'est François Mitterrand qui l'a voulu ainsi. Même si, en certains milieux, on a voulu dorer la pilule en rappelant qu'il y avait aussi des soldats belges, espagnols et luxembourgeois aux côtés des soldats allemands et français, l'opinion publique n'a pas été dupe.

C'est l'Eurocorps, cette armée européenne embryonnaire, qui défilait mais, en France comme dans le reste de l'Europe, c'est d'abord le puissant symbole des soldats allemands en sol français qui frappait les imaginations. François Mitterrand, dont c'est le dernier tour de piste, a voulu frapper fort et il a réussi. On ne pouvait lui reprocher de n'avoir pas de souvenirs puisqu'il avait fait la guerre ; on ne pouvait pas non plus l'accuser d'improvisation, puisqu'il avait depuis longtemps travaillé au rapprochement de la France et de l'Allemagne. Tout au plus pouvait-on lui disputer le choix de la date. En se tournant résolument vers l'avenir, le président a gagné son pari. Quelques sifflets dans la foule, des gorges serrées certes, mais aussi des applaudissements devant cet accomplissement remarquable.

On a rarement vu un peuple célébrer sa fête nationale en y invitant ses ennemis d'hier. Voilà donc une leçon exemplaire de courage et de lucidité. Voilà l'exemple d'une politique qui se donne une vision et qui contraint les esprits à la réflexion.

Dans le même temps, comme par hasard, la France envoyait 2500 soldats au Rwanda dans une mission humanitaire de protection des civils du pays.

On s'en est gaussé dans tous les milieux. Quoi ? La France, qui avait soutenu ce gouvernement de bouchers, se transformait soudain en organisation charitable et se donnait la mission de freiner des massacres perpétrés par ceux-là même qu'elle avait armés ?

Le gouvernement français avait beau rappeler qu'il avait soutenu un gouvernement reconnu jusqu'alors par les Nations Unies, le message avait quand même du mal à passer. Quoi qu'il en soit, l'histoire jugera de la pertinence de la politique française au Rwanda ces dernières années. Erreur ou pas, on verra bien.

Mais en ces temps de désolation, de mort et de souffrances indicibles, la France n'a pas hésité à « faire quelque chose », pendant que tous ses détracteurs se lavaient les mains en détournant les yeux de l'horreur.

Que les soldats français aient déjà sauvé des milliers de vies, cela est indéniable. Réussiront-ils à se rendre au bout de leur mission avant que la situation se retourne contre eux pour les transformer en agresseurs ? Sans en être certain, il faut le souhaiter. Il faut surtout rappeler que l'Afrique n'intéresse plus personne et que ce sont les plus mesquins des gouvernements, notamment les gouvernements anglo-saxons, qui font reproche à la France de s'y intéresser encore.

Elle sert ses intérêts ? Bien sûr. Mais comment expliquer que les autres pays n'y voient, eux, qu'un continent moribond, trop noir à leur goût et surtout impropre à soutenir les intérêts idéologiques qu'ils y défendaient durant la guerre froide ?

Évidemment, cela est inexplicable. Beaucoup plus inexplicable en tout cas que le sursaut de la conscience française qui, malgré tout, honore en nous tous ce qui nous reste d'humanité.

Vive la France !

19 juillet 1994

Les cinquante derniers jours

Si Dieu nous aime et si les sondages tiennent le coup, Daniel Johnson ne sera plus premier ministre du Québec dans exactement cinquante jours. Malheureusement, en ce court laps de temps, il aura eu le temps de démembrer un peu plus l'État qu'il n'a investi que par la faveur de son parti, mais bon, l'espoir qu'on a de le voir quitter les affaires est si grand qu'on peut bien, encore un peu, prendre son mal en patience.

Donc, l'élection est annoncée et, d'emblée, les enjeux sont clairs. Après les atermoiements, les tergiversations et les états d'âme de René Lévesque, après les entourloupettes, les manipulations et les ratiocinations de Robert Bourassa, nous voici en face de deux hommes et de deux partis dont les choix et les objectifs sont présentés dans la lumière crue des soleils de midi.

Les deux chefs se sont, si on peut dire, peinturés dans le coin. Nul recul, nulle échappatoire ne sont possibles. D'une certaine façon, c'est tant mieux pour nous : il nous faudra enfin cesser de branler dans le manche.

Une chose saute aux yeux : nous sommes en face d'un souverainiste et d'un fédéraliste purs et durs.

Mais c'est un autre aspect des enjeux que je voudrais souligner aujourd'hui, c'est celui de l'État dans le Québec de l'avenir. Là-dessus, le programme du Parti québécois est clair et Jacques Parizeau ne l'est pas moins : il faut non seulement maintenir l'État, mais il faut le renforcer. Le dégraisser peut-être, mais surtout pas le rompre et le disloquer. L'État fut l'instrument collectif essentiel de la société québécoise et il doit non seulement assurer la qualité des services communs et défendre les droits fondamentaux mais, de plus, il doit servir de stimulant à l'activité économique, tout en réglementant les pratiques les plus barbares du capitalisme sauvage. Comme on l'a déjà dit, c'est le retour à la social-démocratie qui, malgré ses ratés et ses limites, n'a pas trop mal servi les sociétés qui ont privilégié la solidarité sur les intérêts personnels et la responsabilité collective sur la cupidité individuelle. De plus, l'État dont rêve Jacques Parizeau possède tous les pouvoirs et tous les moyens d'un pays souverain et fait de ses législateurs des représentants totalement responsables de leurs actes.

De son côté, le Parti libéral, qui n'a de programme que celui qui découle des rodomontades quotidiennes de son chef, fait la portion congrue à l'État. Daniel Johnson est on ne peut plus clair à cet égard. Il a déjà commencé à démanteler l'État québécois et il nous jure qu'il continuera de le faire avec la plus grande ardeur. Ce n'est pas la qualité de l'État qu'il remet en cause, c'est son existence même.

Parfaitement inconscient des luttes qui s'amorcent à travers le monde et qui transforment les petits peuples en proies faciles pour les spéculateurs de tout acabit, Daniel Johnson ne rêve que de nous livrer pieds et poings liés à des intérêts dénués de toute morale et de toute culture. Il rêverait de nous voir disparaître qu'il ne s'y prendrait pas autrement. Pour lui, comme pour Mme Thatcher et M. Reagan, l'État est, au mieux, un dispensateur de services réduits à leur plus strict minimum, au pire, un fardeau coûteux dont il eût mieux valu se débarrasser il y a longtemps. On se demande bien pourquoi M. Johnson veut être premier ministre du Québec. Pourquoi donc veut-il présider une organisation dont il s'acharne à réduire les pouvoirs et les influences tout en nous promettant de ne rien faire pour empêcher Ottawa de les gruger davantage ?

Selon toute apparence, il considère l'État québécois comme une grosse administration municipale. C'est sans doute pourquoi on a l'impression qu'il se présente à la mairie de la tribu. Ne serait-il pas plus heureux s'il retournait chez Power Corporation, là où on a de l'État la même conception que lui et là où le bonheur des actionnaires est bien plus important que le bien-être des citoyens ?

S'il s'acharne tant à détruire l'instrument même de son pouvoir, c'est sans doute qu'il se croit incapable de l'assumer. En ce début de campagne électorale, il m'a semblé bon de rappeler cet enjeu fondamental dont on n'entendra peut-être plus parler d'ici le 12 septembre.

J'ai voulu rappeler que la société québécoise reste fragile et que, souveraineté ou pas, l'État québécois demeure le seul lieu de l'intérêt commun, de la conscience sociale, du rapport de forces avec les autres communautés et de la cohésion de nos objectifs.

J'ai voulu rappeler que l'État reste le seul instrument de distribution plus équitable des richesses et de l'égalité des chances et que, de plus, il reste le seul miroir de la volonté collective.

Les grands pays peuvent peut-être se passer de l'État, ce qui est loin d'être sûr, mais il est certain que les petits pays ne survivraient pas à sa disparition ou à son amoindrissement.

Je suis le premier à juger sévèrement les abus des États et à combattre les inepties dont ils se rendent parfois coupables mais, s'il le faut, je serai le dernier à en défendre l'existence nécessaire.

Dieu merci, pour l'heure, il semble bien que je ne sois pas le seul à monter aux barricades. M. Johnson a bien raison de le souligner. Cette fois, le choix est clair. Les Québécois peuvent décider de se doter d'un État fort et souverain, ouvert sur le monde ou bien de se contenter d'un conseil d'administration de PME ouvert sur Terre-Neuve et la Saskatchewan.

Vous voulez savoir pour qui je vais voter ? Non, je ne vous le dirai pas ; le vote est secret, non ?

26 juillet 1994

Merci, monsieur Johnson

Il faut remercier Daniel Johnson de si bien mener la campagne du Parti québécois. En effet, il ne se passe pas une journée sans que notre premier ministre en sursis n'apporte de l'eau au moulin de ses adversaires ravis de trouver en lui un propagandiste hors pair.

Ainsi, M. Johnson a commencé par dire que Jacques Parizeau et son parti étaient souverainistes. Cela se savait depuis un certain temps, mais M. Johnson, qui se souvient avec nostalgie du temps ou le Parti québécois cachait ses vraies couleurs pour ne pas faire peur au monde, pensait pouvoir utiliser avec Jacques Parizeau la tactique que Robert Bourassa employait avec succès contre René Lévesque. Or, non seulement M. Parizeau ne recula pas, mais il affirma avec encore plus de vigueur la volonté souverainiste de sa formation. M. Johnson évite soigneusement de parler de son fédéralisme bloqué, mais comme il fait lui-même la promotion de la souveraineté, le chef du PQ n'a qu'à lui emboîter le pas.

Comme si ce n'était pas suffisant, le chef libéral a cru bon d'en remettre en expliquant dans le détail le processus « d'enclenchement » de la souveraineté tel que mis au point par le PQ et présenté comme tel aux électeurs. Il voulait faire peur au monde en insistant sur le fait que « cette fois, c'est pour de bon », alors même que c'est ce que répète Jacques Parizeau depuis trois ans. Selon toute vraisemblance, la panique ne s'est toujours pas emparée des électeurs et Johnson en est réduit à jouer les sous-fifres de la souveraineté.

Il n'était pas pour s'arrêter en si bon chemin et, pour éviter d'avoir à discuter de ses neuf années de pouvoir, il décida de jouer le tout pour le tout en affirmant que la prochaine élection serait référendaire. Il ne parlait plus d'enclenchement mais de déclenchement. Tout le monde sait que ce n'est pas vrai mais, ce faisant, il s'enfermait dans un piège dont les analystes du Canada anglais tentent depuis désespérément de le sortir. Car, ou bien les gens ne le croient pas et votent simplement pour changer de gouvernement ou bien ils le croient et si, malgré tout ils votent pour le PQ, ils donnent à celui-ci un mandat beaucoup plus dur qu'il n'en réclamait en premier lieu.

Nouveau chantre de la souveraineté, le premier ministre par intérim alla même jusqu'à annoncer que « sans la souveraineté, le PQ n'est rien ». Du même coup il soulignait, sans le vouloir, que le Parti québécois n'est pas là simplement pour faire mieux que les autres, mais aussi pour faire autre chose.

Ce n'était pas assez. M. Johnson engagea donc les électeurs à lire le programme du PQ, annoté par quelques partisans sans envergure. Il croyait pouvoir refaire le truc du PQ qui avait ainsi annoté l'entente de Charlottetown et incité les citoyens à la lire.

Mais l'entente de Charlottetown était un brouillon mal rédigé dont les annotations claires révélaient la vacuité alors que le programme du PQ est un document d'une grande clarté, qui couvre tous les aspects de l'activité humaine, et dont les annotations libérales, obscures et partisanes, font ressortir la qualité.

La distribution du programme du PQ, à des centaines de milliers d'exemplaires espère-t-on, va donc ressortir aux dépenses électorales du Parti libéral, ce qui n'est pas une vilaine chose puisque le Parti libéral, de son côté, n'a rien à distribuer.

Dans la même veine, Daniel Johnson a continué à faire l'éloge de l'union économique canadienne au moment même où on signait, à Ottawa, un document creux qui confirmait presque toutes les entraves à la circulation des biens et les échanges de services entre les provinces canadiennes et il mettait en doute du même coup l'adhésion d'un Québec souverain à l'entente de l'ALENA, en oubliant que ce sont d'abord les États-Unis qui ont voulu le libre-échange et qu'ils seraient sans doute les derniers à souhaiter que la petite république du Nord n'en fasse qu'à sa tête à l'intérieur de ses frontières.

Ainsi, Jacques Parizeau n'avait plus qu'à rappeler l'étroitesse du marché canadien dans un monde où un Québec souverain aurait le pouvoir de négocier directement avec les pays intéressés toutes les ententes qui seraient dans l'intérêt des parties.

Comme première semaine de campagne, c'est assez réussi. Mais cela ne devrait pas nous faire oublier que Daniel Johnson n'a monté cette opération que dans le seul but de faire peur au monde et de se dégager de toute responsabilité pour les neuf années qu'il a passées dans le gouvernement Bourassa. Il essaie de nous faire croire qu'il n'est là que depuis six mois, mais personne n'est dupe : tout le monde sait qu'il y est depuis longtemps et qu'il n'y sera plus pour bien longtemps.

Il lui reste donc un peu plus de quarante jours pour nous expliquer les bienfaits du fédéralisme à sa sauce à lui et pour nous présenter le merveilleux programme du Parti libéral dont l'essentiel repose toujours, si je ne m'abuse, sur le rapport Allaire. C'est beaucoup moins emballant que de parler de la souveraineté et du programme du PQ, comme il le fait depuis une semaine, mais comme personne d'autre que lui ne veut défendre le *statu quo*, il faudra bien qu'il s'y résigne un jour.

Je ne voudrais pas terminer sans apporter à M. Johnson une bonne nouvelle. Contrairement à ce que croient ses organisateurs et ses partisans, il a toutes les chances de remporter les prochaines élections.

En effet, à la lecture du *Globe and Mail,* du *Edmonton Journal* et du *Vancouver Sun,* on se rend compte que M. Johnson a tous les Canadiens anglais des autres provinces derrière lui. Ah ! zut, j'y pense : ils n'ont pas droit de vote au Québec.

Scusez, monsieur Johnson.

3 août 1994

Parizeau et Bouchard, même combat

Certains font semblant d'être surpris de retrouver côte à côte et sur les mêmes tribunes Jacques Parizeau et Lucien Bouchard. Ils font semblant de croire que, l'un œuvrant sur la scène fédérale et l'autre, sur la scène provinciale, les deux hommes n'ont pas le droit de se prêter main forte et que, à tout prendre, ils contreviennent à une règle non écrite de nos pratiques politiques.

Si je dis qu'ils font semblant de le croire, c'est qu'ils savent très bien qu'aucune règle n'existe en cette matière et qu'on a pu observer, depuis des lustres, les comportements les plus divers, justifiés *a posteriori* par l'évocation de circonstances différentes.

Ils seraient même tentés, à la limite, d'essayer de nous faire croire qu'il n'existe aucun lien entre le Parti libéral du Canada et le Parti libéral du Québec et que les fédéralistes d'Ottawa ne se reconnaissent pas d'alliés chez les fédéralistes du Québec alors qu'il s'agit bien, dans les deux cas, des mêmes personnes.

À vrai dire, les libéraux, et certains journalistes, modifient les règles selon leurs intérêts et ils les changent aussi souvent qu'ils le croient nécessaire.

C'est ainsi que les fédéralistes du Québec faisaient appel à Pierre Trudeau quand ils sentaient qu'il pouvait contribuer à une victoire « provinciale ». De même, M. Trudeau lui-même a toujours largement profité de l'organisation du Parti libéral du Québec. Personne alors n'évoquait de « règle ». Mais les temps changent et les hommes aussi. C'est pourquoi, en 1994, les libéraux du Québec ont fait savoir très tôt à Jean Chrétien qu'il ferait mieux de demeurer en Ontario le temps de cette campagne électorale, de peur qu'il effarouche un électorat fragile qui pourrait en vouloir à Daniel Johnson de s'afficher à côté de pareil épouvantail.

Ils avaient oublié d'en avertir André Ouellet qui, de Tokyo, contredisait joyeusement Daniel Johnson sans lui en avoir demandé la permission. Ce dernier prit vite soin de lui rappeler LA RÈGLE.

Autrement dit, puisque les fédéralistes d'Ottawa ne sont pas montrables au Québec, il faut faire semblant qu'ils couchent dans des lits séparés, voire qu'ils font chambre à part.

Personne n'est dupe, évidemment. Nous savons tous que les fédéralistes appuient à la fois Jean Chrétien et Daniel Johnson, et nous savons également que les organisateurs de Jean Chrétien ne restent pas tranquillement assis chez eux, pendant que les troupes de Daniel Johnson mangent une volée sur le terrain.

Dans ces conditions, on aurait tort de s'indigner de voir Jacques Parizeau et Lucien Bouchard se donner l'accolade en prétextant que ce dernier, élu à Ottawa, n'a rien à faire dans une élection provinciale.

Au nom de quel principe les souverainistes devraient-ils se bouder les uns les autres, alors que les fédéralistes s'embrassent derrière les portes et dans tous les coins ? Si on s'étonne tant, c'est qu'il s'agit de la première fois que les souverainistes ont des alliés, voire des frères, à Ottawa, et que c'est donc la première fois que deux chefs souverainistes peuvent unir leurs forces pour faire échec à la plus puissante machine politique et financière du continent.

Ce qui agace, surtout, c'est l'impopularité de Jean Chrétien et, en contrepartie, l'immense faveur populaire dont jouit Lucien Bouchard. C'est pour cette raison qu'on voudrait qu'il retourne en Ontario se tourner les pouces, en faisant semblant de se désintéresser de ce qui se passe au Québec.

Ce qui agace encore, c'est l'efficacité du tandem Parizeau-Bouchard. Les deux hommes ont déjà fait campagne côte à côte et ils ont toujours su, avec une rare élégance, s'accommoder l'un de l'autre en laissant la place à celui qui, selon les circonstances, menait les troupes au combat. Lors de la dernière campagne fédérale, c'est Jacques Parizeau qui jouait les seconds violons auprès de Lucien Bouchard et c'est aujourd'hui ce dernier qui lui rend la pareille.

Personne n'aurait jamais cru que ces deux hommes vaniteux auraient pu s'entendre si bien dans de si périlleuses circonstances. Or, c'est bien ce qui se passe et leurs adversaires en sont réduits à leur inventer des querelles byzantines sur des virgules et des points de suspension.

Daniel Johnson croit les diviser davantage en attribuant la succession de René Lévesque à Lucien Bouchard qui s'en réclame et en la niant à Jacques Parizeau qui l'a déjà refusée. Les deux hommes en rient encore.

Ce qui agace au plus haut point, c'est la solidarité des deux chefs dans la bataille pour la souveraineté. La solidarité et la ténacité. On voudrait en voir un fléchir pendant que l'autre se durcirait ; on voudrait voir le premier reculer devant les sondages pendant que l'autre pavoiserait ; on voudrait voir Bouchard se gausser de l'impopularité de Parizeau pendant que celui-ci prendrait ombrage des applaudissements réservés à son compagnon de route.

Mais c'est peine perdue. Les deux hommes font passer la souveraineté avant tout et balaient du revers de la main les vains efforts que font leurs adversaires pour les déguiser en frères ennemis.

Cela dit, on a beaucoup parlé jusqu'ici des chefs et j'ai bien hâte que les journalistes nous informent sur les équipes en présence. Mais j'ai l'impression que si on tarde à le faire, c'est qu'on craint de devoir accorder toute la place au Parti québécois. En effet, nous n'aurons pas trop de trente jours pour dresser la liste des hommes et des femmes de qualité de l'équipe de Jacques Parizeau. Quant à celle de Daniel Johnson, c'est déjà fait. À moins qu'on veuille s'attarder sur le parcours très libéral du candidat Charbonneau.

9 août 1994

Un vote ethnique

Quand Jacques Parizeau, il y a quelques mois, a affirmé qu'il était possible de gagner un référendum sur la souveraineté avec le seul vote francophone, on l'a vite accusé de tomber dans la xénophobie, voire dans le racisme. Pourtant le chef du PQ ne faisait rien d'autre qu'un exercice de comptabilité élémentaire à partir de toutes les données colligées depuis des décennies dans les sondages et les résultats d'élections.

Comme on le sait, il est interdit depuis toujours, au Québec, de parler de « vote ethnique ». Il ne faut pas froisser les susceptibilités des uns et des autres, il ne faut pas diviser notre belle société démocratique, il faut éviter de jeter de l'huile sur le feu.

Or, depuis le début de cette campagne électorale, je ne peux pas ouvrir un journal sans tomber sur de multiples articles qui traitent du vote des anglophones, des allophones et des francophones. On décortique les chiffres, on évoque la concentration de tel ou tel groupe dans telle ou telle région, on analyse les résultats en fonction de la langue des électeurs, on sonde les reins et les cœurs des immigrants, selon qu'ils sont arrivés il y a longtemps ou la semaine dernière, et on nous annonce en prime, trois fois par année, le nombre d'Anglais qui vont quitter le Québec si le Parti québécois est élu.

Ces chiffres et ces analyses se retrouvent dans tous les sondages et dans tous les journaux, qu'ils soient anglais ou français, de Toronto ou de Montréal. Personne, semble-t-il, ne trouve à y redire. Seul Jacques Parizeau n'a pas le droit de les commenter ou d'en tirer des leçons stratégiques.

Mais puisque tout le monde en parle, je vais en parler moi-même à mon tour.

Il existe bien un vote ethnique au Québec mais, contrairement aux idées reçues ou imposées, ce vote ethnique n'est pas le propre de la communauté francophone, bien au contraire. Ce vote est essentiellement anglophone et allophone, il est constant et apparemment inébranlable.

J'entends par « vote ethnique », un vote massif en faveur d'une formation ou d'une idée, indifférent aux conjonctures et persistant dans le temps. Autrement dit, c'est un vote monolithique que rien ni personne ne peut altérer.

Quand 90 % des électeurs d'un groupe donné votent systématiquement dans le même sens sur une longue durée, on peut avec raison affirmer qu'il s'agit là d'un vote monolithique, digne de celui qu'on retrouve communément dans les régimes totalitaires.

Cette année, on nous apprend ce que nous savions déjà : plus de 90 % des électeurs anglophones et allophones du Québec sont en faveur du Parti libéral et contre la souveraineté du Québec.

Dans le même temps, nous constatons que les francophones font pencher la balance en faveur du Parti québécois, tout en réservant une très grande part de leur appui au Parti libéral. Ils avaient fait le contraire lors des deux élections précédentes.

Les anglophones et les allophones sont presque toujours solidaires, les francophones ne le sont jamais. C'est si vrai que, même quand il y a raz de marée, comme ce fut le cas au cours de la dernière élection fédérale, ce n'est qu'une faible majorité de francophones qui s'est ralliée au Bloc québécois.

Chez les francophones, les majorités se déplacent au gré des circonstances, des programmes des partis, des humeurs des électeurs, des conjonctures changeantes, comme cela se voit dans les démocraties vivantes. Chez les anglophones et les allophones, on vote « ethnique » quoi qu'il arrive.

Qu'on ne vienne surtout pas me dire que cela change et que le vote allophone, notamment, est moins monolithique qu'autrefois, car les déplacements sont si minimes qu'ils en restent insignifiants.

Qu'on ne vienne pas me dire, non plus, que les péquistes et les souverainistes n'ont pas fait depuis toujours les efforts nécessaires pour se gagner la confiance des « groupes ethniques ». Cette affirmation, aussi fausse qu'injuste, court encore, mais elle ne reflète pas la réalité.

La vérité est bien plus simple : les anglophones et les allophones du Québec, dans leur très grande majorité, veulent un Québec bilingue dans un Canada intangible et ils votent, massivement, en conséquence.

Les francophones, quant à eux, veulent le beurre et l'argent du beurre. Incapables, jusqu'à maintenant, de se fixer de véritables objectifs et de les maintenir, ils votent tantôt d'un côté, tantôt de l'autre et se retrouvent, plus souvent qu'autrement, assis entre deux chaises.

Oui, le vote ethnique existe bien au Québec, mais il n'est pas l'apanage des francophones.

Cela n'est pas sans conséquence. Dans ce contexte, les souverainistes se voient presque toujours amputés de près de 20 % du vote dès la ligne de départ. Ils se voient donc obligés, par la force des choses, de chercher chez les francophones des majorités presque impossibles à atteindre.

Dans ces conditions, seul le découpage de la carte électorale leur permet de remporter l'élection. Au cours d'un référendum, qui se joue sans carte électorale, la victoire ne peut relever que du miracle.

Nous voudrions pouvoir compter sur la solidarité de tous les Québécois et, depuis toujours, nous l'avons appelée de tous nos vœux, mais le « vote ethnique » nous interdit d'entretenir plus longtemps cette illusion.

Dès lors, nous n'avons pas d'autre choix que d'en appeler à la solidarité des francophones. Ce n'est pas celle dont nous rêvions, mais c'est la seule à laquelle il nous est désormais permis de rêver.

23 août 1994

Mon pays contre une subvention

Hier, c'était la jeune Hélène Jutras qui, se désespérant de ce peuple québécois vulgaire et inculte, décidait de changer de pays pour ne pas avoir à refaire le sien. Bravo !

Aujourd'hui, c'est Jean-François Pouliot, cinéaste et glorieux publicitaire, qui affirme dans *L'Express* que « le gouvernement a une guerre de retard » et que… « la souveraineté, c'est le rêve de Parizeau, pas le mien ». Et il en remet : « Je ne crois plus que les artistes doivent dire des choses et surtout pas chanter la cause du Québec. [...] Il faut faire des films qui émeuvent ou amusent les Brésiliens ou les Japonais. Les Américains trouvent mes spots très français. Les Européens les déclarent très américains. Tant mieux, je suis les deux et fier de l'être. »

Autrement dit, il est tout à tous, il est n'importe qui pour n'importe quoi et il est de partout sauf de chez soi. Bravo !

Aujourd'hui, c'est encore cet artiste anonyme dont nous parle Richard Martineau dans la dernière édition du *Voir*. Anonyme, allez savoir pourquoi, mais on s'en doute. Il s'en prend à tout ce qui bouge en télévision au Québec et notamment, bien sûr, à Radio-Canada. Entendez que le pauvre chéri a dû s'adresser à CBC Toronto pour financer son dernier chef-d'œuvre. Il en tire une conclusion qu'il trouve pleine de bon sens : « L'indépendance du Québec, absolument pas. » Bravo !

D'un côté, l'intérêt personnel, de l'autre, la souveraineté du pays. Et on tranche sans hésitation : *Me, myself and I.* Imaginons un instant que nous soyons dans un autre pays. Jean-Luc Godard ne reçoit pas sa subvention ? Alors il crie : « À bas la République », et appelle Berlin à prendre la relève. Il ne dit pas qu'il va se battre pour que le gouvernement change sa politique de subvention. Non, il dit : « Puisque c'est ainsi, je me prononce contre l'indépendance de la France. »

Déménageons aux États-Unis. John Irving est tout fier de ses livres et se réjouit qu'on les traduise en 36 langues. Il ne veut surtout pas qu'on dise qu'il est américain ; il raconte plutôt qu'il est « universel » et que l'indépendance des États-Unis l'emmerde. « C'était bon pour Washington. Clinton est en retard de plusieurs guerres. » À bas la République !

Évidemment, je fabule. Cela n'arrive pas ailleurs, cela n'arrive qu'ici. Ce n'est qu'ici qu'on confond le gouvernement et le pays. Ce n'est qu'ici qu'on jette le pays aux orties quand une institution ne nous apporte pas quelque avantage. Ce n'est qu'ici qu'on se croit obligé de renier ses origines pour se vendre à l'étranger.

Dans tous les pays du monde, on se bat pour changer les institutions et les gouvernements, tout en affirmant haut et fort l'indépendance du pays. Ce n'est qu'ici qu'on accepte les gouvernements et les institutions comme ils sont et qu'on se sert de leurs tares et de leurs torts pour remettre en cause la souveraineté du pays.

La confusion des genres est totale. Alors qu'au prochain référendum on nous demandera de choisir entre deux pays, certains choisiront entre Radio-Canada et CBC, entre un gouvernement libéral et un gouvernement péquiste, entre le Conseil des arts du Québec et celui du Canada, entre Jean Chrétien et Jacques Parizeau, entre Michel Barrette et Glenn Gould.

On oubliera que Radio-Canada pourrait changer de politique ou que Jacques Parizeau pourrait bien ne pas être là dans dix ans. On oubliera que la subvention d'Ottawa est, tout comme la subvention de Québec, payée par tous les Québécois. On oubliera que le Québec indépendant ne sera pas plus séparé des États-Unis et du monde que le Canada ne l'est aujourd'hui, que ce pourrait même être le contraire.

On oubliera que le mépris qu'on entretient pour le peuple ne sert qu'à masquer une cupidité à peine déguisée. On oubliera que s'il est difficile de changer un pays, il est encore plus douloureux de n'en pas avoir.

On s'oubliera soi-même pour ne pas avoir à se poser de questions et pour poursuivre sa minable petite carrière. Le peuple québécois est inculte et il accorde trop d'importance à ses humoristes, voilà bien la preuve qu'il ne mérite pas son indépendance. Les Québécois regardent leur télévision débile, alors que les Canadiens anglais ne regardent pas la leur, d'une qualité incomparable, voilà qui démontre bien la supériorité du Canada sur le Québec.

Les Québécois, c'est connu, préfèrent la publicité québécoise à la publicité étrangère et c'est pourquoi les publicitaires québécois ont le vent dans les voiles et font de l'argent. Voilà qui démontre bien que, avec leur maudite spécificité, ils sont bien incapables de « faire des films qui émeuvent ou amusent les Brésiliens ou les Japonais » quand ils persistent à vouloir « dire des choses et chanter la cause du Québec ».

Hélène Jutras s'en va parce que les Québécois sont branleux et qu'ils ne veulent pas faire l'indépendance. Jean-François Pouliot ne veut pas faire l'indépendance parce qu'il n'est « ni complexé ni provincial ». Et l'artiste anonyme va voter non parce que son génie est mieux reconnu à Toronto qu'à Montréal.

On me demande parfois s'il m'arrive d'être découragé. Eh bien, oui. Pas parfois, souvent.

Mais je retrouve l'espoir rapidement quand je rencontre, dans un gala Juste pour rire, rediffusé par Radio-Canada, un

Québécois « inculte » qui me dit : « Je n'ai pas de diplôme, je ne saurais pas faire un film, je n'ai pas conçu la pub de Monsieur B et la seule subvention que je connaisse, c'est celle de l'assurance-chômage mais, je le jure, je suis capable de faire un pays. Tu vois, les diplômes et les subventions, c'est pas à la portée de tout le monde, tandis qu'un pays, il suffit de le vouloir... »

25 octobre 1994

Des soins de santé impeccables, mais...

Il y avait au moins trente ans que je n'avais pas mis les pieds dans un hôpital. Il ne m'en restait qu'un vague souvenir et c'est par les journaux que j'ai appris que tout y va mal, que les urgences sont débordées, que les soins sont de plus en plus médiocres et que le personnel est profondément déprimé.

Soudain, la semaine dernière, c'est la crise aiguë. La douleur au bas-ventre est insoutenable et je me demande si je ne suis pas en train de claquer avant même de l'avoir décidé, ce qui m'irriterait beaucoup. Il est dix heures du soir. Je n'ai qu'un recours : l'urgence.

J'y arrive dix minutes après, pour n'en sortir que tard le lendemain. Or, je le dis tout de suite, je n'ai pas découvert à l'Hôpital Notre-Dame les horreurs décrites plus haut et je continue de penser que, malgré ses lacunes, notre système de santé est parmi les meilleurs au monde. On ne va pas à l'hôpital comme on va à l'hôtel. On y va pour être soigné et si possible guéri. On ne m'a pas reçu comme à l'hôtel, cela va sans dire, mais on m'a bien soigné et peut-être guéri, on verra.

Pourtant, je ne suis pas entièrement satisfait. Les habitués de l'urgence ne remarquent plus rien, alors que moi, avec mes yeux neufs, j'ai quand même noté des lacunes qui ne changent rien à la qualité des soins, mais qui rendent le séjour plus pénible qu'il ne devrait l'être.

J'ai donc quelques suggestions à faire, des petites choses qui ne coûtent rien et qui feraient plaisir à bien du monde. D'abord, l'accueil. Évidemment, si on arrive sur une civière, les membres arrachés et le ventre ouvert, on se soucie assez peu de l'accueil. Mais le malade sur pied, comme on l'appelle si bêtement, est peut-être un peu plus exigeant et peut-être un peu plus malade qu'il n'y paraît.

On ne nous reçoit pas, tout simplement personne pour nous demander ce qui ne va pas, pour nous faire patienter, pour nous dire ce qui va se passer ou, au moins, pour décréter qu'on ne court pas le danger de périr dans l'entrée.

Rien, sauf l'attente de passer au *cash*. Je sais bien qu'il faut tendre sa carte-soleil et donner les renseignements d'usage, mais il me semble que la pilule passerait mieux si on commençait par s'occuper un peu de moi. J'avais plutôt l'impression qu'on me prenait pour un de ces maudits malades qui encombrent les urgences sans en avoir vraiment besoin. J'avais l'impression d'être de trop dans un endroit qui pourtant m'appartient, non ? Ça vous gênerait beaucoup de faire une petit effort du côté de l'accueil ?

Bon, je suis chanceux, il n'y a pas foule et finalement, on s'occupe de moi rapidement. Je me dis que j'en ai pour deux heures au plus. Un médecin vient me voir qui pose un diagnostic sûr : pierre au rein. Je m'en fous, j'ai trop mal. Il va me régler ça en deux temps, trois mouvements : une petite injection et la douleur s'en va. Bienfaits de la pharmacopée moderne.

Bon, il faudra faire pipi dans le petit pot, et puis il faudra faire une radio, puis, si ce n'est pas suffisant, il faudra aussi faire une échographie. Il est maintenant deux heures du matin. Échographie ? Pas avant demain après-midi. Je deviens impatient. Pourrai-je sortir une petite heure demain matin pour m'occuper de mon chien et faire quelques téléphones ? Pas question, je perdrais mon tour.

Voilà ce qui agace, ce genre de petit embêtement inutile qui relève d'un règlement trop rigide ou de son application trop tatillonne. Vous ne pourriez pas… ?

On m'avait dit qu'on « parquait » les patients dans les corridors de l'urgence. C'est vrai. À trois heures, je quitte la salle d'observation où l'on m'avait étendu sur une civière, pour le corridor, où l'on me couche dans un lit confortable. Moi, je n'ai rien contre. Il faut ce qu'il faut et on ne va pas se mettre à ouvrir des chambres privées pour tous les paumés en mal de solitude.

Dans mon corridor, il y a des gens beaucoup plus amochés que moi. Mais, je le répète, on s'occupe de nous et nous sommes bien soignés. Il y a un hic, toutefois. Dès le matin, c'est plein de gens qui passent et qui repassent, qui causent fort, qui rient, qui font du bruit. Et ce maudit balayeur qui n'en finit plus de crier plus fort que les autres.

Tiens, voilà les plateaux du petit déjeuner. Je sursaute chaque fois. Je deviens très impatient. Je le répète : le corridor, je m'en fous. Mais on ne pourrait pas baisser un peu le ton et la lumière ? On ne pourrait pas faire un peu attention ? On ne pourrait pas s'arranger pour faire oublier le corridor aux patients ? Ça ne coûterait rien, bien sûr. Mais ça ferait plaisir à bien du monde.

Ça ferait plaisir à bien du monde aussi si on cessait de traiter les malades comme les passagers d'un avion. Dans les avions, si vous avez le malheur de vous endormir un peu trop tôt, on vous réveille pour vous offrir un café, puis une autre fois pour vous offrir un oreiller, puis encore une fois pour vous demander si vous voulez regarder le film.

Or, c'est cette politique absurde qu'on semble avoir adoptée à l'hôpital. Réveil-pipi, réveil-pilule, réveil-questions, reveil-rendez-vous, réveil-ceci et réveil-cela.

Non mais… on ne pourrait pas faire un petit effort pour faire un peu de tout cela en même temps ? Ça ferait tellement plaisir. Et tant qu'à y être, on ne pourrait pas éviter de nous faire passer huit fois le même examen ? Je sais, je sais, les changements de quart... mais quand même.

Une dernière petite chose : On ne pourrait pas prendre le temps de nous expliquer ce qui nous arrive et comment nous allons nous en sortir ? Le langage des médecins et des infirmières leur est immédiatement compréhensible, mais pour la plupart d'entre nous, c'est du chinois. Et la procédure, c'est encore pire.

« Qu'est-ce que vous faites là ? » me demande l'infirmière. « Je ne le sais pas. On m'a dit de venir là. » Elle va finir par me dire ce que je fais là, mais j'aurais aimé le savoir avant. Des petites choses, juste des petites choses qui feraient plaisir à bien du monde.

Les soins sont impeccables, le personnel compétent et affable et le système fonctionne plutôt bien. Surtout, il fonctionne pour tout le monde. Je ne voudrais surtout pas me retrouver aux États-Unis.

Bref, tout va mieux qu'on le dit dans les journaux. Mais... J'ai voulu dire mon petit « mais ». Voilà. J'ai presque hâte de retourner... pour voir.

8 novembre 1994

Les marchands de tapis

Comme c'est désolant. Voilà que la querelle des marchands de tapis reprend de plus belle. D'un côté, les fédéralistes qui affirment que l'indépendance du Québec va nous coûter une beurrée, et de l'autre, les souverainistes qui additionnent les pommes avec les oranges pour tenter de nous démontrer qu'elle va nous enrichir au-delà de toute espérance.

Des chiffres, des chiffres, encore des chiffres. Les fédéralistes qui veulent nous garder dans la fédération canadienne, en confirmant notre statut de province entretenue et fière de l'être, et les souverainistes qui veulent nous en sortir en nous offrant un statut de parvenus digne du plus rentable des casinos.

Voilà plus de vingt ans que cela dure. À l'époque, les fédéralistes ont tendu un piège aux souverainistes et ceux-ci y ont sauté à pieds joints, sans se rendre compte qu'ils s'enfermaient dans une dialectique boiteuse qui ne pouvait que les détourner de leurs véritables objectifs.

Quand on s'est mis à répondre au « combien ça va coûter ? » on a commencé à réduire la cause de la souveraineté à une simple question de dollars et de cents, et on a commencé à convaincre les gens qu'elle n'était plus rien d'autre qu'une grossière affaire de portefeuille plus ou moins rempli.

Comme il fallait prouver que le risque économique était nul, on s'est mis à chercher des chiffres et à en inventer

au besoin puisque, par définition, l'avenir n'est pas quanti-
fiable.

Puis, on a cru qu'il serait plus facile de chiffrer le passé.
Alors on s'en est pris à la trop coûteuse fédération et on a
multiplié les études qui devaient nous démontrer sans l'ombre
d'un doute qu'elle nous menait à la ruine.

Le résultat est net : la discussion des marchands de tapis
nous passe par-dessus la tête, nous n'y comprenons plus rien,
nous nageons dans les plus vives contradictions et nous avons
oublié en chemin toutes les notions de liberté, de responsabilité et de dignité qui sont à la base même de la souveraineté des peuples.

Moi, j'en ai marre de ces discussions de comptables qui ne
mènent à rien et qui ne font qu'entretenir chez la plupart
d'entre nous la peur du risque, la mollesse des intentions et la
propension à jouer son avenir sur un simple billet de loterie.

Ce qu'il faut dire et qu'on ne dit pas assez, c'est que,
même si la fédération canadienne était « payante », il faudrait
quand même faire l'indépendance du Québec.

Pourquoi ? Tout simplement parce qu'il vaut mieux gérer
ses propres affaires que de les laisser gérer par les autres. Il en
va des peuples comme des individus. L'adolescent qui quitte
le foyer paternel comprend qu'il court là un risque et qu'il
pourrait bien n'être plus « entretenu » par ses parents. Mais il
part parce qu'il croit nécessaire d'assumer ses responsabilités,
de vivre sa liberté, de construire son propre patrimoine et de
le gérer à sa guise. Il ne prétend pas qu'il sera mieux en mesure
de le faire s'il reste chez ses parents jusqu'à quarante ans. Il est
plutôt convaincu, non sans raison, du contraire.

Aura-t-il moins d'argent ? Peut-être, mais il le dépensera à
sa convenance. Devra-t-il subvenir à ses propres besoins ? Sans
doute, mais il ne subira plus le chantage à l'allocation, à la
subvention et à la « péréquation » de ses parents. Va-t-il
s'ennuyer des bons petits plats de maman ? Sans doute, mais
il aura acquis la responsabilité de se les mijoter lui-même et

la liberté de varier le menu à sa guise. Saura-t-il réussir ? Il va essayer de son mieux, conscient et heureux de ne plus vivre aux crochets de personne, ce qui s'appelle la dignité.

Les peuples, de tout temps, n'ont pas fait autrement. Ils ont compris qu'ils ne deviendraient pas plus libres en retardant leur accession à l'indépendance. Ils ont compris qu'ils ne deviendraient pas plus responsables en confiant aux autres la gestion de leurs affaires. Ils ont compris qu'ils ne deviendraient pas plus riches en laissant aux autres le soin de développer leur économie à leur place. Ils ont compris qu'on ne devait pas confier la politique aux marchands de tapis. Ils ont compris qu'il y a des risques qu'il vaut la peine de courir. Ils ont compris qu'il n'y a pas d'interdépendance sans indépendance. Ils ont compris qu'il vaut mieux discuter directement avec les autres sans passer par des intermédiaires souvent indignes. Ils ont compris que pour dire *Welcome*, comme le chante Vigneault, il faut d'abord être chez soi.

Ils ont surtout compris que l'indépendance n'est pas une récompense pour les peuples parfaits, mais un instrument essentiel à qui veut le devenir ; que la souveraineté est à l'origine des choses et non pas à leur fin ; que, s'il y a des risques à devenir souverains, il y en a peut-être plus à rester sous domination ; que tout n'est pas qu'affaire d'argent dans la vie.

J'en ai marre de me faire dire que je ne serai pas prêt à sacrifier dix piastres pour faire l'indépendance du Québec. J'en ai marre de me faire dire qu'on va me donner dix piastres si je vote pour l'indépendance du Québec.

Je ne veux pas savoir si je serai plus riche ou moins riche. Je suis prêt à courir le risque, parce que je crois depuis longtemps que nous sommes nous aussi, comme les autres, capables de prendre nos responsabilités, d'exercer nos libertés et de vivre dans la dignité.

J'en ai marre de me faire offrir de l'argent en échange de ma dignité ou de m'en faire offrir en échange de mon esprit d'aventure et de liberté.

Proposez-nous un pays au lieu de tenter de nous convaincre de l'échanger pour un rouleau de cinq cents.

Proposez-nous la liberté en nous demandant si nous sommes prêts à en payer le prix, de quelque nature qu'il soit. Mais cessez vos marchandages sur notre dos.

Nous serions moins âpres au gain si vous nous proposiez autre chose que des prébendes. Du rêve, peut-être ?

15 novembre 1994

Sortez les verres de carton

Voilà déjà quelque temps que Jacques Parizeau est installé dans la résidence officielle du premier ministre à Québec. Je n'en ai pas parlé alors car, pour moi, la chose allait de soi.

À vrai dire, je n'avais jamais compris les réticences des premiers ministres précédents à doter le chef du gouvernement d'une résidence de fonction.

J'y voyais un certain mépris envers la dignité de la fonction et, surtout, l'utilisation hautement démagogique d'un discours misérabiliste et faussement modeste visant à faire croire au bon peuple que ses élus, après tout, ne lui coûtaient presque rien et que, de toute façon, ils ne méritaient pas plus.

Je m'étais même senti humilié, comme citoyen, quand Robert Bourassa avait installé le premier ministre dans un motel de banlieue dans le but avoué de patauger dans la piscine à son gré.

J'ai toujours cru que le premier ministre du Québec devait habiter une résidence de fonction et quand Parizeau annonça qu'il en serait désormais ainsi, je ne pus que l'approuver discrètement, en pensant naïvement que tout le monde allait faire de même.

Hélas, c'est tout le contraire qui s'est produit et c'est pourquoi je reviens sur le sujet aujourd'hui.

Depuis trois semaines, on fait concours de sarcasmes, de blagues insidieuses, d'injures à peine déguisées. On s'en prend à la personnalité même du premier ministre ou de sa femme. On parle de faste et de grandeur. On dénonce la vanité du premier ministre en rappelant la modestie de ses prédécesseurs. On fait des gorges chaudes, on se moque, on rabaisse et on avilit. On se comporte comme si la fonction de premier ministre était dérisoire et son titulaire à peine digne d'une loge de concierge.

Qu'on me comprenne bien : je ne m'en prends pas à ceux qui ont dénoncé le financement de la maison par la Chambre de commerce. Au contraire, je crois qu'on a raison de s'insurger contre cette façon toute provinciale de faire les choses. Je ne m'en prends pas non plus à ceux qui ont critiqué le choix de la maison ou son emplacement. Au contraire, je crois qu'on aurait pu trouver bien mieux.

Non, ce qui me scandalise, c'est qu'on transforme une affaire publique en affaire personnelle ; c'est qu'on confonde la maison de fonction du premier ministre avec la résidence personnelle de Jacques Parizeau ; c'est qu'on fasse des calculs mesquins et peu concluants ; c'est qu'on associe l'entreprise à une vulgaire démonstration de république de bananes.

Ce qui me scandalise, c'est le côté *cheap* de la réaction. En effet, il faut être bien *cheap* pour reléguer son premier ministre dans une chambre de motel et il faut être bien *cheap* pour faire payer par quelques hommes d'affaires une résidence officielle qu'il nous reviendrait à nous tous, contribuables, de fournir généreusement à notre premier ministre.

Ce côté *cheap* que nous avons m'a toujours désolé et me désolera toujours. Nous aimons croire que nous payons trop cher ceux qui nous représentent à Québec ou à Ottawa, et nous aimerions tellement que nos premiers ministres fassent comme tout le monde et qu'ils reçoivent leurs invités au McDonald's du coin.

Nous aimons croire que nos élus ne font des réceptions que pour leur plaisir et qu'ils devraient payer eux-mêmes jusqu'au dernier scotch du moins sobre de leurs invités. Nous aimons croire que nos premiers ministres se paient des résidences à nos frais, alors même que nous savons qu'ils se trouveraient bien mieux chez eux et dans leurs meubles.

Nous aimons croire que tout cela coûte très cher et ne rapporte rien. Surtout, nous aimons croire que la fonction de premier ministre, de ministre ou de député est attachée à la personne qui l'occupe et qu'elle ne mérite pas plus de respect que nous en accordons à cette dernière.

Nous aimons croire que toutes nos institutions sont méprisables.

C'est parce que nous sommes *cheap* que nous cassons la porcelaine et que nous recevons dans des assiettes en carton, et c'est encore parce que nous sommes *cheap* que nous nous réjouissons quand le premier ministre s'habille chez Croteau et qu'il roule en Lada.

Et du même souffle, nous voulons qu'il nous fasse honneur, qu'il montre à quel point nous sommes hospitaliers, qu'il fasse l'éloge de la cuisine québécoise, qu'il vante les mérites de nos artistes et de nos artisans, qu'il serve des vins québécois, qu'il s'habille correctement et qu'il châtie son langage, qu'il ait bonne apparence et qu'il nous fasse honneur à l'étranger, qu'il fasse la promotion de nos entreprises et qu'il reçoive à sa table les plus grands.

Mais à la stricte condition qu'il voyage en classe économique, qu'il roule à vélo et qu'il reçoive dans le sous-sol de son bungalow de banlieue. À la stricte condition que ça ne nous coûte rien.

Nous payons sans rechigner quand il s'agit d'entretenir un lieutenant-gouverneur aussi inutile qu'encombrant, vieux symbole d'une monarchie moribonde, et nous nous faisons chiches quand il s'agit d'offrir au premier ministre, symbole de notre démocratie, une résidence officielle décente.

Je nous trouve *cheap*. Tous au motel et sortez les verres en carton, y a d'la visite !

22 novembre 1994

Le roi nègre

On ne parle plus beaucoup du roi nègre, aujourd'hui. L'expression est tombée en désuétude depuis que les pays colonisés se sont libérés de la tutelle impériale. Le roi nègre n'en a pas moins survécu aux empires et, néocolonialisme aidant, il s'est reproduit en taisant ce titre dont on l'affublait.

Qu'est-ce qu'un roi nègre ? Au temps des colonies africaines, on appelait « roi nègre » le potentat indigène qui, s'étant acquis la faveur du colonisateur, grâce à la servilité qu'il lui manifestait, pouvait dès lors prétendre régenter son peuple comme s'il en était le digne représentant. Il édictait des lois favorables à ses maîtres, il faisait régner l'ordre de ses maîtres, il faisait les jobs sales que ses maîtres répugnaient à accomplir et, surtout, il avait pour mission de faire croire à ses commettants que les Blancs qui les exploitaient, le faisaient dans leur meilleur intérêt et que, sans eux, ils seraient bien incapables de prendre en main leurs affaires et de prospérer convenablement. En retour de quoi, le roi nègre était assuré de régner longtemps sur ses sujets et, de temps en temps, on l'exhibait en métropole où on l'applaudissait en le couvrant d'honneurs. Quand il rentrait chez lui, il devait parfois faire face à quelques têtes fortes qui manifestaient quelque velléité d'indépendance. Il se faisait fort de les ramener à la raison, en les menaçant des pires catastrophes s'ils se séparaient de leurs maîtres, et en leur décrivant les avantages immenses qu'ils tiraient de leur condition de colonisés. Finalement, dans les écoles du roi nègre, financées évidemment par le généreux colonisateur, les petits nègres apprenaient qu'ils avaient des ancêtres gaulois et que le siège de leur gouvernement se trouvait à Paris.

Daniel Johnson est un roi nègre. C'est le *Globe and Mail* d'hier qui, en page éditoriale, le reconnaissait :

> En repositionnant le parti, M. Johnson a fait quelque chose de plus important et de plus durable que le voudrait le simple électoralisme : il a ressuscité l'idée du Canada au Québec. Il a extirpé le parti du fédéralisme conditionnel et stratégique de Robert Bourassa, et a affirmé son engagement indéfectible envers le Canada. Le programme libéral est riche de ce qu'il ne contient pas : la liste des droits et des pouvoirs réclamés par le Québec, selon ses exigences traditionnelles.

De plus, poursuit le *Globe and Mail :* « sa loyauté envers le Canada est sans réserve. Pour lui, il n'y a pas de "maîtres chez nous" ou de "égalité ou indépendance" ou de "souveraineté-association" ou de "fédéralisme rentable" ou de "société distincte"… Je suis Canadien d'abord et avant tout », affirme M. Johnson.

Si les maîtres applaudissent avec tant d'ardeur, c'est sans doute qu'ils ont reconnu en M. Johnson l'homme tout dévoué à leurs intérêts et dont ils reconnaissent les grandes qualités de roi nègre.

Oublions un instant le *Globe and Mail* et parlons-en entre nous. N'est-il pas vrai que M. Johnson nous prédit l'apocalypse si jamais le Québec devient souverain ? N'est-il pas vrai qu'il nous rappelle tous les jours que, sans « l'union économique canadienne », nous sommes voués à subir le sort peu enviable des déshérités ? Se passe-t-il une semaine sans que M. Johnson nous rappelle les générosités de la métropole, les pensions de vieillesse, l'assurance-chômage, la péréquation qu'elle déverse sur nous à même nos contributions ? Et oublie-t-il jamais de nous rappeler que la métropole pourrait entrer dans une grande colère, si jamais nous nous avisions de prendre toutes nos responsabilités, et que lui-même serait impuissant à nous protéger des conséquences désastreuses qui s'ensuivraient ? Est-ce que la métropole achèterait toujours notre lait ? Est-ce que la métropole nous permettrait de conserver la monnaie canadienne ? Est-ce que la métropole accepterait que le Québec soit partie à l'entente de l'ALENA ? Est-ce que la métropole ne serait pas tentée de se venger sur ses minorités françaises ? Est-ce que la métropole ne serait pas tentée de vendre ses actions d'Hydro-Québec ? Est-ce que la métropole accepterait le TGV Montréal-Toronto ? Est-ce que la métropole accepterait que les sauvages conservent le passe-port canadien ?

C'est vrai, nous dit M. Johnson, nous ne pouvons pas nous passer de la métropole. De temps en temps, il va à Ottawa, à Toronto ou à Vancouver où on le couvre de compliments en l'applaudissant bien fort. Le roi nègre est le rempart contre lequel butent les aspirations les plus légitimes et les élans les plus créateurs. Le roi nègre est la dernière ligne de défense du régime : il tient son peuple tranquille en lui faisant miroiter les vertus du colonialisme et les bienfaits de la conquête. Il fustige son ingratitude envers ses maîtres et lui démontre son incapacité à se gouverner. Il ne croit pas s'abaisser en lui rappelant qu'il est né pour un petit pain et en le menaçant des pires désordres s'il s'abandonne à son rêve. Le roi nègre ne veut rien de plus que ce qu'il a : son royaume est petit, mais il est le roi. Du moins le pensait-il jusqu'à aujourd'hui.

C'est qu'aujourd'hui, voyez-vous, plus il est applaudi en métropole et plus son peuple semble décidé à changer de roi. La menace ne suffit plus et les faveurs de la métropole ont pris l'allure de pots-de-vin. Les enfants, dans les écoles, sortent de leur poche un billet de banque en se riant de la drôle de reine qu'ils échangent contre un joint de pot. Daniel Johnson est un roi nègre et le peuple n'en veut plus. Je sais bien qu'on ne dit plus les choses de cette façon et que ça fait vieux jeu d'appeler les personnes par leur vrai nom. Je ne le fais que pour rappeler à tous que, dans ce pays où l'euphémisme triomphe, il est des mots irremplaçables dont certaines personnes méritent d'être affublées.

Nos ancêtres, les Gaulois, n'en ont pas trouvé de meilleurs.

6 septembre 1994

Hidjab et crucifix

Bon, on va pouvoir enfin parler d'autre chose pendant quelque temps. Avant d'en finir, j'aurais bien voulu qu'on offre à Mario un poste de sénateur ou qu'on lui verse son premier chèque de pension de vieillesse, mais Jean Chrétien m'a répondu qu'il voulait plutôt rajeunir le sénat et que, de toute façon, le petit avait déjà commencé, il y a deux ans, à toucher sa pension.

Trêve de plaisanteries, parlons tout de suite d'autre chose, c'est-à-dire de Constitution.

Je suis toujours étonné de constater que, malgré toutes les discussions constitutionnelles des quarante dernières années, aucun gouvernement du Québec n'a songé à réclamer l'abolition de l'article 93 de la Constitution qui fait obligation à Montréal et à Québec de maintenir des commissions scolaires confessionnelles, catholiques et protestantes.

Cela est d'autant plus étrange qu'il y a belle lurette qu'on songe, à Québec, à remplacer les commission scolaires confessionnelles par des commissions linguistiques, et qu'on a même voté récemment une loi qui nous engage inéluctablement dans cette voie.

L'oubli fut-il inconscient ou délibéré ? Je n'en sais rien, mais quand on sait que l'article 93 interdit formellement l'application de la loi québécoise, on est en droit de se demander si pareille négligence ne visait pas justement à relever les législateurs de leurs responsabilités.

Quoi qu'il en soit, je pense que le temps est venu d'agir promptement avant que la situation ne se dégrade davantage. Et elle ne peut que se dégrader si chaque dénomination religieuse, au nom des libertés individuelles, continue de vouloir imposer ses vues particulières dans l'enceinte de l'école commune qui, si elle n'est ouverte à tous sur un pied d'égalité, ne pourra qu'entretenir les privilèges des uns et des autres en marginalisant tout le monde.

Mais, disons-le tout net, on ne pourra pas interdire le hidjab à l'école tant que les crucifix et les images saintes y tiendront la place qu'ils occupent toujours aujourd'hui. Il ne peut pas y avoir deux poids, deux mesures. Ou bien on accepte toutes les représentations religieuses, ou bien on n'en accepte aucune. Ou bien on subventionne toutes les écoles confessionnelles, et c'est malheureusement la voie dans laquelle nous sommes engagés, ou bien on ne subventionne que l'école laïque en laissant aux organisations religieuses le soin de s'occuper de leurs affaires.

Quoi qu'on en dise, on ne me fera pas croire que le maintien d'écoles catholiques, protestantes, musulmanes, juives, hindoues, orthodoxes ou scientologiques est propre à l'intégration des enfants dans une société pluraliste et tolérante. Le pluralisme n'est pas division, il est acceptation et convergence. On ne me fera pas croire que les ghettos encouragent le dialogue et que la multiplication des structures scolaires confessionnelles mène à la compréhension mutuelle de la religion des uns et des autres. Ce n'est pas en soulignant leurs différences qu'on rapproche les citoyens et ce n'est pas en les enfermant dans leurs croyances respectives qu'on leur fait découvrir leur appartenance commune.

Le laxisme de nos gouvernements en cette matière vient de la peur qu'ils ont de choquer les catholiques intégristes qui sont prêts à promouvoir tous les autres intégrismes à condition qu'on tolère le leur dans son intégralité. En ce sens, une déclaration récente de Jacques Parizeau, passée presque inaperçue, n'augure rien de bon. Au lieu de prendre position fermement en faveur de l'école commune à tous, il a entretenu l'ambiguïté autour du choix des parents à l'école confessionnelle. Prudence électorale ? Peut-être. Mais il est maintenant au pouvoir et devra annoncer clairement ses couleurs.

Il pourrait, par exemple, exiger tout de suite qu'Ottawa abolisse l'article 93. Il ne saurait répondre qu'il s'abolira de lui-même advenant la souveraineté du Québec. Ce faux-fuyant ne saurait lui tenir lieu de politique et la réforme des structures scolaires étant proche, c'est maintenant qu'il lui faut agir. Cela est d'autant plus facile que l'article 93 ne concerne que le Québec et qu'on ne voit pas comment Ottawa ou les autres provinces pourraient trouver une raison valable de s'opposer à son abolition.

Si on a pu enchâsser les droits linguistiques des Acadiens dans la Constitution sans palabres interminables et sans heurts, je ne vois pas sous quel prétexte on pourrait refuser cet amendement mineur.

J'engage donc M. Parizeau à en faire immédiatement la demande officielle à Ottawa. D'un trait de plume, on pourrait ainsi épargner à la société québécoise les déchirements et les contestations interminables qui ne manqueront pas d'apparaître dans les semaines qui viennent, alors qu'on s'apprête à mettre en place des commissions scolaires linguistiques.

Il n'est pas interdit, en attendant la souveraineté, de faire avancer les choses dans le bon sens, avant que les intérêts divergents des uns et des autres nous plongent dans un fouillis indescriptible d'où, une fois le mal fait, il sera difficile de nous extirper.

C'est l'école publique laïque et commune qui est garante de liberté et de diversité religieuses. C'est en n'imposant aucune religion qu'on en garantit les diverses pratiques. L'article 93 fait du protestantisme et du catholicisme des religions d'État. Son abolition interdirait toute religion d'État et étendrait à toutes les religions la liberté dont elles se réclament à bon droit.

L'école des uns nie l'existence des autres. L'école commune garantit l'existence et la liberté des uns et des autres.

20 septembre 1994

Vers un campus sans fumée

Ce titre coiffait un article publié la semaine dernière dans *L'UQAM*, journal d'information interne publié par l'Université du Québec à Montréal. Le texte commençait ainsi :

> Le 1er septembre 1995, il sera interdit de fumer sur le campus. Les seuls lieux où les fumeurs seront encore les bienvenus seront ceux de restauration et de consommation d'alcool. Au terme d'une démarche progressive s'étalant du 1er janvier au 1er septembre 1995, l'UQAM deviendra « un campus sans fumée.

Bon, comme on le sait, j'enseigne à l'Université du Québec. Comme on le sait également, voilà quarante ans que je fume mes trois paquets de cigarettes par jour. Je ne m'en vante pas ; je suis même convaincu qu'il s'agit là d'une mauvaise habitude nuisible à la santé. Cela dit, je n'ai pas l'intention de cesser de fumer et, même si j'arrêtais tout net, je n'en continuerais pas moins de défendre les droits des fumeurs contre les croisés qui ont juré d'avoir leur peau.

Jusqu'à aujourd'hui, je n'ai jamais écrit une ligne sur le sujet mais, cette fois, j'en ai assez. J'en ai assez de ce discours hystérique importé des États-Unis et qui fait des fumeurs les boucs émissaires d'une société qui, incapable de s'attaquer aux véritables problèmes, préfère s'attarder à un épiphénomène dont les conséquences, parfois dramatiques, sont exagérées à outrance pour les besoins de la cause. J'en ai assez de ces fanatiques qui créent des problèmes là où il n'y en a pas. Ainsi, il n'y a pas de problème à l'UQAM. Depuis qu'on a interdit le tabac dans les salles de cours, en 1987, il s'est installé chez nous un *modus vivendi* relativement acceptable pour toutes les parties, fondé sur le compromis et la tolérance. Fumeurs et non-fumeurs s'en accommodent bien. Mais, ici comme ailleurs, une infime minorité d'anti-fumeurs (à ne pas confondre avec les non-fumeurs) n'en finit plus de déchirer ses vêtements sur la place publique en faisant un boucan d'enfer propre à effrayer des administrateurs pusillanimes qui ne répondent qu'aux vociférations les plus stridentes.

Partout, ce sont les anti-fumeurs qui font la loi. Ce sont eux qui proclament la disparition prochaine des fumeurs qu'ils appellent de tous leurs vœux. Or, fumeurs et non-fumeurs ont appris depuis longtemps à vivre ensemble et si les premiers ont souvent abusé de leurs prérogatives, on peut dire qu'aujourd'hui, ils ont pour la plupart répondu aux protestations légitimes des non-fumeurs et qu'ils ont remis à jour leur petit manuel de savoir-vivre.

Mais quoi qu'ils fassent, ils ne trouveront jamais grâce aux yeux des anti-fumeurs qui, semble-t-il, n'ont rien de mieux à faire pour sauver le monde.

Je le répète, il n'y a pas de problème, et cela, malgré les dénégations de Mme Florence Junca-Adenot, vice-rectrice à l'administration et aux finances, qui explique que « lorsque la restriction au droit de fumer ne s'applique que partiellement, on voit poindre iniquités et conflits ». Vous avez bien lu : iniquités et conflits. Conflits mineurs, soit. Iniquités ? Vous voulez rire. Quelles iniquités ? Et envers qui ?

Voyons comment Mme Florence poursuit son argumentation : « Face à la montée des signes de conflit, on a donc choisi d'harmoniser l'application du règlement au contexte social. » C'est bien dit, en jargon connu, mais ça ne veut évidemment rien dire.

On comprend facilement, quand elle ajoute : « D'une part, les fumeurs sont nettement minoritaires. » Voilà l'argument choc qui devrait convaincre tout le monde : Au Québec les fumeurs forment près de 35 % de la population et, depuis deux ans, leur nombre augmente, surtout chez les jeunes. Qu'à cela ne tienne ! Vous êtes minoritaires donc taisez-vous et surtout, écrasez ! Belle mentalité.

Mme Florence invoque bien sûr des raisons de santé, ce en quoi elle n'a pas tort. Mais quand elle ajoute qu'« on ne soupçonne peut-être pas que l'interdiction totale de fumer sur le campus réduirait théoriquement de moitié la quantité d'air frais extérieur requise pour assurer la même qualité d'air au même nombre de personnes que présentement », elle charrie un peu beaucoup. « Théoriquement », dit-elle, sans ajouter que le tabac ne constitue que 4 % de la totalité des polluants transportés dans les systèmes de ventilation de nos édifices étanches. Outre le fait qu'on continue à construire des édifices dont les fenêtres ne s'ouvrent pas, ce qui est con, on continue également d'enregistrer un très grand nombre de malaises dus à l'aération déficiente, même dans les édifices où IL EST TOTALEMENT INTERDIT DE FUMER. Une autre étude, selon Mme Florence, prétend que « la quantité d'air frais extérieur nécessaire à un fumeur est quatre fois supérieure à celle d'un non-fumeur ». Pas de blague. Quand on assoit ses politiques sur de pareilles conneries, on ne se surprend pas qu'elles fassent tant d'innocentes victimes !

En tout dernier lieu, Mme Florence menace les contrevenants d'amendes et d'expulsions. Sans trop insister, toutefois, puisqu'elle préfère « la sensibilisation à la coercition ». Merci quand même.

Contre les anti-fumeurs fanatiques, j'appelle les fumeurs et les non-fumeurs à la résistance, en souhaitant qu'ils n'auront pas la lâcheté d'obéir à des règlements aveugles et stupides.

Quant à moi, je veux être le premier contrevenant interpellé. Ce devrait être facile, puisque j'ai toujours une cigarette au bec. Si vous enlevez les cendriers, je jetterai mes mégots par terre. Si vous me tapez une amende, je la contesterai en justice, et si vous m'expulsez, je vous sommerai de donner mon cours à ma place.

Assez, c'est assez ! Et si vous étouffez, ouvrez les fenêtres… ça va vous aérer l'esprit et vous permettre de respirer goulûment les gaz d'échappement de votre beau char.

27 septembre 1994

Décréter l'état d'urgence

On a beaucoup parlé depuis quelques semaines des inconvénients de l'échéancier établi par Jacques Parizeau. On a surtout reproché au premier ministre de s'enfermer dans un calendrier trop serré qui ne tiendrait pas compte des conjonctures et qui risquerait de faire tenir le référendum au mauvais moment.

Or, ces reproches viennent souvent de ceux-là même qui ont reproché à René Lévesque de trop retarder la tenue de son référendum et qui, par ailleurs, voudraient qu'on tienne les élections à date fixe pour limiter la marge de manœuvre d'un premier ministre trop puissant. Or, s'il est vrai que M. Parizeau, en s'enfermant dans ce corset, court le risque certain de tomber au mauvais moment, il n'en reste pas moins que les avantages de cette démarche sont, selon moi, beaucoup plus grands que les inconvénients. Remarquons d'abord que M. Parizeau se ménage une certaine marge de manœuvre en se donnant toute l'année 1995 comme aire de jeu. Dans trois semaines, dans trois mois ou dans un an, ça peut quand même faire une différence.

En annonçant si vivement ses couleurs, M. Parizeau conserve pour lui l'initiative de l'action. C'est lui, et lui seul, qui établit l'échéancier. Ce faisant, il met les adversaires sur la défensive tout en évitant de se laisser ballotter par les stratèges de tout acabit qui n'ont jamais fini de tout peser, de tout calculer, de tout planifier, c'est-à-dire de si bien finasser qu'ils en viennent à oublier et la réalité et l'objectif.

On voit déjà Claude Morin souhaiter qu'on fasse durer le suspense. Et bien sûr le petit Mario, adepte de la politique du chantage, voudrait bien qu'on se traîne les pieds un peu plus, histoire de ne pas être recalé au repêchage des ligues majeures. Il faut, nous dit le petit, régler les problèmes économiques du Québec avant de songer à la souveraineté. Il ne le sait pas, parce qu'il n'était pas né, mais c'est exactement l'argument que nous servaient les fédéralistes dans les années soixante. Il ne le sait pas, parce qu'il ne sait pas de quoi il parle, mais qu'il me permette de lui rappeler que l'indépendance n'est pas une récompense pour les peuples qui ont tout réussi, mais un instrument essentiel à leur réussite. Elle n'est pas la fin d'un processus, elle en est le principe. C'est notamment parce que l'indépendance peut nous permettre de résoudre un certain nombre de problèmes économiques qu'on la fait, pas seulement pour brandir des drapeaux autour du feu de camp le soir de la Saint-Jean.

Il y en aura d'autres qui, dans les semaines à venir, voudront continuer de branler dans le manche. Dieu merci, ils se heurteront à la date-butoir de M. Parizeau.

Cela va aussi pour l'ensemble du peuple québécois qui, cette fois, se voit confronté brutalement à son destin, forcé de choisir, amené à trancher dans le vif une fois pour toutes, sans espoir de reporter à plus tard une décision qu'il aurait dû prendre il y a longtemps. Il lui faudra du nerf et du courage. Pour une fois qu'on lui propose autre chose que des atermoiements et des tergiversations, peut-être aura-t-il l'envie de montrer de quoi il est capable. Mais le calendrier de M. Parizeau a d'autres vertus dont la principale est de nous placer tous devant nos responsabilités.

Le petit Mario pourra bien faire chanter tout le monde pendant un certain temps, mais il sait déjà qu'il ne pourra pas le faire indéfiniment et qu'il devra, en 1995, appeler ses troupes à voter OUI ou NON.

M. Chrétien pourra bien éviter la question pendant un certain temps, mais il sait déjà qu'il devra, en 1995, annoncer ses vraies couleurs et tenter de les harmoniser avec celles de tous les autres fédéralistes qui, pour l'instant, tirent à hue et à dia et se démènent comme des poules sans tête, mais qui auront bien du mal, dans quelques mois, à se regrouper sous un parapluie qui prend déjà l'eau. Les groupes d'intérêt de toutes sortes pourront bien, pendant un certain temps, tenter de tirer la couverture de leur côté, mais ils savent bien qu'ils devront, en 1995, faire taire leurs petites revendications cor-poratistes et s'arrimer aux aspirations de l'ensemble de la société québécoise. Ils devront décider s'il vaut la peine de sacrifier le pays pour une garderie de plus ou pour un bout d'asphalte dans le rang 2, autrement dit, de choisir entre la proie et l'ombre.

Enfin, les militants souverainistes, fatigués ou pas, démo-tivés ou pas, devront retrouver en eux-mêmes, et à très court terme, la force et le courage nécessaires pour donner le grand coup avant qu'il ne soit trop tard. Cette fois, ils savent qu'ils n'ont pas cinq ans ou dix ans devant eux. Cette fois, ils n'ont pas d'autre choix que d'embarquer au plus sacrant. Cette fois, même les plus vieux militants savent qu'ils pourront voir l'indépendance avant de mourir. Déjà, j'ai senti, chez bon nombre de personnes, ce sentiment d'urgence qui pousse au travail et au dépassement. J'ai même senti de l'enthousiasme chez des gens qui, il y a peu, se contentaient de regarder le train passer sans espérer qu'il arrive jamais quelque part.

Ajoutons à tout cela que la date-butoir de M. Parizeau force tous les membres de son gouvernement à agir et à cons-truire dans les plus brefs délais. Ils savent qu'il n'y a pas une minute à perdre et qu'ils doivent faire face à la musique sous peine de se voir brutalement évincés de l'histoire. Oui,

M. Parizeau a raison de presser les choses. Maintenant, si vous voulez une équipe du Québec aux Jeux olympiques d'Atlanta, vous savez ce que vous avez à faire.

11 octobre 1994

Une politique pour les vivants

Au moment où s'amorcent entre le gouvernement québécois et les Amérindiens des négociations cruciales, je
m'en voudrais de ne pas rappeler tout le monde au principe
de réalité, comme je l'avais déjà fait dans le livre *Maintenant
ou jamais*, publié en 1990.

En effet, si nous voulons arriver à quelque résultat, il faut
d'abord rappeler quelques vérités élémentaires qui semblent,
encore aujourd'hui, échapper à plusieurs.

Trêve de discours, voyons la réalité en face. Il y a cinq
cents ans, les Amérindiens occupaient seuls l'Amérique du
Nord. Se sont ajoutés depuis 250 millions d'« immigrants »
non amérindiens qui, de toute évidence, n'ont pas l'intention
de retourner dans leurs divers pays d'origine. Au Québec, on
compte à peu près 60 000 Amérindiens, soit 1/117ᵉ de la
population québécoise. Voilà la réalité. Le discours nous parle
abondamment des ancêtres. Soit. Mais nous ne cherchons pas
des solutions pour les morts mais pour les vivants. Or, quand
on parle des vivants, on s'aperçoit que personne n'est ici
depuis dix mille ans et que personne d'entre nous n'y sera
dans cent ans. Voilà la réalité. Le discours affirme que 85 %
du territoire québécois et la presque totalité du territoire
nord-américain appartiennent aux Amérindiens. Certes, voilà un
beau discours mais, dans la réalité, est-ce qu'on ne peut pas

envisager que les Amérindiens en cèdent quelques kilomètres carrés aux 250 millions d'immigrants qui s'y sont installés ?

Le discours nous parle du mode de vie ancestral des Amérindiens, fondé essentiellement sur la chasse et la pêche. En réalité, c'est là le mode de vie ancestral de tous les êtres humains. Et puis après ? La seule vraie question qu'il faut se poser est la suivante : est-ce que ce mode de vie, en l'an 2000, est propre à assurer la vie, le développement et l'épanouissement des peuples ?

Certains affirment qu'ils ne peuvent négocier qu'avec le gouvernement fédéral et qu'ils sont sous sa protection. Voilà un bien beau discours mais, dans la réalité, est-ce qu'on ne peut pas se demander ce qu'il en a été de la « protection fédérale » depuis 125 ans ? Est-ce qu'on ne peut pas se demander ce qu'il en est aujourd'hui ?

Et qu'en sera-t-il dans l'avenir ? Ce discours n'entretient-il pas une illusion ? Quand les Amérindiens en appellent à Ottawa et à Washington pour les protéger des méchants séparatistes québécois, à quoi s'attendent-ils au juste ? Bien sûr, ils auront droit aux beaux discours qui leur promettent de défendre leur droit à l'autodétermination sur des territoires séparés. Mais ne savent-ils pas que, dans la réalité, ces deux capitales ne peuvent soutenir la théorie du « gruyère » au Québec sans s'en voir menacées partout au Canada et aux États-Unis ? Peuvent-ils croire un instant que leurs « protecteurs » sont prêts à leur offrir chez eux les avantages qu'ils font semblant de leur consentir au Québec ? S'il est de bonne guerre pour les Amérindiens, dans une conjoncture qui leur est favorable, de placer très haut la barre de leurs revendications, ils doivent en même temps se méfier de tous ces alliés circonstanciels qui ne les appuient, temporairement, que pour mieux faire échec aux Québécois et qui les renverront brutalement à leurs palabres une fois le référendum passé.

À vrai dire, les nations amérindiennes du Québec, que le gouvernement du Québec a été le premier à reconnaître en 1995, ont beaucoup plus à gagner d'une négociation serrée et rapide avec le Québec que de toute autre entreprise bâclée à la sauvette avec un gouvernement fédéral aux abois.

C'est ainsi qu'ils pourraient mettre Washington et Ottawa au pied du mur. Au lieu d'en réclamer la protection illusoire, ils pourraient les mettre au défi d'accorder à leurs autochtones tout ce qu'ils auront réussi à obtenir du Québec.

Comme il est déjà d'ores et déjà certain que Québec est prêt à leur accorder beaucoup plus que tous ce que les gouvernements nord-américains leur ont consenti jusqu'à ce jour, ils se placeraient ainsi en position de force sur tout le continent.

Ne nous le cachons pas : Québec est pressé, Washington et Ottawa ne le sont pas. Pendant qu'on perd son temps, ailleurs, à revoir les traités, à discuter des traditions, à se perdre en atermoiements et en tergiversations de toutes sortes, à parler du beau temps des ancêtres, Québec s'apprête à discuter de bases territoriales, de pouvoirs et de responsabilités véritables, de développement économique, d'éducation et de santé avec « ses » Amérindiens. Maintenant, et ça presse.

C'est cela la réalité, aussi bien pour les Amérindiens que pour nous.

Les Amérindiens du Québec ont tout à gagner, pour eux et pour leurs frères du reste du continent. Ils ont devant eux un gouvernement qui n'a pas d'autre choix. Cette occasion ne se représentera peut-être jamais. Sauront-ils la saisir, ou continueront-ils d'en appeler naïvement à leurs « protecteurs » ?

Le discours passe peut-être par Ottawa mais la réalité, pour l'instant, passe par Québec.

Nous sommes sept millions dans un pays trois fois grand comme la France. Sept millions dont 60 000 Amérindiens. On ne me fera pas croire qu'il n'y a pas de place ici pour tout le monde. Non, personne n'est là depuis 10 000 ans. Mais si nous voulons, nous les vivants, vivre en paix, il est temps de nous donner des politiques faites par et pour les vivants. Ce n'est pas en honorant les ancêtres que nous vivons, c'est en vivant que nous les honorons. Voilà la réalité.

18 octobre 1995

The Globe and Mail

Un choix clair
s'offre enfin aux Québécois

Cette élection québécoise est-elle aussi importante que voudraient nous le faire croire certains journalistes et observateurs du Canada anglais ? Si oui, pourquoi ? Et en quoi un gouvernement Parizeau différerait-il, en 1994, du gouvernement dirigé par René Lévesque en 1976 ?

Bien entendu, je réponds « oui » à la première question. Qu'on le veuille ou non, ce scrutin est susceptible de bouleverser le Canada et je trouve étrange que s'en étonnent encore des observateurs qui auraient dû se montrer plus attentifs à ce qui se passe au Québec depuis quelques années.

Deux facteurs sont ici déterminants. Tout d'abord, les fédéralistes ont omis de répondre aux exigences du Québec quant à un renouvellement en profondeur de la fédération canadienne. Que ces exigences paraissent exagérées ou incompatibles avec les intérêts de la majorité des Canadiens, un fait demeure : elles ont été formulées par de très nombreux gouvernements québécois d'allégeances diverses, elles ont été considérées comme fondamentales par la majorité des Québécois, elles ont toutes, sans exception, été repoussées par la coalition adverse. Pour un grand nombre de Québécois, le fédéralisme auquel ils avaient cru a échoué.

Dieu sait qu'ils ont tout tenté, mais sans succès. Ils ont le sentiment d'avoir perdu leur bataille pour le renouvellement du fédéralisme. En déclarant que ce fédéralisme était parfait et que le temps des revendications était révolu, Daniel Johnson prenait simplement acte de cette lassitude.

Il arrive donc que, pour la première fois en trente ans, le Parti libéral du Québec propose une plate-forme inconditionnellement fédéraliste qui exclut toute revendication et toute alternative.

Second facteur : L'évolution du Parti québécois sous René Lévesque et sous Jacques Parizeau.

Le Parti québécois a été fondé en 1968 au titre de parti souverainiste. Mais René Lévesque en a fait tout autre chose. À compter de 1974, le parti proposait toujours officiellement la souveraineté mais M. Lévesque a fait en sorte que personne n'en parle trop, afin de n'effaroucher ni ses alliés ni ses adversaires. Il a engagé quelques batailles contre Ottawa, mais à la manière fédéraliste, ce qui ne le différenciait guère de prédécesseurs comme Jean Lesage, Daniel Johnson père ou Robert Bourassa.

En fait, presque personne, à cette époque, n'a osé promouvoir l'indépendance du Québec et, durant plus de quinze années, la question a été éludée sous des prétextes divers. Il en fut même ainsi durant la campagne référendaire de 1980 : les fédéralistes ont été les seuls à évoquer — en mal bien entendu — la souveraineté du Québec.

M. Lévesque est allé plus loin encore. Vers la fin de son second mandat, il s'est fait le promoteur du fédéralisme — sous l'appellation de « beau risque » —, position qui a amené plusieurs de ses partisans, y compris M. Parizeau, à quitter le parti.

Le PQ a payé très cher cette volte-face. C'est un parti agonisant que M. Parizeau a repris en main et a entrepris de reconstruire autour de son objectif premier, l'indépendance du Québec.

Meech et Charlottetown lui ont été d'un grand secours. La cause souverainiste a repris son allant et l'opposition officielle s'est trouvée bientôt formée de députés du Bloc québécois dirigés par Lucien Bouchard : la partie recommençait sur une toute nouvelle donne.

Personne ne mettait en doute la rigueur de M. Parizeau, mais nous étions tellement accoutumés aux tergiversations de MM. Lévesque et Bourassa que nous pensions qu'il allait suivre le même chemin.

Il ne l'a pas fait, et Bouchard non plus. Tous deux n'ont qu'un seul objectif, l'indépendance du Québec, et ont clairement laissé entendre qu'ils n'en dévieraient pas d'un pouce. Plus que toute autre chose, cette intransigeance a stupéfait les observateurs, qui ont soudain réalisé qu'il se préparait une sacrée bataille.

Lorsque M. Parizeau a déclaré qu'il parlerait d'indépendance avant, pendant et après les élections, il devenait clair qu'il ne se laisserait pas intimider comme l'avait été M. Lévesque et qu'il tiendrait rigoureusement parole.

Voilà ce qui rend cette élection différente des autres. Non que le PQ déclarerait unilatéralement l'indépendance (personne ne l'a jamais insinué et personne n'en a l'intention), mais il entend promouvoir cette indépendance de toutes ses forces et demander aux citoyens de choisir, par référendum, entre le Canada et le Québec.

Jamais les enjeux n'ont été aussi clairs ni aussi élevés. D'un côté, le fédéralisme du *statu quo* ; de l'autre, l'indépendance du Québec.

Et personne, dans un camp ou dans l'autre, ne cherche à éviter la question. Cela ennuie beaucoup de ceux qui ont toujours voulu jouer sur les deux tableaux et pour qui l'indépendance n'est qu'une forme de chantage qui leur permet de profiter du désarroi de leurs concitoyens. Mais leur indignation de façade n'entamera pas la volonté de la population qui entend décider, une bonne fois pour toutes, et clairement. Les électeurs québécois ne sont pas tombés de la dernière pluie et demeurent imperturbables sous la pression.

Oui, les choses ont changé et pourraient changer encore plus au cours de la prochaine année. Attachez vos ceintures, de grands vents se lèvent.

12 août 1994

Qui est Jacques Parizeau ?

Richard Mackie, correspondant du *Globe and Mail*, écrivait hier ceci :

> Le chef du Parti québécois, Jacques Parizeau, faisait hier campagne dans des circonscriptions francophones où les citoyens, peu fortunés, constituent l'épine dorsale de son parti. Et ce faisant, il rappelait aux Québécois ce qui différencie sa formation de celle des libéraux : la volonté du PQ de créer des programmes d'aide aux défavorisés.

> Il illustrait également un type d'homme plutôt rare en politique québécoise : celui du grand-père bon enfant, généreux, tout à fait à son aise avec les sans-emploi et les sans-abri, leur expliquant familièrement pourquoi il veut diriger un gouvernement qui les aidera à améliorer leur sort.

Il n'arrive pas souvent que l'on décrive ainsi Jacques Parizeau. J'estime pourtant, moi qui le connais depuis plus d'un quart de siècle et qui ai pu découvrir l'âme et l'esprit dissimulés derrière l'image publique, que cette description est une des plus justes qui soient. Oui, Jacques Parizeau est un homme compatissant et se mêle aisément à ceux qui vivent dans un dénuement qu'il n'a jamais lui-même connu.

Les Canadiens anglais ne connaissent pas cet aspect de l'homme. Les Québécois eux-mêmes, qui l'observent pourtant depuis longtemps, l'ignorent tout autant.

Pourquoi ? Parce que M. Parizeau projette une image flamboyante et que les médias n'insistent, depuis des années, que sur cet aspect de sa personnalité.

Il est vrai qu'il n'a pas fait grand effort pour modifier cette perception. Il est à l'aise sous les feux de la rampe et, quoi qu'en disent les Québécois qui n'aiment pas vraiment ce style, il ne changera pas pour faire plaisir à quelque publiciste frustré. Il sait pertinemment que son image publique n'est pas un succédané à une absence de contenu ; il pourrait parler longtemps de ses réalisations.

Il n'en parle jamais, mais la plupart des observateurs de la scène québécoise le reconnaissent depuis longtemps comme l'un des meilleurs hauts fonctionnaires qui aient existé chez nous, responsable immédiat de quelques-une des plus importantes réalisations de la Révolution tranquille. Personne n'a jamais osé mettre en doute sa compétence en économie et lorsque René Lévesque le fit ministre des Finances, ses collègues canadiens le reconnurent rapidement comme le meilleur d'entre eux.

Reconnu comme excellent professeur, il a développé une extraordinaire aptitude à traduire en langage simple les données les plus complexes. Des auditeurs, qui n'auraient jamais cru pouvoir comprendre de tels sujets, disent fréquemment de lui : « Il nous donne l'impression d'être devenus intelligents. »

Parce qu'il a toujours été un homme de convictions, on l'a souvent décrit comme intransigeant. Parce qu'il est sûr de lui, on l'a décrit comme arrogant. Parce qu'il est fier, et de ce qu'il est et de ce qu'il a accompli, on l'a décrit comme prétentieux.

Pourtant, dans un monde où la plupart des gens considèrent la loyauté comme un handicap, il est resté obstinément fidèle à son parti et à ses idées. Dans un monde où le courage se résume souvent à visionner un film de Sylvester Stallone, il a démontré qu'il pouvait, sans perdre son âme, se colleter avec les événements et avec lui-même. Dans un monde où la dernière mode se prend pour une religion universelle, il a su persévérer dans la reconstruction d'un parti devenu moribond qu'il a mené, seulement en quatre ans, au seuil du pouvoir.

Pourtant, les gens ne l'aiment pas vraiment et je crois savoir pourquoi : c'est qu'il leur procure un vague sentiment de culpabilité. Puisqu'il tient toujours parole, il leur faudra, eux aussi, faire preuve de courage, de persévérance et de loyauté. Or, comme je le notais la semaine dernière, la plupart d'entre eux voudraient bien avoir à la fois le beurre et l'argent du beurre. Ils savent que s'ils votent pour lui, il donnera suite à sa promesse de les amener à l'indépendance. Ils sont nombreux à n'être pas certains de vouloir aller si loin.

Ils savent qu'il est prêt à prendre des risques calculés si l'objectif en vaut la peine. Même s'ils n'ont rien à perdre d'un changement radical, plusieurs préfèrent croire qu'ils y perdront le gros lot du prochain tirage de la Lotto 6/49. Ils n'aiment pas son style : trop distant à leur goût. Ils n'aiment pas son assurance : trop différente de leur propre sentiment d'infériorité. Ils n'aiment pas les gagnants : trop difficiles à accepter pour les perdants qu'ils sont.

Mais j'aime cet homme, et même beaucoup. Je l'aime pour les mêmes raisons que d'autres l'aiment et que d'autres le détestent. Je l'aime surtout pour cette merveilleuse qualité qu'il possède : la compassion.

Durant de nombreuses années, j'ai travaillé à ses côtés et appris à le connaître. Si on ne lui reconnaît pas cette qualité de compassion, c'est probablement parce qu'il la cache comme d'autres l'affichent. Il ne va pas partout faisant la charité et consolant ostensiblement les pauvres gens. Il s'ingénie plutôt à inventer et à mettre en œuvre des politiques d'équité pour tous, qui auront pour effet de régler à long terme le problème de la pauvreté et qui assureront justice à ceux qui en sont privés.

Il n'est pas un travailleur social dont le gagne-pain dépend de la pauvreté des autres ; il est un grand bourgeois au cœur d'or. Il n'est pas un gourou qui promet mer et monde ; il est un homme politique, créateur de mieux-être par le biais de structures et d'institutions fortes. Il n'est pas un libéral simpliste, attaché à détruire l'État et à nous plonger dans la barbarie du soi-disant marché libre ; il est un social-démocrate qui croit aux vertus d'un État démocratique au service de ses citoyens.

Oui, j'aime bien cet homme. Et j'aime son rêve : l'indépendance pour le Québec. J'entretiens ce rêve depuis trente-cinq ans.

C'est pour cela, je le sais, que vous nous détestez tous les deux.

19 août 1994

Les questions impossibles

À l'instar de la plupart des Québécois, je trouve que la campagne électorale traîne en longueur. À deux semaines du scrutin, il semble que tout a été dit, que les questions importantes ont été retournées en tous sens et que le résultat final ne fait plus de doute.

Certains croient pourtant que le débat télévisé de lundi prochain, qui mettra aux prises Jacques Parizeau et Daniel Johnson, insufflera à ce dernier un regain de vie et permettra peut-être au Parti libéral de renverser la vapeur. Compte tenu du format de l'émission et de l'ennui profond qu'elle risque de distiller, cette hypothèse relève de la pensée magique ; mais il est possible que M. Johnson marque quelques points en posant à son adversaire certaines questions farfelues.

M. Parizeau les connaît évidemment toutes et sera préparé en conséquence. Mais ses réponses n'auront pas grand effet, car les questions seront telles qu'il lui faudrait, pour en traiter correctement, recourir aux services d'un devin ou d'un astrologue.

Tout au long de sa longue carrière, Robert Bourassa s'est montré expert à cette technique à la fois tortueuse et fort efficace auprès de l'auditoire. Il m'est souvent arrivé de débattre contre lui et j'ai remarqué que lorsqu'il se retrouvait un peu trop sur la défensive, il me lançait une de ces questions impossibles, sachant très bien que je ne pouvais y répondre puisque la réponse n'existait pas. Il en était conscient mais le public, qui aime avant tout les réponses directes aux questions directes, ne prenait pas conscience de son manège et trouvait M. Bourassa fort astucieux. M. Johnson, qui refuse obstinément de rendre compte de ses neuf années au gouvernement, recourra certainement à la même stratégie et exigera des réponses claires à ses questions stupides.

En voici quelques exemples : Dans quel état sera l'économie québécoise après deux années d'indépendance ? La réponse est simple : personne ne le sait, pas plus qu'on ne sait dans quel état sera l'économie canadienne dans deux ans. Aucun économiste ou chef d'entreprise le moindrement sérieux ne saurait répondre autrement, à moins d'être un devin accompli. Mais le truc est efficace.

Autre question de la même farine : Combien vaudra alors le dollar québécois ? M. Parizeau répondra probablement qu'il n'en sait rien, mais pourrait ajouter que personne ne sait combien vaudra le dollar canadien dans trois mois. Sur quoi M. Johnson affirmera triomphalement que cette ignorance démontre l'incompétence de son adversaire et sa propension à conduire le Québec dans les voies de l'incertitude.

Pure démagogie, il va sans dire. M. Johnson en est conscient, tout comme l'était M. Bourassa. Mais quelle importance, puisque ça marche...

En voici une autre : Dans un Québec indépendant, d'où viendra l'argent pour les pensions de vieillesse ? Cette question est devenue classique ; on la ressort systématiquement depuis trente ans afin d'effrayer les personnes âgées qui, espère-t-on, s'opposeront ainsi à la souveraineté.

Le truc fonctionne à merveille ; les gens ont peur. La réponse est pourtant simple : Puisqu'un Québec indépendant récupérerait les sommes colossales versées à Ottawa, il assumerait le fonctionnement des régimes de pensions de vieillesse, d'assurance-chômage et des divers services fédéraux. Mais la question est perfide car les gens croient difficilement que la chose serait si simple et pensent, dans bien des cas, que les pensions de vieillesse sont un pur cadeau d'Ottawa et qu'ils n'ont pas à en faire les frais.

Je sais, d'expérience, que la réponse à cette question exige au moins une heure entière d'explications sur le fonctionnement du régime. Mais M. Parizeau ne disposera que d'une minute. M. Johnson s'interposera ensuite pour répéter, en bon fédéraliste, que les vieux perdront leur pension dans un Québec indépendant. Gros plan sur le visage consterné de M. Parizeau.

Pleuvra-t-il encore dans un Québec indépendant ? Les producteurs d'oranges de la Floride exporteront-ils encore dans ce pays séparé ? Que mangeront les Québécois si les éleveurs de l'Ouest refusent de leur vendre du bœuf ? Qui prendra au sérieux cette ridicule armée québécoise ? Êtes-vous bien certain que ces fascistes de Québécois ne verseront pas dans une forme de dictature ? Pourrez-vous encore regarder des émissions américaines ? Et qu'a donc de si mauvais le Canada ?

Bien entendu, ce ne sont pas là des questions impossibles ; elles sont tout simplement idiotes. Mais on nous les ressort depuis toujours et la présente campagne électorale ne fait pas exception.

Un débat, dites-vous ? Il n'y aura pas de débat. M. Parizeau essaiera de répondre aux questions impossibles de M. Johnson ; M. Johnson essaiera de ne pas répondre aux questions pertinentes de M. Parizeau. Telle a été, jusqu'à maintenant, l'allure de la campagne.

Mais cela n'a plus guère d'importance. Tout indique que les citoyens ont déjà arrêté leur choix. Ils regarderont le débat, mais leurs réponses, à eux, sont déjà toutes prêtes — fussent-elles des réponses stupides à des questions idiotes.

Ainsi fonctionnent les démocraties. Les électeurs choisissent rarement leur gouvernement au cours d'une campagne électorale. Ils restent longtemps dans l'expectative. Ils observent, évaluent, changent d'idée, résistent à tout changement et prennent soudainement une chance, votent pour ou contre et, advienne que pourra, arrêtent leur choix. Ce processus s'étend parfois sur des années.

Qui est sorti vainqueur du débat ? On s'en balance. Allons dormir.

26 août 1994

Et la souveraineté canadienne, alors ?

Il est maintenant à peu près certain que le Parti québécois formera le prochain gouvernement du Québec. Un miracle seul pourrait renverser la tendance et reporter les libéraux au pouvoir. Attachez donc vos ceintures et fourbissez vos arguments, car nous nous dirigerons rapidement, au cours des prochains mois, vers ce moment de vérité que trop d'entre nous s'efforcent encore de reporter aux calendes grecques.

Pour les Québécois, la grande question sera : Voulez-vous que le Québec devienne indépendant ? Le monde entier sera à l'écoute et les Canadiens en débattront avec une ferveur sans précédent. Bien entendu, la plupart d'entre eux soutiendront que la question n'offre aucun intérêt, que la souveraineté est une notion dépassée et que les Québécois feraient mieux de revenir à la raison et de regarder un peu au-delà de leurs frontières.

Oublions donc, pour l'instant, ce référendum québécois et imaginons que Jean Chrétien décide de tenir son propre référendum sur l'avenir du Canada. La question serait : Croyez-vous que le Canada doit demeurer un pays indépendant ? La question est tendancieuse, je le sais bien, mais ce n'est qu'un jeu, après tout... Cela dit, je suis prêt à parier ma chemise sur le résultat : plus de 85 % des Canadiens répondraient OUI sans aucune hésitation.

Et sans un moment de réflexion. Car quel est le prix de cette indépendance ? N'est-il pas vrai que les taux d'intérêts sont plus élevés au Canada qu'aux États-Unis ? Et le dollar canadien, toujours plus faible que l'américain ? Et que dire de notre déficit, qui nous relègue au rang de l'Ouganda et de la Colombie quant à la dette nationale ?

A-t-on pensé à la pakistanisation des États-Unis ? Au fait que la présence d'un Canada indépendant sépare les États-Unis en deux parties, l'Alaska étant coupée du reste par plus de 800 kilomètres de territoire canadien ?

Et les prix à la consommation ? Nous savons tous qu'ils sont ici plus élevés qu'aux États-Unis. Et toutes ces dépenses inutiles entraînées par le maintien d'embassades canadiennes partout au monde ? Ne serait-il pas plus économique de nous intégrer aux États-Unis ? À quoi cela nous avance-t-il de tenir un siège aux Nations Unies puisque les États-Unis nous représentent si bien ?

Le prix de l'indépendance ? Des impôts et des taxes plus élevées, des dépenses accrues et un plus gros gouvernement.

Et l'armée ? Nous devons avoir notre propre armée, n'est-ce pas ? Coûteux, terriblement coûteux. Et j'oubliais : le prix des alcools et des cigarettes... Et ce Canada indépendant, qui ne possède même pas sa propre ligue professionnelle de basketball, doit importer tous ses joueurs de baseball. Sans compter que, côté climat, on y chercherait en vain une Floride ou une Californie.

Le prix ne vous paraît pas encore trop élevé ? Pensez au Québec. Si le Canada faisait partie des États-Unis, le problème serait réglé en un tournemain : tous ces « *frogs* » seraient assimilés le temps de le dire.

Reste encore le chômage, incomparablement plus élevé ici que chez nos voisins. Ne baisserait-il pas si on s'intégrait ? Et je ne parle pas de ce qu'il en coûte d'être un si petit pays alors qu'on pourrait faire partie de la plus grande puissance au monde. Et la mondialisation de l'économie ne rend-elle pas inutiles toutes ces frontières ?

Ah ! si nous avions pu réfléchir un moment avant le référendum ! Mais non, M. Chrétien voulait une réponse immédiate et nous, comme des imbéciles, avons spontanément répondu OUI.

Le Canada conservera donc son indépendance. Quel dommage !

Ce n'était qu'un jeu, certes, mais vous avez tout de même répondu OUI car vous estimez que le Canada mérite d'exister par lui-même en Amérique du Nord et dans le monde. Vous êtes convaincus qu'il vous est plus profitable en demeurant indépendant. Le Canada, au fond, c'est votre pays. C'est même le meilleur pays du monde. Vous ne voulez pas devenir des Américains assaillis par la violence, privés de services sociaux, d'assurance-santé et de pensions de vieillesse. Lorsque vous voyagez à l'étranger, personne ne vous crie « *Yankee go home !* » Vous êtes plutôt fiers de nos forces de maintien de la paix. Et le Canada est un beau pays, plein de grands espaces, la tolérance y règne, etc.

Vous avez vos raisons. Même des raisons secrètes. Il y a un prix à payer ? Bien sûr, mais vous croyez que les avantages l'emportent sur les inconvénients. Vous êtes fiers d'être Canadiens et vous êtes même fiers de Jean Chrétien lorsqu'il fréquente et côtoie les grands de ce monde.

Tout bien considéré, vous auriez probablement voté OUI en toute connaissance de cause. Parce qu'il vous plaît assez d'être citoyens d'un des 178 pays indépendants qui forment les Nations Unies.

Bravo. Cela dit, je sais que vous ne remettez pas en question l'indépendance du Mexique, de l'Argentine, d'Israël, de la France, de l'Italie, du Sénégal, de l'Algérie, de la Suède, de la Norvège, de la Bulgarie, de la Russie, de la Pologne, de l'Espagne, de l'Australie, de la Chine, des États-Unis... ou du

Canada. Si je vous ai bien compris, vous estimez que toutes les nations devraient être indépendantes, non ?

Et le Québec, alors ? Que répondriez-vous à la question que l'on posera aux Québécois l'année prochaine : « Voulez-vous que le Québec devienne un pays souverain ? »

Je sais, je sais, ce n'est pas la même chose : le Québec en sortirait perdant, le prix en serait trop élevé, cela amènerait la pakistanisation du Canada, le Canada ne le permettrait pas, l'unité fait notre force, et pourquoi le Québec siégerait-il aux Nations Unies alors que le Canada le représente si bien ? De plus, vous n'avez même pas d'armée.

Je sais, je sais. L'indépendance est une bonne chose pour le reste du monde, mais pas pour le Québec.

D'accord. J'ai compris. Je vote NON, ça vous va ?

2 septembre 1994

La langue lui a fourché... en principe ou comment trébucher sur un lapsus

J e n'ai pas beaucoup parlé, durant cette campagne électorale, du chef libéral, Daniel Johnson. C'est que je ne le trouve pas tellement intéressant. Du reste, il aime à se présenter comme « un homme ordinaire ». Ses publicistes nous racontent que, comme la plupart des gens, il a des grands-parents, des parents et des enfants, ce qui ne veut pas dire grand-chose quand on veut devenir premier ministre.

Ordinaire, en effet, dans la mesure où notre homme est plutôt dénué de principes, se contente d'occuper sa fonction plutôt que de la transcender, a moins de vision que d'ambition et se fait simpliste au point d'en être insignifiant.

Certaines « personnes ordinaires » s'identifient à lui pour une simple raison : si un tel homme peut parvenir au plus haut poste du pays, pourquoi pas moi ? Illusion qui, présente au cœur même de toutes nos démocraties, laisse croire que n'importe qui, homme ou femme, peut occuper n'importe quelle fonction si l'occasion lui en est fournie et si la foi et les bonnes intentions peuvent tenir lieu de compétence.

Je me méfie toujours d'un homme qui se dit « bien ordinaire » mais qui, du même souffle, essaie de me convaincre qu'il est le seul capable d'assumer les plus hautes fonctions à la banque, au gouvernement, dans l'armée, à l'université ou dans le club de hockey. Sans doute suis-je victime d'un préjugé élitiste. Lorsque je mange au restaurant, je veux que les mets soient préparés par le meilleur chef ; au concert, je tiens à entendre le meilleur pianiste. J'ai un faible pour les champions et je préfère que mes fonds soient gérés par quelqu'un qui s'y connaît mieux que moi.

Voilà pourquoi, en ces temps extraordinaires, je ne veux pas que l'État soit dirigé par un homme ordinaire.

M. Johnson est à ce point ordinaire que, pour lui, l'énoncé d'un principe se transforme soudain en un simple lapsus *linguae*. Au début de la campagne à la chefferie du Parti libéral, les fédéralistes se sont extasiés de l'entendre, d'entrée de jeu, faire profession de foi au Canada : « Je suis, déclara-t-il, d'abord et avant tout un Canadien. » Enfin ! un futur premier ministre du Québec avait le courage d'aller à contre-courant en affirmant sa profonde loyauté au Canada. Les séparatistes eux-même s'en réjouirent, heureux du fait que, une fois pour toutes, les deux partis en lice s'opposeraient nettement sur les options fondamentales.

Le problème est qu'une bonne partie de l'électorat francophone n'a pas brûlé d'enthousiasme pour cette déclaration. Mais M. Johnson, qui n'est pas si proche qu'il le dit des gens ordinaires, a fait campagne durant quelques semaines en croyant aux vertus électorales de son audacieuse confession.

Et puis, récemment, il a dû se rendre compte que son « slogan » ne marchait pas très fort. Quelle a été, alors, sa réaction ? Allait-il reformuler son principe en fonction d'une situation nouvelle ? Allait-il prétendre avoir été mal cité ? Pas du tout. Il se livrait plutôt, cette semaine, à un incroyable aveu : « C'était un lapsus. »

Pouvez-vous imaginer une chose pareille ? La langue lui a fourché ! Il a alors effectué un virage à 180 degrés : Oui, il défendrait les intérêts du Québec mieux que quiconque avant lui ; oui, il tiendrait compte du désir des Québécois de donner une dernière chance au Canada ; oui, il représenterait aussi, au gouvernement, les séparatistes les plus radicaux ; oui, il essaierait de reprendre les pourparlers constitutionnels avant 1997 ; non, il ne permettrait aucune autre ingérence du gouvernement fédéral ; non, il n'abandonnerait pas les exigences traditionnelles du Québec ; oui, il était un Québécois, aussi québécois que quiconque.

Un simple lapsus, affirma-t-il. Sur quoi il entreprit, devant un auditoire sidéré, de redéfinir sa position définitive : « Si je peux imaginer être Québécois sans être Canadien, déclara-t-il, je ne puis imaginer être Canadien sans être Québécois. »

Si la langue lui avait fourché la première fois, alors elle lui a viré bout pour bout, le pauvre homme. Observateurs, analystes et citoyens « ordinaires » se demandent depuis lors ce qu'il a bien voulu dire. S'agit-il d'une profession de foi séparatiste ? Est-ce la nouvelle manière de dire qu'on veut à la fois le beurre et l'argent du beurre ? Serait-ce une attaque contre Jean Chrétien ?

La réponse est moins compliquée : M. Johnson est prêt à dire n'importe quoi si cela lui apporte des voix.

Voilà donc l'homme de confiance du fédéralisme. Le porte-étendard du Canada au Québec. Celui que le *Globe and Mail* décrit comme sauveur et hérault.

Si j'étais fédéraliste… vous voyez ce que je veux dire. Et si j'étais un *redneck*, eh bien ! comment voulez-vous faire confiance à ces Québécois ?

Au fait, comment pouvez-vous faire confiance à Daniel Johnson ?

Jacques Parizeau a déclaré qu'il était souverainiste avant la campagne électorale, qu'il le demeurerait pendant la campagne électorale et qu'il le serait toujours après la campagne électorale. M. Johnson s'est déclaré Canadien et fédéraliste avant la campagne ; engagé dans la bataille, il a... disons... quelque peu changé son fusil d'épaule. Et après ? Qui sait ?

Un homme bien ordinaire, en effet. Et s'il ne l'avait pas déjà été, il le serait devenu par l'effet d'un simple lapsus.

9 septembre 1994

Le pouvoir de définir
les échéanciers au Québec

« U ne autre incontournable réalité politique, toutefois, est que la mémoire populaire ne conserve pas longtemps le souvenir d'une mince victoire électorale et que le Parti québécois gouvernera le Québec au cours des cinq prochaines années. »

Ainsi s'exprimait M. Robert Sheppard dans le *Globe and Mail* d'il y a deux jours. Si j'ai bien compris, M. Sheppard tentait de nous rappeler la véritable nature de la politique et la signification du pouvoir.

Le scrutin québécois de lundi dernier a eu des suites aussi étranges qu'amusantes. Étranges, car la plupart des analystes et des observateurs canadiens ont résolument feint d'oublier que le Parti québécois avait remporté l'élection et formerait le prochain gouvernement. « Défaite morale », décréta l'un d'eux. J'avais déjà entendu parler de victoire morale, mais c'est bien la première fois que j'entends qualifier de défaite morale une authentique victoire aux urnes. « Une défaite pour les souverainistes », affirma un autre. Défaite ? Étrange défaite, qui donne le pouvoir québécois aux séparatistes après leur avoir confié l'opposition officielle à Ottawa. Comme l'a remarqué un petit malin, des 200 députés récemment élus au Québec et à Ottawa, 131 sont des séparatistes.

Étrange, en effet, que personne n'ait cru bon de souligner le fait que Jacques Parizeau a été élu avec 44,8 % des voix, contre 41 % pour René Lévesque en 1976. Plus curieux encore, bon nombre de commentateurs ont affirmé que Daniel Johnson semblait bien être le véritable gagnant, omettant d'ajouter qu'un vaincu, dût-il sourire de toutes ses dents, n'en a pas moins perdu la bataille et que le vainqueur, dût-il arborer la face la plus longue, n'en tient pas moins la victoire.

Étranges et amusantes, ai-je dit. Amusantes car le dollar a pris de la vigueur et que les taux d'intérêt ont chuté. Vous rappelez-vous de ce que les experts financiers affirmaient il y a deux mois ? Comme l'a remarqué un de mes amis : « Si le dollar canadien peut grimper d'un cent après une victoire du PQ, imagine ses gains lorsque nous aurons choisi l'indépendance. »

Amusant de voir Bob Rae téléphoner aux autres premiers ministres pour s'assurer qu'ils avaient bien compris sa stratégie pour limiter les dégâts. De toute évidence, ils l'avaient bien comprise puisqu'ils n'avaient rien à dire.

Mais le plus drôle fut de voir Jean Chrétien tenter de se convaincre lui-même, et publiquement, que rien ne s'était passé et que les affaires continuaient comme avant.

Étrange, amusant et triste : personne n'a osé nommer le véritable enjeu, le POUVOIR.

Lors de sa première conférence de presse, M. Parizeau l'a exprimé fort simplement, en trois petits mots : « Nous avons gagné. » Il dirige désormais un gouvernement confortablement majoritaire. Il dispose légitimement du pouvoir de faire tout ce qu'il a dit qu'il ferait.

Il peut légiférer, imposer son échéancier, établir des programmes, définir des orientations budgétaires, confier à qui il veut des postes stratégiques, décider du temps et du moment de tous genres de négociations. Il peut dire oui ou non, être reçu officiellement à Paris, Washington, Tokyo ou

Mexico, résister au chantage d'opérateurs sans scrupules, instituer des enquêtes en tous genres sur tous les sujets qu'il juge pertinents, rencontrer ou non Bob Rae, engager les fonds publics, mettre en œuvre ses projets d'indépendance, s'adresser aux Québécois à titre de chef incontesté, déclarer unilatéralement l'indépendance, utiliser à plein les immenses ressources de la bureaucratie, décider où et quand il prendra l'initiative.

Tout bien considéré, il n'a ni plus ni moins de pouvoirs que tout autre premier ministre. Mais ces pouvoirs sont plus étendus qu'on ne l'imagine généralement.

Souvenez-vous du retour au pouvoir de Pierre Trudeau, à la veille du référendum de 1980. Eût-il été battu, les résultats de ce référendum auraient possiblement été tout autres.

Oui, le pouvoir peut faire la différence.

Nous connaîtrons, dans une quinzaine de mois, les résultats du prochain référendum sur la souveraineté. Qu'il soit gagné ou perdu, le gouvernement Parizeau disposera encore de quatre années de pouvoir. Le pouvoir de poursuivre. Une victoire entraînerait toutes sortes de chamaillages, de longues négociations, de pourparlers internationaux, la mise en œuvre d'une nouvelle Constitution et la redéfinition d'un nouvel État, et ainsi de suite.

Mais contrairement à la croyance populaire ou à la pensée magique, une défaite ne signalerait pas la fin des haricots pour M. Parizeau. Il pourrait, bien entendu, démissionner ; mais il a déclaré que tel ne serait pas le cas. Il demeurerait donc à la tête du gouvernement durant quatre autres années, dans l'attente d'un revirement de situation qui amènerait les Québécois à réévaluer leur position. Il aurait alors le pouvoir, le cas échéant, d'imposer diverses options, y compris celle d'une élection référendaire anticipée.

Puisqu'il peut désormais établir les échéanciers, l'initiative lui appartient. Eût-il été au pouvoir dans la foulée de l'échec de Meech, au moment où le sentiment nationaliste était à son plus haut niveau, il aurait remporté aisément un référendum anticipé. Mais le pouvoir appartenait alors à M. Bourassa, lequel, indifférent à l'opinion publique, a choisi une autre voie.

M. Bourassa avait l'occasion d'écrire l'Histoire et il ne l'a pas saisie. N'attendez pas de M. Parizeau qu'il emprunte le même chemin. Durant les années cinquante et soixante, il a disposé d'une bonne mesure de pouvoir — encore que de portée plus limitée que celle dont il dispose aujourd'hui — et lorsque l'occasion lui fut donnée d'infléchir l'Histoire, il n'a pas hésité.

Il est toujours homme de convictions. Il affirme, depuis quatre ans, que si les Québécois lui confient le pouvoir, il changera l'Histoire. Les Québécois ont décidé de le prendre au mot.

Pariez votre chemise qu'il tiendra parole.

16 septembre 1994

Le miracle de la télévision québécoise

En février dernier, le ministre fédéral du Patrimoine, Michel Dupuy, promettait de maintenir le budget annuel de Radio-Canada à son niveau actuel au cours des cinq prochaines années, conformément à ce qu'avait promis le Parti libéral. Cette semaine, il déclarait n'être plus certain de pouvoir tenir sa promesse, compte tenu des prévisions budgétaires du ministre des Finances, Paul Martin. Si les coupures prévues au ministère du Patrimoine s'appliquent *mutatis mutandis* à la Société Radio-Canada, le budget de la SRC sera réduit de 5 à 8 %.

Quel dommage. J'ai toujours défendu ardemment la radiodiffusion publique. J'ai toujours cru, et je crois encore, que la culture serait en péril au Canada si la SRC ne continuait, comme elle le fait depuis si longtemps, à la protéger et à en faire la promotion.

Contrairement à la croyance populaire, la radiodiffusion publique n'est pas si coûteuse lorsqu'on la compare à la radiodiffusion privée ; les citoyens, en effet — c'est-à-dire vous et moi — injectent dans cette dernière des sommes fabuleuses à titre de contribution à la publicité commerciale. En radiodiffusion publique, qu'elle soit anglaise ou française, la préoccupation est d'abord et avant tout culturelle.

Parlons de télévision, plus précisément d'un secteur que je connais bien, la télévision francophone. Il existe au Québec — la chose vous intéressera peut-être — quatre réseaux, publics et privés de télévision de langue française, sans compter TV5, le réseau international de langue française. Ajoutons-y un certain nombre de chaînes spécialisées, ainsi que diverses stations communautaires. Pour une population de sept millions, c'est là un accomplissement assez extraordinaire.

Comment en sommes-nous arrivés à cela ? Tout simplement parce que nous n'avions pas le choix. Vers la fin des années cinquante et au début de la décennie suivante, la télé américaine envahissait le Québec et le Canada. Moins importante au Québec, à cause de la barrière linguistique, elle n'en constituait pas moins, à terme, une menace qu'il importait de contrer.

C'est ce que nous avons fait, avec ardeur et persévérance. L'adversaire était puissant, notre système de défense l'a été tout autant. Nous n'avons pas interdit les ondes aux Américains, mais nous avons plutôt édifié, en langue française, un système équivalent au leur. C'est ainsi qu'à Montréal, durant les années soixante, Radio-Canada était devenue le plus important centre de production « en direct » de toute l'Amérique du Nord, devant New York et Los Angeles.

Et à mesure qu'entrèrent dans la danse d'autres réseaux, le miracle est apparu : les Québécois se sont attachés à « leur » télévision plus que quiconque au monde, exception faite des Américains.

Aujourd'hui, la télévision québécoise triomphe sur tous les plans. Année après année, les sondages sont unanimes : les dix émissions les plus écoutées sont conçues et réalisées au Québec. Il arrive parfois qu'elles ne soient que neuf sur dix, ce qui entraîne inévitablement un débat national.

Cela ne signifie pas que les Québécois boudent systématiquement les émissions canadiennes ou américaines, dans l'une ou l'autre langue. Cela signifie simplement qu'ils préfèrent celles qui sont réalisées au Québec parce qu'ils peuvent s'y identifier et qu'elles proposent des personnages et des sujets qui leur correspondent. C'est une question de culture et d'identité. Certains parleraient de chauvinisme ; je préfère parler de dignité.

Parce que nous avons été forcés de créer pour survivre, nous avons dû multiplier le nombre de nos auteurs, de nos producteurs et de nos réalisateurs, de nos chanteurs et de nos danseurs, de nos comédiens et de nos animateurs, de nos techniciens et de nos artisans. Nous avons tout construit à partir de rien. Nous avons même produit des vedettes dont la popularité dépasse largement, dans notre imaginaire collectif, les stars internationales. Au Québec, Ginette Reno est plus populaire que Madonna et Robert Charlebois, Gilles Vigneault ou Dominique Michel éclipsent Sylvester Stallone ou Whoopi Goldberg.

Depuis maintenant quarante ans, la télévision québécoise accompagne les Québécois dans leurs aspirations, leurs désirs, leurs débats, leurs sottises, leurs espoirs, leurs dépressions, leurs politiques et leurs révolutions-pas-si-tranquilles. En permettant à des créateurs, de quelque domaine qu'ils soient, de gagner décemment leur vie, elle leur a donné la liberté d'investir leur énergie dans une culture vigoureuse à laquelle s'identifient les Québécois et qui rayonne à travers le monde.

La télévision, particulièrement la télévision publique, s'est donné un service d'information solide et compétent qui a rendu les Québécois attentifs à leur propre réalité et leur a ouvert les yeux sur le reste du monde. La télévision québécoise n'est pas la meilleure au monde, mais elle est assez forte pour jouer sur tous les spectres, du meilleur au pire, ce qui explique son immense popularité.

Culture et identité. Miracle de la télévision québécoise. Au Québec, Radio-Canada est le plus puissant outil culturel et identitaire, infiniment plus que ne l'est CBC au Canada. Sous cet angle, la barrière linguistique nous a été d'un grand secours ; l'absence d'un tel obstacle entre le Canada et les États-Unis rend d'autant plus importante, au Canada anglais, la présence d'une CBC forte et capable d'agir comme porteuse de culture et d'identité.

C'est pourquoi je crois de fort mauvais augure que le gouvernement canadien, qui devrait être le premier promoteur de la culture et de l'identité, choisisse d'affaiblir la télévision publique dans un pays où la moindre faille au substrat culturel risque d'être rapidement occupée par la formidable machine américaine.

Faisons face à la réalité : un marché culturel ouvert est un marché culturel américain. Seul un miracle nous permettra de demeurer culturellement distincts.

Les miracles existent. On a dit de la politique qu'elle était l'art du possible. Je dis, après Richelieu, qu'elle est l'art de rendre possible ce qui est nécessaire. Jean Chrétien est-il à l'écoute ?

23 septembre 1994

Nous ne voulons pas régenter le Canada

Nombreux sont les Canadiens fatigués de voir des Québécois tenter de diriger le Canada. Selon eux, les Québécois entendent qu'on se plie à leurs désirs et veulent, en même temps, imposer leurs vues au reste du pays. Ces séparatistes sans cœur essaieraient constamment de gagner sur tous les tableaux.

Eh bien, à titre de séparatiste, je plaide non coupable à cette accusation, car lorsque de telles choses se produisent — et cela arrive souvent —, la faute n'en incombe pas aux séparatistes, mais aux fédéralistes québécois.

Les séparatistes ont toujours dit, et M. Parizeau le répétait encore la semaine dernière : « Nous ne sommes pas intéressés à régenter le Canada. Nous voulons seulement décider au Québec de ce qui est bon pour le Québec, et laisser les Canadiens en faire autant pour le Canada. » La position souverainiste est limpide : pas d'exigences, pas de chantage, pas de menaces, pas de Meech, pas de Charlottetown, pas de marchandage à la petite semaine, pas d'ingérence dans les affaires canadiennes, pas de double représentation à Ottawa, pas de reconnaissance d'une société distincte, pas de chichi.

Finies les interminables querelles constitutionnelles ! Deux pays autonomes. Vous voyez à vos affaires, nous voyons aux nôtres.

Étudions, par contre, le comportement de fédéralistes québécois, de Jean Chrétien à Robert Bourassa, de Brian Mulroney à Daniel Johnson, de Pierre Trudeau à feu Jean Lesage. Que découvrons-nous ? Ils souhaitent tous accroître les pouvoirs du Québec tout en lui conservant son poids politique à Ottawa. Ils s'opposent à l'ingérence fédérale dans les affaires du Québec, mais exigent d'Ottawa qu'il impose ses politiques linguistiques en Alberta ou en Ontario.

Ils tiennent mordicus à leur passeport canadien, mais entendent être d'abord identifiés comme Québécois.

Ils disent, fort justement, que l'éducation est de compétence provinciale en vertu de la Constitution et s'opposent donc à ce qu'Ottawa légifère en ce domaine ; mais ils se précipitent sur tous les fonds fédéraux qu'il leur est possible de grapiller.

Ils veulent que le Canada finance le sport amateur, mais lorsque Jean-Luc Brassard remporte une médaille d'or, ils se font photographier à ses côtés et se pètent les bretelles en se vantant de l'excellence des athlètes québécois.

Ils veulent Radio-Canada mais ne veulent pas qu'elle soit dirigée d'Ottawa. Ils vivent, comme le dit Jean Chrétien, dans le meilleur des pays, mais ne cessent de s'en plaindre.

Ils disent que le fédéralisme est une grande chose, mais veulent que tous les Canadiens modifient leur Constitution de manière à ce qu'elle soit conforme à leurs opinions et à leurs exigences.

Ils ne veulent pas de la GRC pour patrouiller le territoire, mais veulent qu'Ottawa assume les coûts de la Sûreté du Québec.

Ils aiment que le premier ministre du Canada soit un Québécois, mais attendent de lui qu'il défende d'abord les intérêts du Québec.

Ils savent que le Canada a besoin d'un gouvernement central fort, mais ils sont toujours disposés à l'affaiblir au profit de leur propre province.

Ils veulent un gouvernement québécois fort et un gouvernement fédéral faible, mais veulent les diriger tous deux. Ils ne dirigent pas le Canada, cela est évident, mais ils aimeraient bien y arriver.

Tels sont les fédéralistes québécois. Ce sont eux qui, de même que bon nombre de *rednecks* canadiens, rendent ce pays ingouvernable.

Laissons les Canadiens s'occuper du Canada et les Québécois s'occuper du Québec — telle est la position des séparatistes. N'est-ce pas là une solution qui satisferait et les uns et les autres ?

Si, comme le croient plusieurs Canadiens, le Canada ne peut exister sans le Québec, alors il ne mérite tout simplement pas d'exister.

J'ai toujours cru fermement au nationalisme canadien. J'en ai même fait la promotion au Canada même, il y a vingt ou trente ans, à une époque où ses défenseurs n'étaient guère nombreux au Canada anglais. J'ai toujours dit que le Canada n'avait pas besoin du Québec pour se forger une puissante identité nationale. Et j'ai toujours prétendu que les Canadiens n'ont pas besoin des Québécois pour définir leurs propres besoins et pour diriger leur pays. À quoi j'ajoutais toujours qu'un Québec indépendant ne pourrait que profiter de la présence d'un Canada indépendant, sûr de lui, conscient de ses propres forces.

Les fédéralistes québécois ne croient pas au Canada. Tant qu'on a besoin d'un autre pour se tenir debout, on finit par en dépendre comme d'une béquille et tous les moyens deviennent bons — chantage, menaces, contestation — pour qu'il nous confirme dans notre nature de handicapé. Nous ne sommes pas handicapés.

Et puis, qu'a donc de si terrible l'existence de deux pays indépendants ?

Vous êtes fatigués des querelles constitutionnelles ? Alors débarrassez-vous des fédéralistes québécois. Le temps est venu, pour vous, de diriger le Canada comme vous voudriez qu'il le soit. Oubliez les séparatistes québécois. Ils s'occupent déjà de diriger leur propre pays et ont trop à faire pour s'occuper du vôtre.

30 septembre 1994

Dernier recours : la force

De passage à Montréal il y a deux jours, Jean Chrétien y allait d'une double affirmation : 1) il n'a pas l'intention de relancer les pourparlers constitutionnels avant le référendum québécois ; 2) la Constitution canadienne ne permet à aucune province de faire sécession.

À première vue, il n'y a rien là de très nouveau. Mais tout bien considéré, il s'agit de fort mauvaises nouvelles pour tous les Canadiens.

À d'innombrables reprises, le premier ministre a déclaré que les Canadiens ne voulaient plus entendre parler de Constitution et que, quoi qu'il arrive, ils devraient se contenter de celle qu'ils ont déjà.

Cette position — et vous m'en voyez ravi — fait exactement le jeu des séparatistes.

L'immense majorité des Québécois s'attendent à ce que des changements soient apportés à la manière dont le Canada est gouverné. Que dis-je : ils les exigent. Il y a trois mois, un sondage révélait que bon nombre d'entre eux étaient disposés à « donner une dernière chance au Canada ». Ils attendent donc, avant de décider de leur option référendaire, que le Canada formule quelque proposition en cette matière.

Les séparatistes inconditionnels seront certes indifférents à une telle démarche, mais les soi-disant « fédéralistes fatigués » seront fort tentés de voter « oui » si Ottawa demeure sourd à des demandes maintes fois réitérées.

Et pendant que M. Chrétien reste sur ses positions, le chef du Reform Party, Preston Manning, va partout disant que son parti s'oppose au *statu quo* et souhaite que soient apportées de profondes modification à la Constitution. La semaine dernière, le chef conservateur, Jean Charest, osa même avouer que la « souveraineté-association » représentait sa préférence en matière de fédéralisme.

Quant au chef libéral québécois, Daniel Johnson, vous pouvez parier votre chemise qu'il révélera, d'ici quelques semaines, sa propre solution miracle pour sauver le fédéralisme.

Il arrive donc que les fédéralistes, divisés comme jamais, devront engager le combat contre des séparatistes unis comme jamais.

Qui croiront les Québécois ? Tout indique qu'ils croiront à la fois Jacques Parizeau, premier ministre du Québec, et Jean Chrétien, premier ministre à Ottawa.

Les analystes croient que M. Chrétien a un plan. Eh bien, s'il en a un, les Canadiens devraient en savoir la stupidité avant qu'il ne soit trop tard. Et souvenez-vous que vous en aurez été prévenus par un séparatiste inconditionnel.

Et comme pour faciliter les choses, M. Chrétien affirme que le Québec ne peut pas se séparer puisque la Constitution reste muette sur la sécession. C'est tout juste s'il n'ajoute pas que le Canada ne peut se joindre aux États-Unis, dût-il le vouloir, puisque la Constitution n'en parle pas explicitement.

Cela revient à dire que la situation actuelle devrait être éternelle, et en d'autres termes, que les Canadiens existent pour la Constitution. J'ai toujours pensé que ce doit être l'inverse.

Ce que M. Chrétien ne dit pas, c'est que tout cela n'a rien à voir avec la réalité. D'abord parce que le Québec ne fait pas partie de l'entente constitutionnelle de 1982. Trois gouvernements québécois, y compris celui du fédéraliste Robert Bourassa, ont successivement refusé de parapher ce document. On ne peut forcer quelqu'un à respecter une entente qu'il n'a pas signée — à moins de le faire par la force.

En second lieu, le Québec a toujours postulé son droit à l'autodétermination et Pierre Trudeau lui-même n'en a pas disconvenu en 1980. L'exercice de ce droit relève du droit international, quoi que dise la Constitution. Si le Québec choisit de se séparer légalement et que d'autres pays le reconnaissent juridiquement, comment M. Chrétien peut-il prétendre s'y opposer — à moins de recourir à la force ?

Finalement, une constitution n'est jamais rien d'autre que cela : une constitution. Elle demeure la plus importante loi du pays, mais peut aussi faire l'objet de modifications en fonction de nouvelles réalités ou d'aspirations nouvelles. Et, comme toute autre loi, elle peut être appliquée démocratiquement ou de façon dictatoriale.

En Union soviétique, la Constitution stipule que les républiques peuvent faire sécession si elles le désirent. Mais comme la loi était appliquée par un régime totalitaire, aucune de ces républiques n'a jamais osé invoquer cet article. Elles ont toutes dû attendre la chute de l'empire pour exercer leur droit à l'autodétermination.

Je présume que la Constitution canadienne est appliquée de manière démocratique. Elle ne dit pas qu'une ou l'autre partie du Canada a droit à la sécession, mais elle n'affirme pas le contraire. Elle reste muette sur le sujet. Or j'ai toujours pensé qu'en démocratie ce qui n'est pas interdit est autorisé.

Il arrive donc que M. Chrétien administre une loi que le Québec n'a pas entérinée, qui est soumise à la pratique juridique internationale et qui ne dit rien à propos de la sécession.

Comment réagira-t-il, dès lors, si le Québec choisit de vivre par lui-même ? Il ne peut certes compter sur la

Constitution pour l'en empêcher. Ou bien il négocie la rupture, ou bien il emploie la force. Car si rien ne va plus, demeure toujours ce dernier recours : la force.

Ce serait alors la force contre la volonté du peuple, la force contre la communauté internationale, la force contre l'esprit même de la Constitution, la force contre nos propres règles démocratiques.

Tel est le dernier recours. Il n'en existe pas d'autre. Est-ce là ce que vous désirez ? Si la réponse est non, vous feriez mieux de dire à Jean Chrétien de modifier ses plans.

14 octobre 1994

Hockey, baseball et libre marché

Je ne suis plus guère amateur de sports. De sports professionnels, j'entends. Je l'étais jadis, mais je me suis lassé, avec l'âge, de voir ces sempiternelles parties de hockey ou de baseball ; j'avais l'impression de visionner le même vieux film pour la centième fois. C'est pourquoi je ne me trouve pas en manque lorsque les joueurs de hockey et de baseball prennent congé pour quelque temps, permettant ainsi à nos esprits de vagabonder dans des sentiers moins futiles.

Cela dit, cependant, je m'amuse assez à entendre les protagonistes de ces conflits développer leur argumentation et tenter de nous convaincre qu'ils n'agissent que dans notre intérêt.

Je suis particulièrement frappé de constater qu'ils semblent tous refuser de se conformer aux préceptes du capitalisme et ne tiennent aucun compte des règles d'un marché libre dont ils se font les ardents défenseurs en d'autres circonstances. On ne saurait, en conscience, en blâmer les joueurs. On leur a enseigné que l'âpreté au gain était une vertu et même la seule vertu. Leur seul but est donc de faire le plus de fric possible, peu importent les conséquences. Qu'y a-t-il à redire là-dessus ? A-t-on jamais entendu parler de plafond salarial dans une économie de libre concurrence ?

Oui, mais leur salaire est tellement plus élevé que celui de l'employé moyen, est-ce vraiment juste ? Non, ce n'est certainement pas juste ; mais le capitalisme n'est pas conçu pour l'employé moyen et la justice n'a jamais été un de ses principes directeurs. Les joueurs ne font qu'en appliquer la règle fondamentale : « J'empile le plus de fric possible, le plus rapidement possible, et je sacre mon camp. »

Ils ont parfaitement compris le mécanisme : ils ne sont pas là pour le sport, ils sont là pour l'argent ; la loi du marché leur dit qu'ils ont parfaitement le droit de courir après la meilleure offre. Et c'est ce qu'ils font.

Tel est le capitalisme sauvage dans toute sa splendeur. Je déteste ce capitalisme, mais en quoi puis-je reprocher à ces capitalistes de vouloir profiter au maximum d'un système qu'ils ont eux-mêmes choisi en toute connaisance de cause ?

Les propriétaires sont exactement de la même farine. Ils ne jurent que par le capitalisme et l'âpreté au gain ne leur est pas seulement une vertu mais une profession de foi. Mais, parfaits hypocrites, ils refusent de jouer le jeu tel qu'il devrait être joué. Parlent-ils seulement d'un plafond salarial pour eux-mêmes ? Jamais dans cent ans ! Ce plafond n'est valable que pour leurs « employés ».

Se préoccupent-ils des soi-disant petits marchés ? Non, mais ils prétendent vouloir les protéger dans l'intérêt des joueurs, alors que nous savons tous qu'ils ne veulent que protéger un monopole en éliminant à l'avance la formation de ligues concurrentes. « Laissons les autres jouer le jeu de la concurrence. Nous avons mieux à faire. »

Souhaitent-ils une intervention des gouvernements dans leurs affaires ? Non, mais ils tentent d'en obtenir des privilèges au détriment de l'ensemble des contribuables. N'est-ce pas ce qui se passe lorsque 50 % du prix des loges corporatives est exempt de taxes ? En vertu de quoi les propriétaires et leurs amis devraient-ils obtenir toutes ces concessions de la part de gouvernements qu'ils abominent par ailleurs ? Au hockey ou au baseball, le prix du ticket est-il déductible d'impôt ?

Ce sont tous des hypocrites. Pour eux, tout le monde devrait se conformer aux lois du marché, mais ils sont les premiers à les transgresser quand cela fait leur affaire et les premiers à faire chanter des gouvernements trop faibles pour leur résister.

Je n'ai que mépris pour ces gens-là. Dans un système capitaliste, la règle est simple : courir la chance de gagner gros à la condition de risquer gros. Mais les propriétaires entendent tout rafler en réduisant leurs risques, au détriment des joueurs et des amateurs.

Ils ne sont pas les seuls à refuser de jouer selon les règles. L'année dernière à Montréal, Bell Canada menaçait de congédier plusieurs milliers d'employés si le gouvernement fédéral ne lui octroyait pas 300 millions $ pour l'aider à mettre sur pied un programme de travail partagé. Cette très riche société, dont les actionnaires croient fermement au capitalisme et aux lois du marché, entendait accroître ses profits en exigeant des contribuables qu'ils assument eux-mêmes certains frais de fonctionnement de ses employés. Parlez d'une entreprise libre...

Voilà comment fonctionne la manœuvre : dans un premier temps, Bell Canada, comme toutes les autres compagnies, exhorte le gouvernement à réduire son déficit ; cela fait, elle exige du même gouvernement une subvention qui augmentera ce déficit et elle menace, en cas de refus, de jeter à la rue des milliers d'employés qui recourront à l'assurance-chômage et augmenteront à leur tour le déficit.

Les capitalistes sauvages se plient aux règles de leur propre système dans la mesure où nous en faisons les frais. Mais ils refusent d'assumer les risques inhérents au système même dont ils sont les si ardents promoteurs. Pourquoi devrions-nous sangloter lorsqu'ils versent, dans des conférences de presse, leurs si ostensibles larmes de crocodile ? Pourquoi les croire quand ils affirment ne pas faire d'argent ? Pourquoi devrions-nous les laisser s'en tirer si facilement ?

Mais telle est la loi de l'argent. Ce n'est pas la mienne. Ils aiment l'argent ; comme la plupart des amateurs, j'aime d'abord le sport.

Joueurs et propriétaires jouent le jeu de l'argent. Laissons-les se bagarrer en paix. Peu importe qui gagne, nous serons perdants.

21 octobre 1994

Le saccage d'un collège militaire

« **M**oi, Elizabeth II, à mon très estimé Pierre Bourgault... »
Vous ne le croirez pas, mais ainsi m'écrivit la reine il y
a une quarantaine d'années. Je venais d'obtenir mes galons
d'officier de l'armée canadienne et notre souveraine en était,
de toute évidence, aux petits oiseaux.

Je n'étais pas encore séparatiste, mais mon séjour dans les
forces armées a puissamment contribué à ce que je le devienne. Dix ans plus tard, au cours d'une manifestation dans
les rues de Montréal, j'ai affirmé ne plus vouloir faire partie
d'une « armée étrangère » et j'ai déchiré mon brevet d'officier.
Le premier ministre d'alors, John Diefenbaker, a parfaitement
compris le message et m'a fait congédier sur-le-champ.

Oui, l'armée canadienne était alors, pour la plupart des
Canadiens français, une armée étrangère. Nous défilions aux
accords du *God Save the Queen*, nous étudiions en anglais, on
nous commandait en anglais et on nous méprisait en anglais.
Il arrivait même qu'on nous interdise de converser en français
entre nous. Et, bien entendu, la plupart des promotions
étaient accordées aux officiers de langue anglaise.

Les choses commencèrent à changer durant les années
soixante. Certains entraînements furent dirigés en français et
l'on commandait dans leur langue les troupes francophones.
Les Canadiens français pouvaient enfin se sentir un peu plus
« chez eux » dans l'armée canadienne.

Mais cela demeurait insuffisant. L'entraînement des officiers se déroulait toujours en anglais et les francophones n'avaient de choix que celui de s'assimiler ou de s'éclipser. Plusieurs abandonnèrent la carrière, les autres choisirent l'assimilation.

Il n'existait qu'une manière de rompre ce cercle vicieux : créer au Québec une institution de formation militaire où l'entraînement serait bilingue, mais prioritairement français. Tel fut le Collège militaire royal de Saint-Jean.

Quelques années plus tard, l'armée canadienne était méconnaissable. Certes loin de la perfection, elle n'était cependant plus celle que j'avais connue et convenait désormais à la plupart des francophones. La carrière leur était enfin ouverte et bon nombre d'officiers de langue française accédèrent aux plus hauts postes sans devoir renoncer à leur identité.

Pourquoi évoquer aujourd'hui ces bons et ces mauvais souvenirs ? Pour la simple raison que le gouvernement fédéral a décidé, il y a quelques mois, de fermer le Collège de Saint-Jean et de centraliser la totalité de l'entraînement militaire dans le château fort anglophone de Kingston, en Ontario.

Cette décision a choqué tous les Québécois. Elle signifiait un retour en arrière de quarante ou cinquante ans. Elle signifiait la fermeture du seul collège militaire de langue française et l'obligation, pour les instructeurs et les cadets francophones, de déménager dans la très accueillante ville de Kingston. Elle signifiait la fin d'un rêve : une armée véritablement canadienne.

L'armée est de nouveau étrangère.

Personne n'a cru M. Chrétien lorsqu'il a affirmé que Kingston deviendrait tout aussi bilingue que Saint-Jean, car personne ne pense qu'elle devrait devenir bilingue. Pourquoi diable le devrait-elle ?

Le Québec tout entier s'est objecté à ce démantèlement. Sans succès. La décision était irrévocable et exécutoire, quoi qu'on dise et quoi qu'on fasse.

Le gouvernement libéral du Québec a conclu avec Ottawa une entente selon laquelle le collège demeurerait ouvert mais privé de toute forme d'entraînement militaire, sorte de coquille vide. L'entente n'a satisfait personne.

Porté au pouvoir, le Parti québécois a tenté de bonifier l'entente en offrant de payer à Ottawa la somme de 8 millions $ par année à la condition que le collège conserve sa vocation militaire. La proposition était bonne : Québec se montrait disposé à assumer des frais jusqu'alors imputés au fédéral. Comme Ottawa justifiait sa décision en invoquant des problèmes budgétaires, la proposition du PQ résolvait le problème sans obliger le fédéral à faire retraite.

Ottawa refusa. Ministre chargée du dossier au Québec, Louise Beaudoin en conclut, avec raison semble-t-il, que le gouvernement fédéral fermait le collège pour des raisons politiques. Politique en ce que M. Chrétien ne voulait surtout pas être perçu comme quelqu'un qui accepterait une offre, aussi bonne soit-elle, formulée par un gouvernement séparatiste. Politique en ce que M. Chrétien veut, à la veille du référendum, projeter une image d'intransigeance à l'endroit du Québec. Politique dans la mesure où les dispositions sur le bilinguisme se portent plutôt mal, par les temps qui courent, au Canada. Et politique en ce que M. Chrétien craint que le collège ne devienne, sous un gouvernement séparatisme, l'instrument de création d'une armée québécoise.

Tel est le fond du problème. En agissant ainsi, M. Chrétien oblige les Québécois à choisir : ou bien ils acceptent l'armée canadienne telle qu'elle était il y a cinquante ans, ou bien ils exigent le droit de former leur propre force militaire. Si j'étais fédéraliste, je dirais volontiers que M. Chrétien fait le jeu des séparatistes. En tant que séparatiste ayant fait partie d'une armée étrangère, je trouve la décision excellente, car je connais bon nombre de Québécois qui le sont devenus en s'entraînant à Kingston, à Shilo ou à Picton.

Une armée québécoise ? Pourquoi pas ? Nous pourrions même inviter des Canadiens anglais à s'intégrer à cette armée étrangère.

« Moi, Pierre Bourgault, à mon très estimé John Diefenbaker... »

11 novembre 1994

Comment devenir riche sans effort

Au cours des dernières années, les sociétés de toutes tailles ont jeté à la rue des centaines de milliers d'employés. C'est ce qu'elles appellent, charmant euphémisme, le processus de rationalisation.

Il s'en est suivi une augmentation foudroyante des profits... et du nombre de chômeurs. L'État a dû s'occuper des sans-emploi, pendant que les compagnies suppliaient les divers gouvernements de réduire leurs déficits en coupant dans les programmes sociaux. Ces hypocrites entendaient avoir à la fois le beurre et l'argent du beurre ; leur manœuvre a parfaitement réussi.

Entre-temps, les grands patrons continuaient de s'emplir les poches en se votant des salaires faramineux et des privilèges de tous ordres. C'est ainsi que Paul Tellier, président des Chemins de fer nationaux, a pu obtenir, afin de s'acheter une maison, un prêt de 300 000 $ sans intérêts. De telles pratiques, nous le savons, sont devenues la règle dans de nombreuses sociétés et bon nombre de présidents et de directeurs en ont profité.

Longue serait la liste de tous ces avantages qui — des gros salaires aux petits privilèges — enrichissent ces individus en un tournemain. Et lorsqu'on remet tout cela en question, la réponse des dirigeants est toujours la même : le système capitaliste fonctionne ainsi et la compétence doit être rémunérée d'une manière ou d'une autre.

De telles pratiques, sans parler du système lui-même, sont éminemment contestables, et j'aimerais bien savoir pourquoi il y a si peu de ces hauts dirigeants et pourquoi ils passent leur temps à s'échanger leurs postes.

Nous retrouvons toujours, en effet, les mêmes quatre cents ou cinq cents individus à la tête de nos grandes sociétés. Comment cela est-il possible ? Il est vraiment étrange de constater que rien n'est possible en dehors de ce club de vieux copains.

Et le scandale ne s'arrête pas là. Lorsqu'un travailleur ordinaire perd son emploi — vous ou moi, par exemple —, il se précipite au bureau d'assurance-chômage. Mais pas eux. Car ils ont pris bien soin de se concocter des contrats en béton qui les protègent contre toute éventualité de cet ordre. Si on les congédie avant la fin de leur mandat, ils ont droit à des primes de séparation qui, tout à fait outrancières, les enrichiront encore davantage. Des primes de l'ordre d'un demi, d'un ou même de deux millions.

Le calcul est alors simple. Supposons que vous soyez sous contrat pour une durée de six ans au salaire annuel de 500 000 $. On vous congédie deux ans plus tard, mais votre contrat stipule que votre salaire est garanti pour toute la période prévue. Prime de séparation : 2 millions.

Membre du club des copains, vous serez, bien entendu, rapidement récupéré par une autre société, et dans de meilleures conditions encore. Présumé incompétent chez l'une, vous passerez pour un sauveur chez l'autre.

Voilà certes une excellente manière de devenir riche sans trop d'effort. Mais puisque je suis d'humeur cynique, je proposerais volontiers une méthode qui permettrait à nos chefs d'entreprises de devenir très riches sans aucun effort.

La voici : Vous signez un contrat de dix ans, disons à un million par année. Votre contrat stipule, il va sans dire, que votre salaire global est garanti quoi qu'il arrive. Mais plutôt que de conserver cet excellent poste, vous faites en sorte de vous faire virer le plus rapidement possible. Un an plus tard, ça y est, vous êtes congédié. Prime de séparation : neuf millions.

Vous contactez aussitôt un vieux copain du club des dirigeants, qui vous déniche un poste identique dans une autre société. Vous signez le même type de contrat et répétez la manœuvre. Au bout de cinq ou six opérations de ce genre, vous êtes devenu un authentique millionnaire. Une retraite dorée vous tend les bras.

Tout cela est absurde, je le sais bien, mais relève de la logique même du système. Peut-être suis-je vraiment cynique, mais je ne suis pas certain, ayant observé certains de nos dirigeants patronaux, que tel n'a pas été leur parcours depuis quelques années.

Tant mieux pour eux. On ne peut guère leur en tenir rigueur puisque telle est la nature du système.

Dieu, que j'aimerais faire partie du club !

25 novembre 1994

Des Canadiens pour
l'indépendance du Québec

Le Canada est vraiment un pays étonnant. C'est ainsi, par exemple, qu'on n'y rencontre à peu près personne qui soit favorable à l'indépendance du Québec. Il est entendu, certes, que la décision appartient aux seuls Québécois ; mais on s'attendrait tout de même à trouver, au Canada anglais, quelque appui au principe du droit du Québec à l'autodétermination.

Je ne parle pas, ici, de ceux qui veulent se débarrasser du Québec. Je pense plutôt à ceux qui, ayant souscrit au principe, soutiendraient alors la cause indépendantiste de tout leur poids politique et moral. Depuis quelque temps, ces personnes se sont faites plutôt rares.

Je me souviens pourtant qu'il n'y a pas si longtemps, disons au cours des années soixante, le Nouveau Parti démocratique avait endossé ce principe et que plusieurs de ses membres avaient exprimé publiquement leur appui à notre cause. Quel revirement ! Non seulement le NPD est-il aujourd'hui farouchement opposé à l'indépendance du Québec, mais un de ses principaux leaders, Bob Rae, prend sur la question des positions agressives et souvent blessantes.

Je me souviens aussi d'un congrès du Parti progressiste-conservateur qui avait souscrit à ce principe d'autodétermination ; aucune voix ne s'était cependant élevée, par la suite, à l'appui de la souveraineté.

Les temps ont bien changé. Dans cet étonnant Canada anglais, personne ne semble plus vouloir aller à contre-courant en appuyant cette « mauvaise cause ».

Pourtant, lorsqu'on regarde un peu ce qui s'est passé ailleurs, on constate que, chaque fois qu'un peuple s'est battu pour son indépendance, il s'est trouvé, dans l'autre camp, des personnes qui, non seulement en ont approuvé le principe, mais ont pris la parole, dans leur propre milieu, en faveur de cette indépendance.

Lorsque l'Inde a voulu quitter l'Empire britannique, de nombreuses voix se sont fait entendre, en Angleterre même, en faveur du mouvement indépendantiste. Ces partisans ne combattaient pas leur propre pays, mais luttaient pour une cause qu'ils estimaient juste : la libération d'un autre pays.

Les Indiens comptèrent beaucoup sur ce soutien et l'action ainsi menée dans la « métropole » ouvrit peu à peu les yeux de la population anglaise qui fit pression auprès de son gouvernement et tenta de l'infléchir dans ce qu'elle croyait être la bonne direction.

Le même phénomène se produisit en France lors de la guerre d'indépendance algérienne. Des Français créèrent de forts mouvements pro-indépendance, et ce en dépit du fait que la France y était vigoureusement opposée. Au fil du temps, ces mouvements prirent de plus en plus d'ampleur, jouèrent un grand rôle dans le démantèlement de l'empire colonial français et amenèrent Charles de Gaulle à négocier l'indépendance avec les Algériens.

Ou considérons le cas de l'Irlande. Au début du siècle, des centaines de citoyens anglais soutenaient Eamon de Valera dans son combat pour l'indépendance de son pays.

Dans l'Espagne d'aujourd'hui, nombreux sont les Espagnols qui appuient publiquement la cause de l'indépendance de la Catalogne, même si elle se veut plus discrète qu'à l'accoutumé.

Je vous entends d'ici me rétorquer que la situation canadienne est toute différente, que mes exemples ne correspondent à rien, que le Québec n'est ni l'Inde, ni l'Irlande, ni l'Algérie.

Il s'agit pourtant de phénomènes semblables. Nous avons été, nous aussi, conquis par les armes et même si la bataille des plaines d'Abraham, jouée en 1760, nous est un souvenir fort ancien, notre volonté de nous « libérer » n'en est pas réduite pour autant.

Que nous choisissions ou non de faire l'indépendance est un tout autre problème. Ce qui est en cause ici est d'abord un principe : ou bien nous avons droit à l'autodétermination, ou bien nous n'y avons pas droit. Si oui, qu'on nous laisse en décider en paix.

Y a-t-il quelqu'un, au Canada anglais, qui admet ce principe ? Et si oui, y croit-on suffisamment pour se faire entendre ? Le problème, comme je le notais il y a quelques semaines, est que beaucoup de gens y souscrivent pour tous les peuples de la terre, à l'exception de celui du Québec. Phénomène aussi bizarre qu'étonnant, ils croient en l'indépendance du Canada et combattent celle du Québec.

Cela tient, selon moi, à ce que la plupart des Canadiens anglais aiment à croire que le Canada n'est formé que d'une seule nation. Rares sont les Québécois à penser ainsi. Ils estiment plutôt, et massivement, qu'il existe au Canada une nation française qui dispose du droit à l'autodétermination, qu'elle choisisse ou non de l'exercer. Et quoi qu'en pensent certains, le non-exercice d'un droit ne signifie pas son abolition.

Je reprends : les Québécois seuls décideront de leur destin. Mais il me semblerait tout naturel que le mouvement indépendantiste puisse compter sur quelques alliés au sein du Canada anglais.

Je m'étonne du silence, de l'indifférence et même du mépris de ceux qui, il y a quelques années à peine, appuyaient le principe de l'autodétermination au moment où le mouvement n'avait aucune chance de réussir. Où sont-ils donc, maintenant que ce principe risque fort d'être mis en pratique ?

Je n'entends que le silence et cela m'attriste.

2 décembre 1994

Divers

Alain Delon, Tom Cruise et moi*

C'est dimanche. Il est 9 h. Il fait beau depuis dix jours et cette journée s'annonce aussi belle que les autres. Seul, assis à la terrasse de ma chambre d'hôtel, je commence cette journée comme j'ai fini la précédente : au champagne.

Voilà trois jours que je suis à Cannes et, j'ai peine à le croire, je suis en train de réaliser un rêve que je n'avais pas fait. Ce soir, à 22 h, *Léolo*, le film de Jean-Claude Lauzon dans lequel je joue, sera projeté, en compétition, au Palais des Festivals. À quoi s'attendre ? Pour moi, à rien. Rien à perdre ni à gagner. Ou plutôt, j'ai déjà tout gagné. Ma carrière d'acteur de cinéma est brève et fulgurante : un seul film qui, pourtant, m'a permis de tourner à Rome ; un seul film qui, grâce au talent de Jean-Claude Lauzon, m'amène à Cannes en ce festival où, en une seule journée, il se boit plus de champagne que dans la France entière. Carrière courte et étincelante, mais qui, ici, me donne tous les avantages.

Depuis que je suis arrivé, il y a trois jours, en compagnie de Ginette Reno, je vois ces milliers de gens qui font le festival et qui travaillent comme des forçats. Ils reçoivent, ils achètent, ils vendent et se vendent, ils écrivent, ils photographient, ils

* Voici le journal du Festival de Cannes de Pierre Bourgault, l'une des vedettes de *Léolo*, le dernier film de Jean-Claude Lauzon.

organisent, ils font des courbettes, ils lancent des rumeurs, ils se battent sur tous les fronts. À peine ont-ils le temps de profiter un peu du soleil et de la mer. Même qu'il leur arrive souvent de payer eux-mêmes leur bouteille de champagne.

Moi, je paie mes cigarettes et c'est tout. Comme Catherine Deneuve, comme Alain Delon, comme Gérard Depardieu, comme Tom Cruise. Parce que le film dans lequel je joue un petit rôle est en compétition, je suis reçu comme si j'étais une grande vedette internationale. À une différence près, et de taille : personne ne me connaît. Tom Cruise est enfermé à l'Éden Rock et Gérard Depardieu se terre au Majestic. Catherine Deneuve ne fait que passer. Esclaves de leur notoriété, il leur est interdit de faire un pas dans la rue ou d'entrer dans une boutique pour le plaisir d'y flâner.

Moi, je ne suis rien et je n'attends rien. C'est le bonheur total.

Encore un peu de champagne. (J'ai l'air snob, comme ça, mais si j'en reste au champagne, c'est pour ne pas mélanger.)

La journée sera longue. La seule journée de travail : 10 h, séance de photographie ; 11 h, conférence de presse ; midi, déjeuner officiel au Carlton ; 19 h, dîner habillé sur le yacht du producteur français ; 22 h, projection officielle au Palais ; minuit, réception et fête au Palm Beach. Moi, un couche-tôt, je n'ai trouvé qu'un moyen pour tenir si avant dans la nuit : le champagne.

Je flâne toute la journée, je déjeune avec des amis, je profite pleinement du paysage et de la mer, je traîne rue d'Antibes pour y acheter quelques souvenirs, je m'étonne de l'élégance et de la décontraction des foules. Il y a toujours quelques centaines d'hommes en smoking et de femmes en robe chic qui longent la plage en jetant un regard indifférent aux baigneuses presque nues, tout cela dans une ambiance de fête tranquille, de film épique joué avec le plus grand naturel.

Mais on sent la tension. On sait qu'il y a là des gens qui jouent gros, d'autres qui y jouent carrément leur vie.

Pas moi. Je suis d'un autre monde. Je ne suis là que par hasard et, si je goûte chaque minute qui passe, je garde toujours cet air un peu blasé qui correspond parfaitement à mon état d'âme. Ce n'est pas ici que je vivrai des émotions. J'y trouve du plaisir, certes, mais les grands sentiments, je les laisse aux autres. Rien à gagner, rien à perdre. Je suis tranquille. Jean-Claude Lauzon ne l'est pas.

Dans ce décor de rêve, je marche sur un nuage. Je ne sais pas encore que la journée qui commence ne ressemblera à aucune autre. Je ne sais pas encore ce que c'est vraiment que le Festival de Cannes. Bon, je m'habille, je descends.

La limousine est là qui me mènera, avec Ginette et Jean-Claude, au Palais.

Le film commence. Parce que là, on est *dans* le cinéma. C'est le tournage du film et sa projection, simultanément. Tiens, ce sont des photographes et ils sont là pour nous. Sur une grande terrasse, face à la mer, ils sont juchés sur des gradins et nous mitraillent. « Tournez-vous. » Il y en a autant sur une autre terrasse. Jouons le jeu. Ici, il faut travailler. Tiens, je sens que les vacances achèvent.

Vite, la conférence de presse. Dans une grande salle du Palais. Il faut travailler encore. Mais quoi, des conférences de presse, j'en ai donné toute ma vie. Pourtant, celle-ci me semble différente. Les journalistes ont déjà vu le film. Jean-Claude s'attend au pire. Ginette n'est pas chanteuse, ici, et elle s'en inquiète un peu. Mais les choses vont tout doucement et s'achèvent sans esclandre.

Je signe quelques autographes. Personne ne me connaît, mais « je suis un acteur à Cannes » et un acteur à Cannes, on lui fait signer des autographes au cas où...

Re-limousine. En route pour le Carlton. Déjeuner de presse. Il faut encore travailler ? Eh oui ! On m'assoit d'office à la table des organisateurs du Festival du film de New York. Des personnes charmantes, qui sont encore sous le choc du film. Ont-ils aimé ? De toute évidence, ils ont aimé, mais ils veulent en savoir plus et là je donne dans les relations publiques. Je fais mon numéro à cette table, puis à une autre et encore une autre. Tout le monde travaille et je travaille comme tout le monde. On achète. On vend. Je suis vendeur, donc je vends. Le décor est ravissant, la compagnie agréable, la bouffe exceptionnelle et le champagne à l'avenant.

L'après-midi est libre. Je vais en profiter pour faire une petite sieste avant de m'habiller. Je ne suis plus tout à fait aussi tranquille. Un certain quelque chose dans l'air... que je n'ai jamais senti auparavant... quelque chose de mystérieux qui s'insinue subrepticement dans mon esprit. C'est la fête et c'est plus que la fête.

Je marche vers mon hôtel. Partout, les immenses affiches qui annoncent les films qu'on a tournés, qu'on tourne ou qu'on va tourner. Partout des Renault 19, une nouvelle et charmante petite voiture décapotable qui semble être faite pour rouler sur la Croisette. Partout, des douzaines de ces petits chiens laids, bien mieux traités ici que les plus beaux chiens de Montréal. Les bougainvillées, les palmiers, la mer. Mais quelque chose en plus. Je passe devant la terrasse du Royal Bar. Tiens, c'est Roy Dupuis. Pourtant, on m'avait dit qu'il était parti, celui-là. Mais il ne veut plus partir. Voilà deux jours qu'il remet son départ. Il partira demain, dit-il. En attendant, il n'a pas l'intention de rater son premier Festival de Cannes. Il est de fort bonne humeur. Je ne l'avais pas vu depuis longtemps, nous nous retrouvons avec plaisir. À ce soir.

Je reprends le chemin de l'hôtel. Petite sieste. Champagne. Smoking. Limousine. Bateau.

Un beau grand bateau parmi d'autres beaux grands bateaux. Un monde différent, qui appartient aux autres, et que j'emprunte aujourd'hui parce que je suis un acteur au

Festival de Cannes. Ginette arrive. Elle est splendide dans une robe très chic d'un goût exquis. Le champagne coule déjà. Mais il faut faire de la télévision pour Montréal. Gougeon est estomaqué de me voir en smoking. Pas autant que moi. Roy Dupuis s'amène. Tout en dentelles et pantalon fleuri. Au fond, la baie de Cannes et ses milliers de bateaux de toutes tailles. Mais quoi, le ciel s'assombrit ? Il n'a pas plu depuis dix jours et il va pleuvoir sur nous ? Mais non, il ne pleuvra pas. Il ne peut pas pleuvoir.

Cent vingt personnes assises, pour le dîner, sur le pont. Un beau bateau, vous dis-je. « Non merci, je ne mélange pas. Champagne. »

Lauzon est là aussi, sans smoking. C'est sa façon à lui de dire qu'il est une vedette absolue : personne n'entre au Palais sans smoking, lui si.

Dupuis et Reno prennent toute le place, de la plus magique façon. Ils font monter la pression. Jean-Claude sourit, parle doucement à tout le monde, mais moi qui le connais bien, je sens qu'il est mort de peur. Mais ça ne paraît presque pas.

Et ce qui devait arriver arriva. C'est l'orage. On baisse les toiles. Personne n'est arrosé mais cette belle soirée ne sera-t-elle pas gâchée par ce maudit orage qui aurait bien pu attendre un peu avant de surgir à l'improviste pour jeter de l'eau dans notre champagne ?

J'attache une rose à ma boutonnière. Il pleut encore un peu. Nous montons dans la limousine. Cette fois, c'est vrai. C'est le grand soir. Dans quelques instants, le grand escalier. Je commence à ressentir un peu de cette fébrilité qui m'entoure. Je suis toujours calme ; ce n'est pas encore l'émotion mais c'est déjà quelque chose qui y ressemble : comme devant un lac où l'on doit plonger et dont on ne connaît pas la profondeur...

Nous y sommes. Nous descendons. La foule est immense et elle applaudit. Nous sommes au pied de l'escalier. On entend une voix qui dit : « Voici Jean-Claude Lauzon, accompagné de Ginette Reno et de Pierre Bourgault... » J'ai beau savoir que je ne suis là que par hasard... J'ai beau garder mon calme...

Ça y est : l'émotion. L'ÉMOTION. Une émotion différente de toutes les émotions que j'avais ressenties auparavant. Pourtant, je n'ai rien à voir avec le cinéma. Pourtant, tout cela, c'est pour les autres. Et pourtant... Je regarde l'escalier et je ne peux pas m'empêcher de penser que pour ceux et celles dont c'est le métier de faire des films, cet escalier qu'ils montent les mène au sommet du monde. On ne peut pas aller plus loin, on ne peut pas aller plus haut. C'est le privilège de deux cents ou trois cents personnes par année. L'escalier. La foule. Les flashes. Le cinéma. Oui, c'est cela que je ressens. C'est l'émotion du cinéma. Oui, cet escalier est un décor de cinéma, conçu pour les gens de cinéma. Ils vont le monter pour se retrouver au sommet du monde, dans un autre cinéma, pour voir un film qu'ils ont tourné, pour donner au monde entier le plaisir du cinéma.

On ne peut rester blasé longtemps. Si j'étais « dans le cinéma », je tremblerais comme une feuille. Je n'y suis pas et, malgré tout, je ressens une émotion telle que les larmes me viennent aux yeux. Je presse très fort le bras de Jean-Claude, comme pour lui dire de ne pas avoir peur. Je sais qu'il est terrorisé, ébloui, renversé, heureux ou presque.

Nous montons. Le directeur du festival vous souhaite amicalement la bienvenue. Nous entrons. On nous accompagne, sous les applaudissements, aux banquettes d'honneur. Tout cela se déroule dans la plus grande minutie et dans la plus grande simplicité. Le décor et la figuration sont grandioses, mais la réception se fait modeste. Chaleureux contraste.

Le film. Dans la meilleure salle de cinéma du monde. Une image et un son à couper le souffle. J'ai l'impression de voir *Léolo* pour la première fois. Mon nom sur l'écran. On a beau dire... L'attention est religieuse. Le générique. On applaudit poliment. C'est dans le silence le plus total que se déroule la suite du générique. Il achève. Les applaudissements reprennent. Les lumières s'allument. La salle est debout. C'est l'ovation. Interminable. Je regarde Jean-Claude, ce garçon que j'aime et qui a tant de mal à être heureux. La foule l'ovationne. Il le faut, sans quoi cela ne vaudrait pas la peine.

Nous sortons. Du haut de l'escalier, nous voyons de nouveau la foule qui applaudit. Je remarque soudain qu'il ne pleut pas et qu'il ne pleuvait plus quand nous sommes arrivés. On m'apprend que l'orage s'est déchaîné pendant la projection. Le miracle s'est produit. Ginette pleure à chaudes larmes et moi, j'ai le motton dans la gorge.

Nous descendons. Quelques mots pour la télévision. Nous montons dans la voiture. Ginette continue de pleurer. Jean-Claude est tout petit à côté de moi. Il n'en peut plus. Moi non plus. Nous nous jetons dans les bras l'un de l'autre et pendant un long moment, nous pleurons toutes les larmes de notre corps. C'est un des plus beaux moments de ma vie. Et pourtant, je ne suis pas dans le cinéma. Cher Jean-Claude, c'est lui qui a voulu que je sois là. Blasé, moi ? Vous voulez rire ?

C'est la fête au Palm Beach. Ginette danse avec Roy. Champagne. Re-champagne. La rumeur court. Les favoris de la veille sont inquiets. La presse annonce *Léolo* gagnant. Depardieu serait sorti de la projection en pleurant pour se réfugier à son hôtel. Les Américains... Les Japonais... Le film est déjà vendu à sept pays...

Maintenant, je suis calme, et totalement heureux. Cela ne m'est pas arrivé depuis longtemps. Il est 4 h et je veille encore. La nuit est magnifique sur la terrasse du Palm Beach. C'est la dernière fête du Palm Beach. Il sera bientôt démoli pour faire place à on ne sait trop quoi. Rentrons.

Demain, le palmarès.

Petit lundi tranquille. Rien à faire. Flâner. Rencontrer les amis au Royal Bar. Échanger les dernières rumeurs. Encore un peu de champagne. Je n'en pourrai bientôt plus, mais je peux encore un peu.

Re-smoking. Re-limousine. Re-grand escalier. Il est 19 h. Tom Cruise et Nicole Kidman derrière moi. Gérard Depardieu devant, sur la scène, et tous les autres. Et Ginette, et Jean-Claude. Il veut la Palme d'Or ou rien. Il a fait semblant de refuser de venir, mais il est là et fait le capricieux. Je n'ai surtout pas envie d'être à sa place.

Le palmarès. *Léolo* n'y figure pas. Jean-Claude est plus que déçu, il est en colère. Il fait son cinéma. Nous sortons. Nous marchons jusqu'au bateau. Jean-Claude nous quitte et rentre. Il y a Ginette et moi. Il y a quelques autres personnes. La veille, il y en avait plus de cent vingt. Nous sommes, ce soir, tout au plus une quinzaine. Le champagne est triste. Mais c'est la fête quand même.

Oui, c'est la fête pour moi. Et comment ne le serait-ce pas pour Jean-Claude et tous les autres, ces gens de cinéma qui ont monté le grand escalier vers le sommet du monde. Faut-il donc gagner une Palme d'Or pour avoir des ailes ?

Je suis mort de fatigue. Le dîner de clôture, à minuit ? Je n'y serai pas. Je ne tiens plus debout. Et je repars demain.

J'ai assisté à la plus grande fête du monde. J'ai connu le plus grand de tous les festivals de cinéma. J'ai fait du cinéma.

Et j'ai tourné sur la côte d'Azur, à Cannes plus précisément, un petit documentaire dont je me souviendrai longtemps.

Alain, Tom et moi, on fait du cinéma.

L'actualité, 1er octobre 1992

Pierre qui roule...

*Devant l'Argent avec un grand A, le Québécois moyen,
c'est lui, c'est bien lui, Pierre Bourgault.*

Mon rapport à l'argent est relativement simple : si j'en ai peu, j'en dépense beaucoup et si j'en ai beaucoup, j'en dépense encore davantage. Autrement dit, comme le disait ma mère, « l'argent me brûle les doigts ».

Je n'apprendrai rien à mes amis en avouant que je suis le plus mauvais des gestionnaires et le plus négligent des consommateurs. Trois ou quatre fois par année, je dresse un bilan serré de mes revenus et de mes dépenses, question de voir où j'en suis, et je prends la résolution très ferme de suivre mes affaires de près. Trois jours plus tard, je replonge dans la soupe en maudissant la nature de m'avoir fait si incapable et en la bénissant de ne pas m'avoir donné l'esprit comptable. À vrai dire, chaque fois que je réussis à me faire croire que j'ai un peu l'âme artiste, je n'ai aucune peine à me convaincre que ma coupable insouciance vaut bien l'ennui insondable que doivent ressentir ceux qui équilibrent leur budget.

J'ai d'autres façons de me déculpabiliser. Ainsi, je peux me laisser aller à dépenser sans remords les 2000 dollars que je n'ai pas, à condition de n'acheter que des marchandises soldées ; je peux alors me vanter non pas d'avoir gaspillé 2000 dollars, mais d'avoir économisé 1000 dollars sur le prix courant. Je peux aussi me récompenser en achetant un petit quelque chose, en invoquant les privations que je me suis imposées quelques jours.

Il y a mieux : si, par exemple, j'achète une voiture dont le prix dépasse mes moyens, je me console facilement à la pensée qu'elle sera de meilleure qualité, qu'elle durera plus long-temps, qu'elle exigera moins de réparations, qu'elle aura une meilleure valeur de revente, bref qu'elle finira par me faire économiser beaucoup d'argent.

Les gens qui me connaissent me croient généreux. C'est faux, je suis prodigue. J'ai dépensé sans compter pour un nombre incalculable de gens, surtout quand j'étais amoureux. Quel désastre ! Je serais presque riche aujourd'hui si j'avais été un peu plus mesquin. Mais j'ai bien changé. Aujourd'hui, je me venge. J'en ai assez fait pour les autres, il est temps que je me gâte un peu. Résultat, je dépense autant pour moi que je le faisais pour les autres. J'appelle ça « rétablir l'équilibre », avec les résultats que vous pouvez imaginer.

Hélas ! je suis aussi un homme pressé. Si je veux quelque chose, il me le faut tout de suite. Je manque d'argent ? Qu'à cela ne tienne, j'ai un gros chèque qui doit entrer dans trois semaines, je n'aurai qu'à payer le solde à ce moment-là. Aussitôt dit, aussitôt fait. Mais vous savez comment sont les choses : j'apprends que le chèque n'arrivera que deux mois plus tard ou je me souviens soudain, ce que je m'étais empressé d'oublier, que je l'avais déjà dépensé pour autre chose.

Je suis aussi l'homme des passions successives et cela n'aide en rien mes affaires. Je dois vous avouer que je n'ai plus de besoins matériels depuis longtemps. J'ai tout ce qu'il me faut. Il me reste quelques désirs, bien sûr, et il est certain que si je recevais demain un gros héritage, je ne réfléchirais pas pen-dant deux jours avant de savoir comment le dilapider. Si je dis que je n'ai aucun besoin, c'est que je possède l'essentiel et que le superflu ne m'est pas complètement interdit.

Mais voilà un piège dans lequel je ne me laisserai pas enfermer. Ce n'est pas parce qu'on n'a pas de besoins qu'on doit s'interdire la soudaine passion qui rend la vie si intéressante. Et quand on veut aller au bout de sa passion, ça coûte cher. Comme je suis d'une curiosité insatiable, j'ai toujours beaucoup de plaisir à découvrir ce que je ne connais pas et à m'y intéresser le temps qu'il faut pour faire le tour du sujet. De là ce que j'appelle le cycle infernal des « passions successives ».

Voyons voir : j'ai fait le trip des orchidées, à l'époque où on n'était pas encore parvenu à les reproduire *in vitro*. Elles étaient alors hors de prix, ce qui n'allait pas m'arrêter. Quel plaisir ! J'ai fait le trip des poissons d'eau salée, à l'époque où on n'était pas encore parvenu a les reproduire en captivité. Ils étaient évidemment hors de prix et survivaient rarement plus de trois jours. Mais quel plaisir !

J'ai toujours aimé les arbres et les fleurs. Quand j'ai eu la chance d'en planter, à la campagne, je ne me contenais plus. Comme j'avance en âge et que je voulais contempler mes arbres avant de mourir, j'en achetai plusieurs centaines de taille respectable. Évidemment, ils étaient hors de prix. Mon plaisir s'en voyait ainsi décuplé.

J'ai eu la passion des livres ; j'en ai acheté des milliers. J'ai eu la passion des disques, il me les fallait tous. J'ai eu la passion des beaux meubles ; je rêvais d'un fauteuil Louis XVI, absolument hors de prix, mais je me dégottais une belle petite chaise Louis-Philippe. J'ai eu la passion des animaux, je me suis acheté un kangourou. J'ai eu la passion des voitures, j'en ai changé trois fois en un an. J'ai eu la passion des vins, ma cave m'a plongé dans le rouge. J'ai eu la passion du son, je me suis acheté je ne sais plus combien de chaînes stéréo, franche-ment inabordables. J'ai eu toutes les passions amoureuses : Dieu seul sait ce qu'elles m'ont coûté.

L'argent me brûle les doigts. Quel plaisir ! Par ailleurs, j'ai si souvent frôlé le désastre sans connaître le fond du gouffre que j'en ai conclu qu'on s'en sort toujours. Et je me console aujourd'hui à la pensée que je fais partie d'un groupe très sélect de gens tout aussi incompétents que moi et qui n'ont franchement pas honte de ce qu'ils sont. Je parle des frères Reichmann, qui n'ont jamais pu résister à la tentation de s'acheter un autre petit gratte-ciel qu'ils n'avaient pas les moyens de se payer. Je pense aux grands administrateurs de la Banque Royale qui, par un effet de prodigalité semblable à la mienne, ont dilapidé des milliards de dollars en les prêtant à des gens qui n'avaient ni les moyens ni l'intention de les leur remettre.

Je pense aux grands commis de l'État qui sont parfaitement incapables, comme moi, d'établir des budgets équilibrés, et aux politiciens qui, comme moi, sont incapables de résister à une sollicitation ou mieux présentée ou plus criarde que les autres.

Je pense à ces milliers d'hommes d'affaires qui, jour après jour, nous font la leçon en nous traitant d'ignares et d'incompétents et qui se tirent avec l'argent de la caisse après avoir déposé leur bilan. Je pense à vous tous qui me jetez la pierre et qui n'arrivez pas à payer votre loyer, parce que vos vacances en Floride vous ont coûté trois fois plus cher que prévu. Ni meilleur ni pire que les autres. Juste à peu près aussi con. Mais j'y pense, si ça continue, je serai sans doute obligé de « déclarer faillite ».

L'actualité, 15 mai 1993

Avertissement

Au mois de novembre 1990, Alain Dubuc me demande d'écrire une chronique hebdomadaire dans *La Presse*. J'accepte avec plaisir.

Quelques jours plus tard, Lysiane Gagnon me dénonce violemment dans une de ses chroniques. Outré, je réponds longuement. On publie mon texte dans le courrier des lecteurs de *La Presse*, abusivement tronqué. Je vais voir Alain Dubuc et lui fais part de ma colère. Il invoque le manque d'espace, c'est classique. Les ponts sont rompus. Je n'écrirai jamais dans *La Presse*.

Aujourd'hui, je publie le texte de Lysiane Gagnon et ma réponse intégrale. Je laisse le lecteur juger l'un et l'autre.

Lysiane Gagnon

L'indépendance et les libertés

Pierre Bourgault est un homme que j'aime bien. Non pas que je sois toujours d'accord avec ce qu'il dit, mais parce qu'il a cette rare qualité de ne jamais être ennuyant. J'ai souvent bondi en l'entendant excommunier ses adversaires politiques ou faire l'éloge de la pédophilie, et pourtant, je regrette que Radio-Canada lui ait enlevé son émission du samedi après-midi.

Quand Bourgault a publié son dernier-né, un pamphlet intitulé *Maintenant ou jamais*, je me suis dit que, pour la première fois, il allait me faire mourir d'ennui. Ce petit bouquin fabriqué à la va-comme-je-te-pousse (il dit lui-même que l'exercice a pris seulement cinq semaines, incluant la composition et l'impression) me semblait à première vue un ramassis de clichés mille fois entendus, le genre de discours partisan et sans surprise que seuls des militants emportés par leur cause peuvent apprécier. Cela m'enlevait à l'avance l'envie de le feuilleter. *Maintenant ou jamais* semblait promis à un enterrement certain sous les masses de documents jamais lus qui traînent sur mon bureau.

C'est l'un de mes jeunes collègues qui m'a mis la puce à l'oreille, en m'apportant le livre ouvert à la page 117. Il était — à bon droit — scandalisé. Je le fus aussi, avec toutefois un sentiment en plus : la déception.

J'ai dû relire ce paragraphe à deux reprises avant de me résigner à admettre que cet ancien journaliste devenu professeur de communications, lui-même victime de diverses censures au cours de sa vie, envisageait en toutes lettres la possibilité qu'un futur gouvernement péquiste doive suspendre « pour un certain temps » la liberté de presse.

Les bras m'en sont tombés. Comment se fait-il qu'aucun commentateur n'ait relevé ce détail capital ? L'interprétation la plus charitable, c'est que ceux qui ont parlé de ce livre ne l'ont pas lu au complet.

Mais il y a plus. Il y a pire. Les outrances de Bourgault ne peuvent plus être considérées comme des provocations de franc-tireur. Depuis l'arrivée de Jacques Parizeau à la tête du Parti québécois, Bourgault est revenu au bercail qu'il avait déserté sous le règne de René Lévesque. (Même aujourd'hui, Bourgault n'en finit plus de s'acharner contre la stratégie « étapiste » de Lévesque ; l'hostilité était réciproque, et Lévesque se méfiait de Bourgault comme de la peste.) Bourgault est devenu l'un des principaux conseillers de M. Parizeau. C'est Bourgault que M. Parizeau invite comme orateur vedette dans ses assemblées publiques. Le chef péquiste était, en même temps que plusieurs autres têtes d'affiche péquistes, l'invité d'honneur au lancement de *Maintenant ou jamais*, et c'est enfin à Jacques Parizeau qu'est dédié ce bouquin, qui vise d'ailleurs spécifiquement la clientèle péquiste.

D'où la question : que pense le PQ, et que pense M. Parizeau des suggestions de M. Bourgault ? Comment se fait-il qu'aucun péquiste ne se soit dissocié de ce texte qui va si violemment à l'encontre des traditions démocratiques qui ont donné naissance à leur parti ?

Mais je n'ai lu qu'un concert de louanges. « Un livre souverain dans tous les sens du terme et qui pose les vraies questions », dit l'écrivain Yves Navarre. Même Doris Lussier, ce vieux compagnon de René Lévesque, est béat d'admiration :

« Livre-choc. Lumineux. Puissant. Électrique. Clarificateur. Motivant. Bourgault, c'est un homme-ferment. Il dit avec une élégante brutalité des vérités puissantes dont la lumière serait sans lui restée sous le boisseau de l'inertie générale... Il faut le lire, le méditer, le propager. »

C'est au chapitre intitulé « Un plan d'urgence » que Bourgault suggère de bâillonner la presse.

Selon le programme remanié par les « purs et durs » de l'aile Parizeau, le PQ considère aujourd'hui qu'une simple victoire électorale lui donnerait le mandat de proclamer unilatéralement l'indépendance du Québec. Dans ce cas, prévoit Bourgault (avec, faut-il dire, beaucoup de lucidité), le jeu politique sera corsé et la situation, éminemment tendue.

D'où la nécessité d'élaborer « un plan d'urgence qui permettra au gouvernement du Québec de rester maître de la situation en toutes circonstances ». Parmi les questions qu'il pose — questions plutôt terrifiantes, et certainement peu orthodoxes dans un discours de propagande :

> Fermerons-nous les frontières ou les laisserons-nous ouvertes ? Les citoyens québécois pourront-ils, dans les circonstances, continuer à se servir de leur passeport canadien, ou l'État québécois devra-t-il agir avec la plus grande célérité pour délivrer des passeports québécois ? [...] Comment s'assurer de l'appui volontaire de la population dans cette entreprise difficile ?

« L'appui volontaire de la population » ne doit pas être évident, car Bourgault prévoit déjà un moyen pour forcer la population à entrer dans le moule :

> Comment faire en sorte, écrit-il, que la population soit informée en tout temps des décisions de son gouvernement et de l'attitude qu'il serait préférable d'adopter en telle ou telle circonstance ? L'État devrait-il « conscrire » pour un certain temps les médias d'information ?

Bourgault est trop intelligent pour ne pas mesurer la portée de ses propos :

> J'entends déjà, ajoute-t-il, qu'on crie à la dictature, à la propagande et à l'asservissement de l'information. Je ne suis pas assez naïf pour ne pas voir le danger de pareille action, mais je ne suis pas assez naïf non plus pour ne pas la croire nécessaire en certaines circonstances.

Et voilà. En y mettant quelques bémols — qu'il rejette aussitôt comme de la « naïveté » —, l'un des principaux penseurs actuels du PQ vient de reprendre à son compte la démarche classique de la mentalité totalitaire : on ne fait pas d'omelette sans casser des œufs... Qui veut la fin, veut les moyens... La censure est toujours « temporaire », et s'impose toujours à cause d'une situation exceptionnelle d'urgence... Classique. Ce sont là les arguments classiques de toutes les dictatures.

Qu'est-ce qui fait croire à Pierre Bourgault que les médias d'information, qui ont couvert avec un sens si aigu de l'équilibre la campagne référendaire de 1980, se transformeraient tout à coup en haut-parleurs de l'État fédéral ? Qu'est-ce qui lui fait croire que les journalistes accepteraient de se laisser « conscrire » par l'État québécois ? Mais au fait, d'où vient cette peur de l'opinion publique ? Craindrait-on que ce peuple à qui l'on n'aurait pas permis de se prononcer spécifiquement sur l'indépendance ait un sursaut de révolte en se voyant engagé dans une voie qu'il n'aurait pas délibérément choisie ? D'où la nécessité de suspendre « temporairement » (!) la liberté de presse ? J'attends la réponse du PQ.

Lysiane Gagnon
La Presse, 15 novembre 1990

Lettre ouverte à Lysiane Gagnon

Madame,

« Un monstrueux pédophile, conseiller spécial de Jacques Parizeau, auteur d'un discours de propagande écrit à la va-vite et digne de la poubelle, veut abolir la liberté de presse dans un Québec indépendant. »

Je crois avoir bien résumé, madame, votre article du 15 novembre dernier intitulé « L'indépendance et les libertés ». Je n'ai pas l'habitude, vous le savez, de répondre aux critiques. Si je le fais aujourd'hui, c'est que je sens que je me déshonorerais en passant sous silence le tissu de calomnies, de faussetés et d'approximations que contient votre méprisable écrit.

Commençons par le commencement. Quelle belle entrée en matière ! En effet, sans aucune justification valable, vous mettez votre lecteur en garde : vous allez lui parler d'un homme qui fait « l'éloge de la pédophilie ».

Le procédé est odieux. Il le serait déjà si vous disiez la vérité, mais il le devient davantage lorsque vous mentez. De toute ma vie, je n'ai jamais écrit une seule ligne sur le sujet et je n'ai fait aucune déclaration en ce sens. Votre propos est insultant et contraire à la vérité. Je pourrais vous poursuivre en justice et vous faire payer cher cette calomnie. Je me contenterai de vous demander des excuses.

Poursuivons. Vous dites que j'ai publié un pamphlet intitulé *Maintenant ou jamais*. Ou bien vous n'avez pas lu mon livre, ou bien vous ne savez pas ce qu'est un pamphlet. Prenez donc le temps de consulter un dictionnaire.

« Ce petit bouquin fabriqué à la va-comme-je-te-pousse », dites-vous. Pourquoi ? Tout simplement parce que je l'ai écrit en moins d'un mois. Vous avez le droit de le trouver bâclé mais, s'il l'est, ce n'est certainement pas parce qu'il a été écrit trop rapidement. À ce compte, je me demande comment Balzac, Simenon, San Antonio, Henri Troyat, Picasso, Vivaldi ou Foglia trouveraient grâce à vos yeux. Je me demande comment il faudrait qualifier votre écriture à vous. J'ai fait le compte, vous écrivez chaque année dans *La Presse* l'équivalent d'au moins trois de mes livres. Je trouve souvent vos articles bâclés, mais ce n'est pas parce que vous les avez écrits trop vite. C'est, hélas ! pour de bien plus mauvaises raisons.

Bon, de toute façon, vous aviez décidé de ne pas le lire, puisque vous aviez conclu avant même de l'ouvrir qu'il s'agissait là d'« un ramassis de clichés mille fois entendus, le genre de discours partisan et sans surprise que seuls des militants emportés par leur cause peuvent apprécier ». À la poubelle ! Quelle belle conscience professionnelle ! Quel respect pour l'écriture ! Quelle merveilleuse ouverture d'esprit !

Mais, dites-vous, un jeune collègue vous a mis la puce à l'oreille et vous avez finalement ouvert le livre à la page 117 pour y découvrir un paragraphe scandaleux que vous avez dû relire deux fois pour bien constater que vous n'aviez pas la berlue. Les bras vous en sont tombés. Eh oui, le méchant pédophile s'en prenait de surcroît à la liberté de presse. Quel monstre !

Et pourtant, personne n'avait rien vu. Ni Yves Navarre, ni Doris Lussier, ni tous les autres « qui ont parlé de ce livre sans l'avoir lu au complet ou sans l'avoir compris ». Une chance qu'on vous a, madame. Merci, mon Dieu.

À vrai dire, vous m'auriez retourné tout de go à la poubelle d'où vous m'aviez tiré si je n'étais devenu entre-temps « un des principaux conseillers de M. Parizeau », si je ne lui avais pas dédié mon livre, s'il ne s'était pas présenté à mon lancement et s'il n'avait pas accepté de se présenter sur les mêmes scènes publiques que moi. Autrement dit, vous avez conclu sottement que mes propos devenaient dangereux parce qu'ils risquaient d'être avalisés par M. Parizeau ou par le Parti québécois.

Voici les faits :

1) Depuis deux ans, j'ai prononcé deux discours en compagnie de M. Parizeau. Vous êtes la seule à vous en scandaliser. Avouez-le : ce qui vous agace, au fond, c'est que M. Parizeau, contrairement à M. Lévesque, ne me traite pas en pestiféré. Oui, c'est vrai, vous avons de l'estime l'un pour l'autre et le chef du PQ ne croit pas que je mette son parti en péril quand je prends la parole devant ses militants.

2) Oui, j'ai dédié mon livre à M. Parizeau et il a assisté à mon lancement. Vous aussi vous étiez au lancement, madame. Vous vous êtes même fait photographier avec moi. Vous n'avez pas honte ? Vous ne l'avez peut-être pas vue, mais je vous ai fait une belle dédicace à vous aussi. Allez, fouillez dans votre poubelle.

3) Je ne suis pas un des principaux conseillers de M. Parizeau. Je ne suis même pas un de ses petits conseillers. Voilà une invention pure, du travail bâclé, du misérable journalisme. Pourtant, c'était facile à vérifier. Depuis deux ans, j'ai parlé cinq fois à M. Parizeau. Nous avons déjeuné ensemble quelques semaines avant la dernière élection. Nous avons alors constaté que nous étions d'accord et qu'il fallait que la prochaine campagne électorale porte essentiellement sur la souveraineté du Québec. Entre deux souverainistes, cela me semble passablement normal.

Puis, j'ai fait une première assemblée en compagnie de M. Parizeau devant des militants du PQ, autour de février

1990. Nous nous sommes salués à l'arrivée et au départ, et je lui ai demandé des nouvelles de sa femme. Admettez que, pour un conseiller spécial...

J'ai reparlé à M. Parizeau au téléphone il y a deux mois. Nous savions que nous allions bientôt partager la même tribune et nous nous sommes entendus sur ce que nous allions dire. À cette occasion, M. Parizeau a complètement oublié de me nommer conseiller spécial.

Puis, nous nous sommes vus au lancement de mon « pamphlet ». Banalités d'usage. Vous pensez bien que je me serais bien gardé de donner quelque conseil à Jacques Parizeau en votre présence.

Finalement, j'ai revu M. Parizeau il y a un mois dans sa circonscription de L'Assomption. Nous avons un peu parlé d'un éventuel référendum. J'ai fait mon discours et je suis parti.

Voilà, madame, c'est tout. Mais vous n'avez pas vérifié. À quoi bon, quand on est bien assise sur sa réputation et que la liberté de presse protège aussi bien le mensonge que la vérité.

M. Parizeau pense par lui-même et le Parti québécois décide sans moi. Je vous serais donc reconnaissant de cesser d'insinuer que ce que je dis ou ce que j'écris puisse être confondu avec la politique officielle du Parti québécois. (Je dis cela pour que vous cessiez de sommer les militants du PQ à se dissocier de « ce texte qui va si violemment à l'encontre des traditions démocratiques qui ont donné naissance à leur parti ». Je ne crois pas qu'ils soient aussi bêtes que vous le pensez.

Le lecteur qui n'aurait pas lu votre article et qui se serait rendu jusqu'ici avec moi doit bien se demander à quoi riment tous ces commérages et ces ragots, puisque nous n'avons pas encore parlé du sujet qui nous occupe et qui vous scandalise. Qu'il me suffise de lui rappeler qu'il en est ainsi parce que vous l'avez voulu ainsi et que c'est pour cette raison que j'ai tardé à en arriver à l'essentiel. Nous y sommes enfin.

Vous dites, madame, que dans le chapitre intitulé « Un plan d'urgence » je pose des « questions plutôt terrifiantes et certainement peu orthodoxes dans un discours de propagande ». Pour une fois vous avez tout compris. Vous avez compris que mes questions sont incompatibles avec un discours de propagande. Et si mon texte n'était ni un pamphlet ni un discours de propagande, ça vous ennuierait beaucoup ?

À partir de là, vous utilisez un autre procédé particulièrement vicieux pour bien faire comprendre au lecteur que le monstre que vous avez découvert est bien celui que vous les présentez. Vous transformez en amalgame ce qui est nettement séparé et vous faites d'une question une affirmation.

Là où je pose douze questions vous n'en voyez qu'une. Et quand vous reliez la question 12 à la question 4, cela donne ce que vous voulez que ça donne : « Comment s'assurer de l'appui volontaire de la population dans cette entreprise difficile ? » (Question 12.)

Moi, je n'ai pas de réponse à cette question. Qu'à cela ne tienne, vous décidez de répondre à ma place en vous servant d'une autre question qui n'est en aucune façon reliée à celle-ci : « Comment faire en sorte que la population soit informée en tout temps des décisions de son gouvernement et de l'attitude qu'il serait préférable d'adopter en telle circonstance ? L'État devrait-il "conscrire" pour un certain temps les médias d'information ? » (Question 4.)

Si j'avais eu une réponse à la question 12, je l'aurais donnée moi-même et je n'ai pas besoin de vous pour me la souffler.

De l'amalgame comme moyen malhonnête de faire dévier le débat ! Il y a pire. L'amalgame vous permet d'écrire : « L'appui volontaire de la population ne doit pas être évident, car Bourgault prévoit déjà un moyen pour forcer la population à entrer dans le moule. »

Outre que les deux questions n'ont aucun rapport entre elles, vous parlez de forcer la population à entrer dans le moule là où je ne parle que de l'informer.

Vous avez droit à vos interprétations, mais je ne vois pas comment vous pouvez vous permettre de déformer mes intentions en faisant dire à mon texte ce qu'il ne dit pas. Allons plus loin.

Sur les douze questions que je pose, je n'apporte une réponse (partielle) qu'à la question 4. La voici : « J'entends déjà qu'on crie à la dictature, à la propagande et à l'asservissement de l'information. Je ne suis pas assez naïf pour ne pas voir le danger de pareille action, mais je ne suis pas assez naïf non plus pour ne pas la croire nécessaire en certaines circonstances. » C'est à partir de là que se joue le drame, selon vous.

Vous écartez du revers de la main mes scrupules pour tomber aussitôt dans l'emphase outrée de la fille qui a tout compris et à qui on ne la fait pas.

Vous écrivez alors :

> Et voilà. En y mettant quelques bémols — qu'il rejette aussitôt comme de la naïveté —, l'un des principaux penseurs actuels du PQ vient de reprendre à son compte la démarche classique de la mentalité totalitaire : on ne fait pas d'omelette sans casser des œufs... Qui veut la fin veut les moyens... La censure est toujours temporaire et s'impose toujours à cause d'une situation exceptionnelle d'urgence. Classique. Ce sont là les arguments classiques de toutes les dictatures.

Ouf ! J'étais déjà le principal conseiller de Jacques Parizeau. Me voilà promu au rang de principal penseur du PQ et tout cela sans qu'on m'en ait jamais informé. Un chance que je vous ai, madame, pour organiser ma pauvre vie qui s'en allait jusque-là à la dérive.

Mais soyons sérieux. Ce que j'ai dit est dit et je ne vais pas me plaindre d'avoir été mal cité. Mais je crois important d'expliquer ma démarche.

Il faut d'abord considérer que la question que je pose se poserait à nous dans une situation de crise grave. (J'oublie ici, madame, vos remarques désobligeantes sur ceux qui voudraient imposer la souveraineté à un peuple qui n'en voudrait pas. Elles sont si méprisantes que tout le monde préfère ne pas les souligner.)

Crise grave. Il s'agirait alors de réagir à une agression, à la désinformation systématique, à la déstabilisation, au boycott économique et que sais-je encore ?

Ce n'est pas la situation que je souhaite, mais c'est la situation qui pourrait se produire.

Vous semblez, comme beaucoup d'autres, avoir beaucoup de difficulté à imaginer le pire. Tout simplement parce que nous ne l'avons jamais vécu. La crise d'Octobre et la crise d'Oka sont des incidents mineurs comparés aux véritables crises que connaissent ou qu'ont connues la plupart des peuples, mais notre ignorance de l'histoire et de ce qui se passe dans le monde nous les ont fait percevoir comme intolérables.

Au risque de vous faire peur, madame, je vous dis qu'il peut nous arriver pire, bien pire. Et c'est cela que j'essaie d'imaginer pour éviter que nous soyons pris au dépourvu, démunis et sans défense devant les agressions dont nous pourrions être victimes. Je vous rappelle, madame, qu'il y a une différence entre le totalitarisme érigé en principe et la défense plus ou moins maladroite d'une démocratie assiégée. La réponse que je donne à la question ne constitue pas une politique. Elle est tout au plus une suggestion hésitante devant la contrainte.

Car c'est bien de cela qu'il s'agit : la contrainte. Dans mon esprit, nos ennemis pourraient nous contraindre à adopter une telle mesure pour permettre à nos journalistes, dont vous vantez trop et trop facilement le courage, de continuer d'informer la population. Ce n'est pas parce qu'ils ont fait remarquablement leur travail pendant la campagne référendaire de

1980, alors que la situation était d'un calme plat, qu'ils pourraient se permettre d'en faire autant si l'ennemi décidait de l'en empêcher.

Je suis surpris de constater que vous n'imaginez la menace que venant de l'intérieur. En cela, vous pensez exactement comme Pierre Elliott Trudeau qui ne voyait toujours les menaces que venant de Québec, alors que c'est lui-même qui tirait à boulets rouges sur les Québécois.

Je suis également surpris de la façon désinvolte dont vous traitez de la liberté de presse, comme si en elle résidait le parangon de toutes les vertus et l'achèvement ultime de toutes les libertés. Si précieuses soit-elle, et bien qu'elle soit l'un des apanages de la démocratie, elle n'est pas la vie elle-même et ne saurait en aucun cas lui être substituée.

Car, encore une fois, c'est bien de cela qu'il s'agit. Tant il est vrai que dans le cas d'une crise grave, quelqu'un peut avoir à choisir entre la liberté de presse et la vie de personnes en danger.

Si vous aviez à choisir entre la liberté de presse ou la mort de cinq cents ou de mille personnes, que choisiriez-vous ?

Dieu merci, vous n'aurez jamais à répondre à cette question. Ce qui vous permet de l'éluder facilement. Quant à moi, je n'aurai sans doute pas à y répondre non plus, mais je me plais à me mettre dans la situation de quelqu'un qui aurait à le faire.

Si malheureux cela soit-il, c'est le genre de questions auxquelles certains chefs d'État sont parfois appelés à répondre.

Or il n'y a pas de réponses justes à pareilles questions. Elles sont toutes plus ou moins mauvaises. Il n'y a que des réponses qui soient à la mesure de notre impuissance et une fois la décision prise, on ne saura jamais si on avait eu raison de la prendre.

Quand Harry Truman a décidé de lancer la bombe atomique sur Hiroshima, c'est à ce genre de question qu'il a dû répondre. La réponse est horrible, mais nous ne saurons jamais s'il y en avait une autre et si elle n'aurait pas été plus horrible encore.

Quand le gouvernement israélien impose une censure temporaire dans les territoires occupés, nombreux sont ceux qui s'opposent à pareille mesure. Mais le dirigeant responsable et honnête croit devoir le faire pour éviter un plus grand malheur. La réponse est-elle juste ? Il ne le sait pas et ne le saura jamais. Il le fait parce qu'il a acquis la certitude toute relative qu'il n'avait pas le choix. On peut ne pas être d'accord mais encore faut-il, pour le juger, occuper le même poste d'observation.

On peut dire, dans une moindre mesure, que c'est à ce genre de question que M. Bourassa a été confronté pendant la crise d'Octobre et la crise d'Oka. Il a choisi ce qu'il croyait être la moins mauvaise réponse dans les circonstances et il s'attend à vivre avec ses décisions jusqu'à la fin de ses jours.

Oui, je me désole de mon impuissance à ne pas pouvoir trouver de réponse adéquate en toutes circonstances. Beaucoup de chefs d'État s'en désolent tout autant. Ce n'est pas une raison pour ne pas poser la question. Y a-t-il une réponse au choix qu'on peut être appelés à faire entre la liberté et la vie ?

Moi, je veux les deux, pour tout le monde. Mais si j'avais à choisir en pensant à ceux dont j'ai la responsabilité (c'est le cas des chefs d'État), je choisirais la vie. Ma raison est simple : la liberté n'existe pas pour les morts, ni dans les régimes démocratiques ni dans les régimes totalitaires. C'est un choix personnel (c'est celui que j'ai voulu exprimer dans mon livre) et je comprends qu'on puisse choisir la liberté, mais il faut savoir que, dans un cas comme dans l'autre, c'est l'âme qui se révulse.

Ah ! comme je voudrais qu'il en soit autrement. Ah ! comme je voudrais que les choses soient plus simples et que je puisse en traiter avec autant de légèreté que vous le faites, madame. Hélas ! même quand j'écris à la va-comme-je-te-pousse, je me contrains toujours à un minimum de réflexion. Cela dit, si j'assume la responsabilité de mes réponses, vous ne sauriez en aucun cas les attribuer aux dirigeants actuels ou futurs du Québec. À eux de trouver leurs propres réponses à ces questions qu'il est de notre devoir de leur poser. À eux de prendre leurs responsabilités.

En attendant, vous pourriez cesser de les sermonner et de les sommer de vous répondre. Ils n'ont rien à voir dans l'affaire et ils feront bien ce qu'ils voudront de vos diatribes et des miennes.

Je m'en voudrais pourtant de vous laisser avant de vous poser, à vous, une question « terrifiante » à propos de la désinformation. La voici : Quand on a la liberté de presse, madame, a-t-on le droit de s'en servir comme vous venez de le faire ?

20 novembre 1990

La lettre de mon chien

Quelques années plus tard, Lysiane Gagnon me dénonce de nouveau, mais cette fois, pour mieux me démoniser, elle s'en prend à mon chien. Je juge inutile de répondre à ses propos malveillants à mon endroit mais, jugeant qu'elle traite injustement mon pauvre chien, je lui confie le soin de lui répondre. Voici donc la lettre de Bito à Lysiane Gagnon. *La Presse* ne jugea pas bon de la publier.

Madame Lysiane Gagnon
La Presse

Madame,
Je m'appelle Bito. La semaine dernière, vous m'avez vu à la télévision en compagnie de mon ami Pierre Bourgault pendant que nous accordions une entrevue à Achille Michaud.

Or vous avez parlé de moi dans des termes peu flatteurs. En effet, vous avez écrit que Pierre Bourgault était « flanqué d'un berger allemand agressif ».

C'est là une calomnie inqualifiable. Cela frôle la diffamation pure et simple. Je sais que mon ami Pierre Bourgault est habitué à ce genre de traitement, mais moi, j'ai toujours eu d'excellents rapports avec la presse et c'est la première fois qu'on s'en prend à moi de cette façon.

Ce qui m'étonne, c'est que vous parliez de moi sans me connaître et sans même vérifier la véracité de vos intuitions. Pourtant, vous devriez savoir qu'on m'a souvent vu à la télévision en compagnie de mon ami et que je n'ai jamais agressé même le plus incompétent des journalistes. Au contraire, c'est toujours moi qui arrange les choses quand Pierre Bourgault se met en colère. Dieu sait si j'en ai léché des mains de journalistes pour éviter le pire !

Agressif, moi ? Vous voulez rire. J'aime tout le monde et tout le monde m'aime. Vous auriez pu au moins vous renseigner. J'ai des témoins, et non des moindres. En voici quelques-uns qui pourraient généreusement vous fournir une preuve de caractère : Dominique Michel, Franco Nuovo, Marie-Hélène Roy, Denys Arcand, René Homier-Roy, Francine Chaloult, Jean-Claude Lauzon, Robert Maheu, Pierre Falardeau, Stéphane Bureau, Claude Chamberland, Georges-Hébert Germain, Mario Saint-Amant, Suzanne Lévesque, Paul Dupont-Hébert, Marie-France Bazzo, Serge Chapleau, Guy Lepage, Clémence DesRochers et combien d'autres.

Dans mon quartier, ma gentillesse est proverbiale. Évidemment, je ne suis qu'un chien, mais on m'a dit qu'il vous arrivait de traiter les humains de la même façon. Eux, au moins, peuvent se plaindre au Conseil de presse, mais moi, que puis-je faire ? Je ne peux même plus compter sur la SPCA.

Sachez, madame, que vous m'avez profondément blessé. Je n'ose même pas espérer une rétractation de votre part. Alors, laissez courir la calomnie. Mais amis, eux, savent que je suis un bon chien et je n'en veux à personne.

C'est bien servilement que je vous lèche la main en espérant que vous n'en profiterez pas pour me botter le cul.

Bito,
le chien de Pierre Bourgault

Table

The Globe and Mail

Divers

CET OUVRAGE
COMPOSÉ EN ADOBE GARAMOND CORPS DOUZE SUR QUATORZE
A ÉTÉ ACHEVÉ D'IMPRIMER
LE PREMIER OCTOBRE MIL NEUF CENT QUATRE-VINGT-SEIZE
PAR LES TRAVAILLEURS ET TRAVAILLEUSES
DE L'IMPRIMERIE MARQUIS
À MONTMAGNY
POUR LE COMPTE DE
LANCTÔT ÉDITEUR.

IMPRIMÉ AU QUÉBEC (CANADA)